KB053998

당신의 삶에 용기를 선물합니다

재미있게, 즐겁게, 가슴 떨리게

당신의 삶에 용기를 선물합니다

초판 1쇄 발행 | 2017년 12월 22일

지은이 | 박혜정
펴낸이 | 공상숙
펴낸곳 | 마음세상

주 소 | 경기도 파주시 한빛로 70 507-204

신고번호 | 제406-2011-000024호
신고일자 | 2011년 3월 7일

ISBN | 979-11-5636-177-0 (03190)

원고 투고 | maumsesang@nate.com

ⓒ박혜정, 2017

* 값 13,500원

* 마음세상은 삶의 감동을 이끌어내는 진솔한 책을 발간하고 있습니다. 참신한 원고가 준비되셨다면 망설이지 마시고 연락주세요.

국립중앙도서관 출판예정도서목록(CIP)

당신의 삶에 용기를 선물합니다 / 지은이: 박혜정. – 파주
: 마음세상, 2017
  p. ;   cm

ISBN 979-11-5636-177-0 03190 : ₩13500

인생훈[人生訓]

199.1-KDC6
179.9-DDC23   CIP2017031252

당신의 삶에 용기를 선물합니다

박혜정 지음

마음세상

들어가는 글

오래 전부터 작가와 강연가를 꿈꾸기 시작했다. 내 심장이 준 소명은 아니다. 생각만 해도 가슴이 뜨거워질 만큼 간절히 원하고 기도했던 그런 영혼의 꿈도 아니다. 사람들과 만나는 일이 많은 직업이었고, 사람들과 만나기를 좋아하는 성격이었기에 언제나 사람들을 향해 있었고, 부족한 시간도 쪼개어 사람들을 만났다. 사람들 사이에서 나를 소개할 그럴 듯한 무기가 필요했다. 그렇게 큰 의미 없이 만들어진 꿈이 바로 작가, 강연가였다.

보통 사람들이 쉽게 꾸는 꿈이 아니었기에 이루지 않아도 될 것 같았다. 꿈을 이루지 않았다고 해서 누군가 나에게 질타하지 않을 것 같은, 변명 가능한 꿈이 바로 '작가'였다. 우연히 뱉어버린 나의 꿈은 가슴 떨리는 진짜 꿈을 찾지 못하며 이후로도 계속 입 밖으로 튀어나오고 있었다.

그렇게 의미 없이 반복하며 말했던 나의 꿈이 어느새 내 심장을 뛰게 하고 있었다. 수백, 수천 번 말과 글로 되뇌었던 그 꿈이 어느새 나의 간절한 꿈이 되어가고 있었다. 책을 찾아 들었고 읽기 시작했다. 책을 통해 세상을 다시 배우고 모자란 내 마음을 채워갔다. 하지만 책을 통해 만난 작가라는 직업은 간절한 사람들에게도 어려운 일이었다.

책을 쓰는 사람, 강연을 하는 사람.

꿈을 꾸기 시작하며 돈과 시간을 들여 찾았다. 유명한 강연들을 찾아 다녔고, 먼 지역에서 열리는 강연이라도 시간과 돈을 들여 쫓아가곤 했다. 월급날이면 가장 먼저 하는 일이 책을 사는 일이었다. 월급 통장에 돈이 들어오는 순간 언제나 수십 권의 책을 사들였다. 책 편식이 심한 나는 여러 독서모임에 가입하여 긍정적인 강제성을 스스로에게 부여하며 책의 스펙트럼을 넓히곤 했다.

그런데 책을 읽고 강연을 쫓아다닐수록 마음은 더 무거워졌고, 나의 꿈은 더 멀어져만 갔다. 나만의 방법으로 노력을 하면 할수록 꿈이 더 멀어지는 이유는 간단했다. 그들에게 가장 큰 무기인 반전 넘치는 삶이 나에겐 없었다. 수많은 책과 유명한 강연은 감히 내가 상상할 수도 없는 실패와 엄청난 반전 경험들로 중무장 되어 있었다. 그런 작가와 강연가들을 볼수록 내가 할 수 있는 일이 아닌 것만 같았다.

'나도 큰 사고가 나서 장애라도 얻었어야 하나?'

'사업을 해서 가족들까지 모두 거리에 내몰리고 자살 시도라도 했어야 하나?'

지금 생각하면 아주 무섭고 멍청한 생각이지만, 작가와 강연가를 꿈꾸며 방법을 고민할 때마다 머릿속을 스치던 생각이었다. 인생의 반전 스토리를 위해 내 삶의 한 부분을 보통 사람들은 상상할 수 없는 나락으로 떨어뜨려야만 할 것 같았다. 그럴수록 나는 작가와 강연가라는 일이 내가 꿈꿀 수 있는 일이 아니라는 생각이 들었다.

이 글을 쓰고 있는 지금, 그런 무시무시한 일이 나에게 일어나지 않음을 진심으로 감사한다. 보통 사람으로 평범하게 살아갈 수 있음에 진심으로 감사한다.

우리는 여행을 하며 내일을 걱정하지 않는다. 최선을 다해 오늘을 즐기고 내일을 기대할 뿐이다. 동남아시아를 여행하며 유럽에서 여행하고 있는 누군가를 시기하거나 질투하지 않는다. 그저 그곳에서 보고 느끼며 내가 누릴 수 있는 것을 최대한 찾아 나만의 방법으로 나의 행복을 누릴 뿐이다. 여행 경비가 많으면 많은 대로, 적으면 적은대로 각자의 여행 방법을 즐긴다. 풀 패키지에 고급 호텔만을 전전하는 귀족 여행이 무거운 짐을 짊어지고 게스트 하우스만을 전전하는 배낭여행보다 낫다고 누가 말할 수 있을 것인가?

우리의 삶도 마찬가지다. 인간이라면 누구나 태어나서 죽음을 향하는 긴 여행길 위에 있다. 저 먼 어딘가에서 지구로 여행 온 여행자라 생각하고, 내가 가지지 못한 것을 가진 누군가를 부러워하며 시기하고 질투하기보다 오늘 나에게 주어진 하루에 최선을 다하며 행복을 찾아보길 바란다.

나는 아이를 낳으며 세상을 보는 눈이 완전히 변했고 특별한 하루가 아닌 일상의 행복을 알게 되었다. 나이와 상관없이 꿈꾸며 행복해 하는 사람들을 만났고 감사와 즐거움을 일상처럼 말하는 사람들을 만나며 나의 꿈이 어렵지도 않고, 멀지 않은 일임을 알게 되었다.

세상에 아주 특별한 사람, 그들은 단 1%이다. 난 그런 1%가 되지 않아도 상관없다. 세상 사람들은 1%를 보며 대리만족할 순 있지만 그들의 반전 넘치는 대단한 이야기에 '나도 할 수 있다' 라며 용기를 낼 수 있는 사람은 많지 않을 것이다. 왜냐고? 내가 그랬으니까. 그들의 대단한 용기와 엄청난 실행력은 어쩔 수 없는 괴리감으로 느껴질 수밖에 없다. 우리는 그저 특별한 그들을 위해 들러리 서야 할 것만 같았다. 나를 다시 세울 용기를 얻기보다 '저래서 유명해졌구나.' 라며 설득 당하기 좋을 뿐이다.

나는 대한민국의 가장 평범한 사람으로 여행 같은 삶을 꿈꾸는 보통 사람들에게 말해주고 싶었다. 두렵고 조금은 비겁해 보이는 내가 당연한 거라고. 그렇게 배우고 자라왔다고. 그런 나를 인정하고 나만의 방법으로 천천히 내 삶의 이야기를 다시 써보기를 바란다. 나의 평범한, 결코 대단하지 않은 이야기가 '이 정도라면 나도 할 수 있다.'라는 용기를 얻게 하여 스스로를 다시 세우는 기회가 될 수 있기를 바래본다.

보통 사람인 나의 글은 특별한 1%가 아닌 지극히 평범한 사람을 위한 글이다. 특별한 1%보다 더 많은 99%의 보통 사람들이 행복할 때 이 세상은 조금 더 살만해질 것이라 믿는다. 1%의 특별한 경험을 공유함으로 대리만족 했다면 나의 평범한 이야기로 힘을 얻고 삶에 대한 태도를 아주 조금만 바꿔 보기를 바란다. 대한민국의 평균인 내가 했으니 당신도 할 수 있다.

당신이니까 할 수 있고, 당신이라서 할 수 있다!

제1장
감사하는 삶

성공한 사람들이 말한다. 감사하라.

유명한 사람들이 말한다. 감사하라.

많은 책들이 성공의 비결이라며 떠들어 댄다. 감사하라.

사는 게 점점 버거워지고 있는 나에게 세상은 자꾸 감사하라고 말한다.

'쳇, 그렇게 유명해지고 성공하면 나도 감사할 수 있겠다.'

대단한 그들의 자랑질인 것만 같아 듣지도 보지도 않으려 고개를 돌리고 책을 덮었다. 그런데 길거리의 간판이 떠들어대고, 버스 안의 라디오가 내 귓가에까지 와서 큰 소리로 말한다.

애써 피하려고 하면 할수록 더 자주, 더 큰 소리로 나에게 말을 한다.

"감사하라!"

나는 뭔가 새롭게 창조하거나 끝까지 해내는 사람이 아니다.

그냥 하고 싶은 것만 하며 살고 싶고, 살아지는 대로 사는 보통 사람이다. 그런 나에게 장점이 하나 있다면, 돈 들지 않는 일이고 큰 노력을 요하는 일이 아니라면 일단 한번 해보는 것.

그렇게 시작한 감사가 내 삶을 바꿔 놓았다.

▶ 감사는 과거에 주어지는 덕행이 아니라 미래를 살찌게 하는 덕행이다.
_영국속담

일상에 숨은 감사 찾기

딸아이가 뒤척뒤척, 낑낑거리더니 깨버렸다.

일어나기 싫어 듣지 못한 척 눈을 감고 누워 있어보지만 버틸 수가 없다. 딸아이 소리가 짜증에서 곧 울음으로 바뀌더니 아파트 주민을 모두 깨울 것만 같다.

창밖을 보니 아직 깜깜하다. 시계를 보니 4시를 살짝 넘긴 시간. 누군가는 아침을 여는 이른 시간이라고 하지만 잠이 많은 나에게 4시는 한밤 중이다. 깨어 있는 낮 시간에는 아이의 행동들에 제재를 가하지 않는 꽤나 괜찮은 엄마인데, 이성을 꺼놓은 밤이 되면 나도 나를 컨트롤하기 힘들다.

평소 잠에 취한 나였다면 소리를 버럭 지르며 일어났겠지만 오늘은 애쓰고 있는 딸아이가 기특해서 몸을 일으켰다.

공갈젖꼭지 없이 잠자기 시작한지 이틀째……

보통은 돌을 전후로 뗀다고 하는 공갈젖꼭지를 딸아이는 32개월이 된 지금까지 단 하루도 빼놓지 않고 함께 했다. 우연한 기회에 다짐하게 된 공갈젖꼭지 떼기.

아이의 집착 정도를 봤을 땐 평생을 공갈젖꼭지를 물고 살 것만 같았다. 아이의 미래 모습을 그려봐도 그 속에는 공갈젖꼭지가 있다. 아이를 낳고 3개월 만에 복직하여 일을 했던, 워커홀릭에 가까울 만큼 일에 시간 투자를 많이 했던 나를 대신해 아이는 공갈젖꼭지를 택한 듯했다. 그렇게 공갈젖꼭지는 아이의 짧은 인생에서 빼놓을 수가 없는 가장 귀한 보물이었다. 초등학교를 입학하는 날에도 물고 있을 것만 같은, 아이의 인생과도 같은 공갈젖꼭지를 이틀 전 없애버렸다. 10시면 잠이 들던 아이가 그날은 2시가 넘어가도록 잠이 들지 못했다. 울고 그치기를 반복하며 비몽사몽 밤을 보내다 지치듯 쓰러져 잠이 들었다. 그렇게 하룻밤을 겨우 보내고 어제는 온종일 칭얼거리다 자기도 지쳤는지 밤 10시가 조금 넘은 시간 탈진한 마라톤 선수처럼 지치듯 쓰러져 잠이 들었다.

그리고 또 이렇게 새벽이 왔다. 아이도 힘들겠지만 낑낑대는 아이 곁에서 자고 깨기를 반복하다보니 나도 지쳐버렸다. '버럭' 소리치고 싶은 마음도 잠시, 이미 몸을 일으켜 앉아 있는 아이를 보니 평소의 떼씀과 다르다. 많이 힘든 모양이다. 애쓰고 있는 것이 보였다. 절대 일으킬 수 없을 것 같은 몸을 일으키고 아이를 안았다. 계속 운다. 아이도 제정신이 아니다. 잠에서 완전히 깨지도 못하고, 잠을 자고 싶은데 잘 수 없어 우는 울음에 아이를 들쳐 업고 밖으로 나왔다. 찬바람을 쐬니 아이도 정신이 드는 모양이다.

수다 모드가 발동되었다. 재잘재잘……. 질문놀이가 시작 되었다.

"엄마, 저건 뭐야? 저건 뭐야?"

업고 나오면 금세 다시 잠들 줄 알았는데 망했다. 온전히 정신을 차린 아이는 어린이집을 가는 아침 시간까지 생기 넘치게 잘도 놀았다. 나만 비몽사몽······.

아이를 밀어 넣듯 어린이집에 들여보내고 수업을 들으러 가기 위해 차를 탔다. 잠시 고민을 했다. 너무 졸린데 집으로 돌아갈까? 이렇게 수업을 들어봐야 귀에 들어올 것 같지도 않다. 수업을 가야 하나 말아야 하나, 어떤 것이 더 잘하는 짓인지 머리로 따져가며 가지 않을 그럴 듯한 핑계를 찾고 있는 내 머리와 다르게 이미 차는 출발을 해 목적지를 향하고 있었다. 조금만 더 가면 수업장소. 돌아가는 것도 귀찮다. 본능적으로, 몸이 반응하며 운전하고 있다.

잠이 부족해서일까? 자꾸 졸리는 것만 같고, 라디오에서의 음악도 평소와 다르게 지루하다. 집으로 다시 돌아가는 것이 번거롭고 귀찮아서 가게 된 수업. 함께 수업을 듣는 분들이 반갑게 인사해주시니 없던 에너지가 조금 채워지는 느낌이다. 뒤쪽에 마련된 곳에서 커피를 마셨다.

알람이 울린다. 10시다.

'내가 꿈을 이루면 나는 다른 사람의 꿈이 된다.'

'월천.'

얼마 전 들었던 강연에서 스스로를 환기시키기 위해 알람 몇 개를 맞춰 보라고 했다. 스스로 멋진 일을 찾아 하진 못해도 돈 들지 않고 큰 노력 들지 않는다면 시키는 건 일단 한 번 해보는 나. 그렇게 그 자리에서 알람 5개를 맞췄다.

잠시 꺼 놓았던 내 머리가 부팅 되는 순간이다. 알람에 뜬 글을 보니 정신이 번쩍 든다. 조용조용 차분한 목소리로 수업을 하시는 강사님의 목소리가 또렷해지기 시작했다. 자장가처럼 들릴 것 같은 목소리에 묵직한 내용들이 실린다. 오길 잘했다. 오지 않았으면 모르고 지났을 평범하지만 결코 평범하지 않은 세상의 이야기들을 배운다.

신문속의 그림과 사진들을 물질의 성분에 따라 분류한다.

나무, 집, 종이, 책, 책상

금속/비금속, 자동차, 핸드폰, 노트북

유리/플라스틱, 각종 일회용품들과 유리병들, 자동차나 집, 건물의 창문들

.
.
.

이렇게 분류를 해놓고 보니 모든 원료는 자연에서 가져온다. 그런데 이것들은 모두 인간의 편리에 의해 더 나은 삶을 위해 만들어 낸다. 우리는 더 많이 가지기 위해 노력하고 당장에 필요하지 않는 것들을 저장해놓고 산다. 이렇게 인간의 삶은 편해지는데 동식물들이 살아가기 힘들어진다. 환경이 파괴되고 있다. 환경보호, 지구 온난화……. 나와는 상관없는 일들이 내 이야기가 되는 순간이다. '거창한 일은 환경운동가들이 하겠지.' 내가 당장 할 수 있는 것들이 떠오른다.

오후 약속이 취소되면서 잠시 부팅됐던 내 머릿속도 다시 흐릿해지며 집으로 돌아왔다. 새벽부터 깨어 있던 탓에 하루 온종일 피곤하고 약속까지 취소되고 나니 오늘 하루는 뭔가 잘 풀리지 않는 느낌이다.

집으로 들어와 곧장 방으로 들어간다. 글쓰기 위해 컴퓨터를 켜고 앉는다. 한참을 멍하니 앉아보지만 쓸 말이 없다. 특별한 일도 없다. 이렇게는 몇 시간을 앉아 있어도 아무것도 써지지 않는 다는 것을 알기에 자리에서 일어선다.

청소를 하고 세탁기를 돌려놓고 다시 자리에 앉는다. 또 쓸 말이 없다. 오늘은 진짜 별로인 날이다. 이런 날은 머리가 복잡해지고 잡생각만 많아진다. 생

각을 지우려 할수록 더 쓸데없는 이야기들이 꼬리에 꼬리를 문다. 나는 아직 내 생각을 지우는 법을 모른다. 거실로 나가 TV를 켰다.

'메디컬 다큐 7요일.'

TV를 켠 첫 장면에서 눈 앞이 흐려진다. 경련으로 정신을 잃고 병원으로 실려 온 작은 여자아이의 몸에서 척수액을 뽑아내고 있다. 화면이 바뀐다. 예쁜 나이 26세. 국선변호사를 꿈꾸던 청년이 지금은 매일 지옥의 통증을 겪고 있다. 일주일에 4~5회를 응급실에 실려 온단다. 따뜻하게 불어오는 살랑 봄바람도 칼로 다리를 베어내는 느낌이라며 소리 지르는 그는 '복합부위 통증 증후군' 환자이다. 감정이입이 비교적 빠른 나는 더 이상 TV를 볼 수가 없다. TV를 끄고 휴지를 뽑아들고는 다시 컴퓨터 앞에 앉았다.

오늘 하루를 다시 돌이켜본다. 절대 불가능할 것만 같았던 일, 딸이 공갈 젖꼭지 없이 잠이 들었다. 그것도 무려 이틀째. 건강하게 낳은 아이라 아픈 적도 없다. 먹는 것도 너무 많이 먹어 걱정일 만큼 잘 먹는다. 잠이 부족해서 하루 종일 졸렸는데 사고 없이 운전을 했다. 하루에도 얼마나 많은 사고가 있는 나라이던가. 졸려서 고민했던 수업, 내 머리보다 빠른 본능적인 내 몸의 움직임 덕에 수업을 듣고 왔다.

좋은 분들을 만나 좋은 에너지를 받았다. 환경은 나와 상관없는 일이었다. 지구를 지켜내는 일에서 언제나 난 제3자였다. 수업을 듣고 나니 집에 있는 우유팩 하나, 휴지 한 장이 예사로 보이지 않는다. 일상에서 감사를 발견하자던 내가 오늘은 아침부터 어두운 기운 속에 갇혀 있었다. 글이 써지지 않아 무심코 켰던 TV, 단 5분.

회색빛 집안이 환하게 바뀌면서 똑같은 하루가 감사한 날로 바뀌는 시간은 단 5분이면 충분했다. 멍했던 머리가 맑아지고, 예쁜 천사가 함께 하는 이 공간.

쉴 곳이 있고, 배움을 얻을 곳이 있고, 취소될 약속이 있음에 감사하게 된다. 내 의지로, 내 발로, 내 눈으로, 내 귀로, 생각하고 움직이고 보고 들을 수 있다. 이렇게 가진 것이 많았던 내가 그 사실을 잠시 잊고 있었다. 나에게는 당연한 것들이 누군가에게는 소망이고 꿈이 라는 것을. 세상에 당연한 것은 없다. 이 순간 나의 하루는 수백, 수천가지의 감사함으로 넘쳐난다.

감사하는 마음의 의미

나는 지금 휴직 중이다. 개인적인 이유도 있거니와 대학 졸업 후 15년을 즐거움이나 행복을 느낄 틈 없이 앞만 보고 달린 덕에 조금 지치기도 했다. 식품영양학을 전공하여 작은 회사에서 영양사로 일을 하다가 누구나 알만한 식품회사에 이직을 했다. 작은 회사에서 누구나 알만한 회사로 이직을 했기에 나도 가족들도 신이 났다. 명함과 직원카드가 나오고, 서울로 경기도로 교육과 출장을 가는 나를 보며 친구들도 성공했다고 말하곤 했다. 그 전까지는 나도 내가 사는 지역을 벗어나는 일이 1년 중 손꼽힐 정도였으니, 회사 돈으로 전국을 누비며 다니는 것만으로도 '성공한 것인가' 생각한 적도 있었다.

대학 졸업 후 딱 두 번의 이력서를 썼다. 첫 이력서로 영양사 일을 시작했고, 두 번째 이력서로 이직에 성공했으니 세상사는 일이 그렇게 어려운 것이 아니라 생각했다. 나 좀 잘나간다 생각했다. '내가 제일 잘 나가~'

하지만 성공의 달콤함도 잠시 뿐이었다. 어떤 일인지 정확히 알아보지도 않고 회사의 이름과 연봉만을 보고 들어갔던 그 회사는 내가 무엇을 상상하든 그 이상을 보여주었다. 사회는 전쟁터라더니 그 전쟁의 중심에 아무 준비 없는 내가 떡 하니 서 있었다.

그동안 난 우물 안 개구리였다. 우물 안에서 '하늘은 둥글다'며 떠들고 있었던 것이다. 어깨 힘주며 성공한 사람 코스프레도 잠시 달려오는 적들에 도망치기 바빴다. 급박한 순간에는 생각할 겨를이 없다. 본능만 있을 뿐이다. 살아남기 위해 앞만 보고 전력질주했다.

홍보영양사라는 명함을 받았다. 영양사 일을 경험으로 학교영양사들에게 제품을 홍보하는 영업일이다. 급식이라는 일이 잘하면 본전, 못하면 욕먹기 딱 좋은 직업이다. 정해진 비용, 한정된 시간과 장소, 부족한 조리 기구로 만들 수 있는 음식은 정해져 있다. 하지만 밥을 먹는 사람들은 늘 새로운 것을 요구한다. 밖에서는 김밥 한 줄도 당연한 듯 3천 원을 주고 사 먹지만, 3천원의 급식에서는 지불한 돈의 수배에 달하는 음식을 기대한다. 또 외부 식당에서의 밥보다 위생과 질적인 면에서 훨씬 더 엄격한 기준을 갖는다. 그래서인지 영양사 일을 오래 한 분들을 만나보면 예민한 분들이 상대적으로 많은 편이다.

성인들이 밥을 먹는 회사에서 일하는 영양사들도 이런데 학교에서 아이들의 먹거리를 다루는 영양사들은 오죽하랴. 조금만 입에 맞지 않으면 토해내는 갓 입학한 아직은 아기 같은 학생들부터 뭔지 모를 카리스마 뿜어내는 선생님까지……. 그리고 가장 무시무시한 학부모가 뒤에 버티고 있다. 작은 실수로 식중독 사고라도 나면 한 번에 수십, 수백 명의 아이들이 아플 수 있다. 영양사들은 예민하고 까칠하기 딱 좋은 직업이다. 그래야만 한다. '이해한다. 그래야 한다.'라며 스스로에게 수천 번은 말했던 것 같다.

공장설비의 결함 문제로 내일 급식으로 나가야 하는 돈가스에 문제가 생겼다. 시간과 거리를 고려해 직접 학교로 방문을 하거나 전화를 해야 한다. 납작 엎드려 사과하는 것이 먼저다. 목소리에 온갖 미안함을 가득 싣고 더 비싸고 질 좋은 치즈 돈가스로 대체해서 보내드리겠다고 말했다. 그때부터는 글로 설명 불가다. 온갖 말들이 전화를 타고 칼이 되어 나에게로 날아든다. 실컷 퍼붓고 다른 제품이라도 받아주면 땡큐다.

"내일이니까 아직 시간 있네. 네가 공장에 가서 직접 만들어 와."

딸깍. 전화가 끊겼다. 다른 학교에서 전화가 왔다. 오늘 급식에 사용할 미트볼 안에서 뭔가 나왔다고 한다. 당장 학교로 들어오란다. 급하게 준비를 하고 미친 듯이 학교로 날아간다. 입으로 욕을 하진 않았지만 표정으로 눈빛으로 이미 난 수천 대를 두드려 맞았다. 넉다운이다.

이물을 보여주신다. 발골 과정에서 뼈를 미처 골라내지 못한 '연골 뼈'처럼 보인다. 영양사도 그런 것 같다고 한다. 얼마나 더 있을지도 모르는데 쓸 수 없다고 한다. 그 자리에서 100kg이 넘는 양을 전량 반품하고 새 제품으로 갖고 오라고 한다. 급식까지 남은 시간을 봤을 때 제품을 구해오는 일이 불가능이다. 급식에 차질을 줄 수도 없다. 식품 위생에 문제가 되는 이물도 아니거니와, 고기의 연골이니 사용을 해도 되지 않겠냐고, 차후 제품 사용 비용 부분에 대한 지원도 말씀드리며 부탁드려보지만 새 제품 구해오라는 말만 남기고는 영양사실로 들어가 버린다. 조리원들도 그 자리에서 손을 놓는다.

냉동 제품이라는 것이 제품의 특성상 한 번 회사 문을 나오면 반품 불가다. 지금 당장은 그 비용과 반품을 생각할 겨를이 없다. 당장 2시간 후가 급식이다. 조리 시간까지 감안하면 1시간 안에 구해 와야만 급식을 할 수 있다. 회사에 전화를 넣는다. 선배, 후배 할 것 없이 전 직원이 출동이다. 다른 홍보 영양사들과 통화 끝에 타 회사 제품 50kg을 구해낸다. 나머지는 마트에서 구해야 한다. 지역에 있는 모든 마트와 슈퍼를 돌아다닌다. 학교를 출발하고 30분이 지난 후부터는 2~3분 단위로 학교영양사에게 전화가 온다.

언제 도착하느냐? 어떤 제품을 가져오느냐? 어디까지 왔냐? 급식 펑크 낼 거냐?

입술이 바짝바짝 마른다. 이미 옷은 흠뻑 젖었다. 지금 이 순간부로 퇴사라고 말하며 사직서를 회사에 던져주고 폰을 꺼버리고 싶다. 이미 내 정신은 우주 밖으로 날아갔다. 회사 직원들에게 전화를 돌려본다. 3~40분 후 쯤 학교로 도착을 한단다. 나는 다른 회사에 가서 제품 50kg를 사서 학교로 달린다. 레이서 못지 않을 속도로 달리면서도 내 마음은 차 안에서 전력질주 중이다.

학교에 도착해서 짐을 내리고 있자니 직원들이 하나 둘 도착한다. 손에는 모두 비닐봉지들. 8봉, 14봉, 16봉, 9봉……. 겨우 100kg을 맞췄다. 검수를 위해 밖으로 나온 영양사가 땀에 흠딱 젖어버린 우리에게 소리친다.

"아무리 겨울이라도 식품 차량에 싣고 와야 하는 거 아니냐? 기본이 안됐다." 라며 고래고래 소리친다. 줄줄이 늘어선 직원들의 시선이 발끝으로 향하고 대역죄인 모드다.

급식까지 남은 시간 40분……. 시간이 조금만 더 있었다면 다시 구해오라 할 모드다. 영양사도 급식을 펑크낼 수 없었는지 고래고래 소리 지르며 문을 닫아버린다. 한숨을 쉴 틈도 없다. 나는 돌아서서 직원들에게 인사한다.

"고맙습니다. 진짜 죄송합니다."

내가 지은 죄가 무엇인지도 모르면서 '죄송합니다'를 연발하고 있다. 이렇게 정신없는 오전도 잠시 급식 시간이 끝난 시간이면 난 또 학교를 가야 한다. 영양사가 바뀌었다는 학교가 있어 급히 전화를 학고 방문 예약을 잡는다.

똑똑. 영양사실 문을 열고 들어갔다. 영양사가 흠칫 놀라는 얼굴이다. 자세히 보니 아는 얼굴이다. 같은 학교 동문 후배이다. 그것도 내가 학회장시절 신입생으로 받았던 그 후배……. 선배라며 학회장이라며 편히 말했던 그 아이에게 나는 더 밝게 웃으며 다가간다.

"선생님, 이 학교로 오셨어요?"

그 뒤는 어떤 이야기를 했는지 기억나지 않는다. 끝까지 웃으며 준비해갔던 샘플 제품들과 견적서를 주고 왔다는 기억만 있을 뿐이다. 이런 날들이 반복될 때마다 '더 이상은 못하겠다.' 며 회사 동갑내기 친구와 울고 욕하며 버텼다.

용기부족으로 사직서를 던지지 못해 다니다 보니 어느새 사람들이 '대리님'이라고 부른다. 그리고 이내 내 손에는 과장이라는 명함이 쥐어졌다. 신입들이 들어오고 같은 직군의 후배가 생길 때 마다 교육을 하란다. 데리고 다니란다. 멘토를 하라고 한다.

내가 입사했을 때와는 달리 수백 대 일, 수천 대 일의 경쟁률을 뚫고 들어온 신입들은 아주 당당하다. 대학을 갓 졸업하여 이곳에 입성한 후배님들의 눈이 반짝반짝하다. 승리자의 눈빛이다. '세상을 처음 보는 아기의 눈이 이랬을까?' 싶다. 궁금한 것 투성이에 의욕 가득, 패기 충만이다. 이런 친구들에게 내가 무엇을 이야기 해 줘야 하나?

이때였던 것 같다. 열정 가득한 후배님들의 넘치는 질문 때문에 아주 잠깐이지만 처음으로 일에 브레이크를 걸고 '생각'이라는 것을 해보게 되었다.

난 지금 여기서 무엇을 하고 있나?

왜 나는 여기에 있나?

난 여기에서 어떤 사람이고 싶은가?

이 일이 나에게 어떤 의미가 있나?

이 일은 나에게 어떤 가치가 있는 건가?

에너지 넘치는 후배들과 시간을 보내고 많은 이야기를 나누다 보니 더 이상 신입교육이 아니다. 나의 교육이다. 후배들이 나의 '멘토'가 되고 내가 '멘티'가 되는 순간이다. 그동안 내가 누리고 있던 것들, 감사해야 했던 것들이 얼마나 많았는지 알려준다.

매월 말 전국 실적을 띄우며 나를 괴롭히는 것 같은 회사. 이런 불쾌하고 불합리한 것 같은 상황에 맞서지 못하고 가슴 깊이 품고만 있던 사직서는 수많은 졸업자와 이직자들이 원하는 '그것'이었다.

다양한 복지혜택과 지속적인 교육으로 나도 모르는 사이 꿈의 씨앗을 마구 뿌리게 했던 이곳. 이곳의 일원이었기에 명함 한 장으로 부러움을 사고 편한 생활을 누릴 수 있었다.

지금까지 나를 괴롭히기 위해 존재하는 영양사들은 사실 나의 실질적 고용주였고, 내 월급의 출처였다. 클레임이 생기고 문제가 생기는 것은 그들이 내가 홍보했던 제품을 사용했기 때문이다. 결국 나의 실적을 만들어주는 나의 가장 중요하고 든든한 지원군이었다.

아차, 순간 감사해야 할 일들이 쏟아져 들어왔다. 무더운 여름 하늘에 갑작스럽게 쏟아지는 장맛비가 시원함을 만들 듯 나는 나의 멘티들과의 대화 속에서 상쾌한 장맛비를 맞고 있었다.

지극히 단순한 이 사실을 마음으로 이해하고 깨닫는데 10여 년이 걸렸다. 강연가들이, 글을 쓰는 사람들이 늘 떠들고 써놓았던, 너무나 뻔하고 당연한 이야기라 제대로 쳐다보지 않고 흘려보냈던 '감사'라는 것이 이런 걸 말하는 거였을까?

소위 성공했다는 사람들의 비법 중 하나로 끊임없이 입에 오르는 '감사' 라는 것이 대체 무엇일까? '감사' 라는 단어에 대해 진지하게 생각해보고 정의 내려 본 사람이 과연 몇이나 있을까? 내가 아는 감사와 특별한 이들이 생각하는 감사는 무엇이 다른 걸까?

순간 내 머릿속에 감사에 대한 질문이 쏟아진다. 이런 질문들이 나에게 생겨난 순간 난 변했고 같은 일도 열정적으로 할 수 있게 되었다. 당연히 일에 대한 스트레스는 현저히 줄어들었다. 재미없고 그만하고 싶었던 일들에 흥미가 생기고, 열린 눈으로 상황을 바라볼 수 있게 되었다.

즐거움이 생기니 결단력이 생겼고 일을 하며 스스로 목표라는 것도 세우게 되었다. 회사에서 받은 목표는 늘 불만이 따르기 마련이다. 하지만 내가 세운 목표는 내 것이기에 노력하고 이루고 싶은 마음이 따라 붙는다.

이미 나는 행복해 질 수 있는 능력을 가지고 있었다. 다만 가진 것을 알지 못하고 꺼내지 못했을 뿐. 이제 감사는 나에게 즐거운 삶을 살게 하는 이유가 되었고, 성공으로 향하게 하는 에너지원이 되었다. 모든 사람이 자신만의 감사의 의미를 가진다면 세상은 행복으로 넘쳐 날 것이다.

▶ (자신만의) 감사의 의미를 정의 내려 보세요.

인생을 바꾸는 감사일기

'감사하는 마음은 갑자기 하늘에서 뚝 떨어지는 것이 아니다. 배우고 훈련받는 것이다. 지혜의 전수 과정인 셈이다. 지금 뭔가 감사의 힘을 깨닫지 못하고 있다면, 둘 중 하나다. 하나는 그것을 일깨워줄 부모님이나 은사님을 만나지 못한 경우다. 또 다른 하나는 숱하게 듣고도 그 의미를 깨닫지 못한 경우다.' 데보라 노빌의 이야기다.

감사에 관한 말이나 글을 접할 때면 특별히 거부감이 들었거나 억지다 생각한 것도 아니었는데 나는 왜 그 의미를 생각하고 깨닫지 못했을까?

나는 숱하게 듣고 지나쳐버렸던 후자에 속한다. 돈 들고 시간 드는 일 아니면 일단 하고보자고 생각하던 내가, 창조는 불가능해도 시키는 건 꽤나 잘하던 내가 왜 감사 일기만은 이토록 미루어 두었던 건지 이해가지 않고 아쉬운 마음 가득이지만, 아쉬움도 잠시 지금 감사 일기를 쓰고 있음에 감사한다.

만나는 가까운 사람들에게 감사 일기를 쓰라고 하도 권해대니 사람들은 내가 오래전부터 감사 일기를 쓰고 있는 줄 안다. 감사 일기를 쓰면 행복해질 수 있다고 눈 동그랗게 뜨고 당당하게 말하니 하루에 몇 시간씩 붙들고 감사 일기에 정성을 기울이는 줄 안다.

감사 일기를 쓰기 시작하니 감사에 관한 책과 글들이 눈에 들어왔다. 감사에 관해 기술한 어떤 책들은 감사 일기를 쓰는 자세한 방법까지 알려준다. 정해진 시간, 정해진 공간에서 하루를 회상하고 감사할 것들을 하루에 일정 개수 이상, 매일, 단순히 감사한 내용만을 나열하는 것이 아니라 감사의 구체적 이유부터 감사한 일의 의미를 찾아보고 또 그것이 나를 어떻게 변화 시켰는지……. 감사 일기를 쓰는 다양한 좋은 방법들이 소개되어 있다.

물론 좋다는데 가장 좋은 최선의 방법으로 써보면 좋겠지만 이렇게 방법이 복잡해지고 일정 개수를 채우고 특정시간을 지켜야 하는 일은 숙제같이 느껴진다. 끈기 부족 나에게 쓰지 말라고 말하는 것 같다.

내가 감사 일기를 쓰기 시작한 것은 채 6개월도 되지 않는다. 특별한 계기가 있었던 것도 아니다. 아침에 집을 나서기 전 잠시 생각한다. 오전 수업과 오후 약속 사이 두 시간 정도 시간이 빈다. 집으로 돌아왔다 다시 나가자니 거리도 꽤 있다. '빨리 가서 책 읽어야지' 생각했다. 그러고 보니 최근 제대로 책 읽을 시간도 없었다. '나를 위해 책을 시간을 만들어주는구나' 라며 스스로 기특한 생각을 해냈다. 책꽂이 앞에 섰다. 두꺼운 책은 무거워서 싫고, 내용이 가벼운 책은 들고 다니기 부끄럽고……. (책을 읽지 못하는 이유도 참 가지가지다.)

한참을 이것저것 뒤적거리던 중 책 사이에서 제법 멋스러운 노트 한 권을 발견했다. 수첩이라고 해야 하나? 손바닥보다 살짝 큰 사이즈에 표지에는 투병 유리병 그림이 그려져 있다. 향수라는 글자가 붙어 있고 토끼 같은 귀여운 아이가 그 향수병 속에서 몸을 반쯤 담그고 앉아 눈감 감고 있다. 살짝 거칠고 옛스러운 느낌의 종이 질감 때문인지 귀여운 듯 하면서 느낌 있는 노트.

'이게 뭐지? 왜 여기 있지?'

적당한 두께의 책 한 권을 고르고 책과 함께 가방에 넣었다.

오전 '하브루타' 수업을 갔다. 중급반 첫 수업이다. 돌아가며 자기소개를 하는데 다들 말솜씨가 보통이 아니다. 역시 '하브루타' 수업답다. A4 용지를 나눠준다. 삼등분으로 접어 삼각형 모양으로 접어 본인 앞에 세우라고 한다. 거기에 이름과 함께 삶을 이끄는 자신의 질문을 하나씩 써보라고 한다.

'자기 삶을 이끄는 말이나 명언이라면 꽤나 많이 쓸 수 있는데, 질문이라고?'

초급 수업부터 '질문 만들기'를 꽤나 많이 했고, 잘 만든다고 생각했던 나지만 미처 만들어보지 못한 질문이 바로 이 부분이었는데 선생님은 그걸 어떻게 하셨을까?

'소리울림 박혜정'이라는 이름을 써놓고 한참을 '멍' 때렸다. 무언가 그럴듯한 질문을 만들어 낸 것 같긴 한데 기억나지 않는다. (이 날부터 내 삶을 이끄는 '질문 만들기'가 시작되었고 난 아직도 '질문 만들기' 중이다.)

돌아가며 각자의 소개를 하고 '하브루타'가 각자에게 어떤 의미인지, 왜 그런 질문을 가지고 있는지 이야기 한다. 한 사람 한 사람의 이야기들이 또 하나의 명언이고 각자의 질문들이 내 뒤통수를 때리는 기분이다.

'이런 건 써놔야지.'

책을 봐도 좋은 글은 베껴 쓰는 것이 습관이 된 나는 이런 멋진 말과 질문들을 놓칠 수 없었다. 가방을 열어보니 아침에 챙겨둔 노트가 보인다. 후다닥 받아쓰기를 시작한다.

'여자가 봐도 예쁘다.' 라고 생각했던 선한 얼굴에 큰 눈을 가진 분이 자리에서 일어났다.

"나는 지금 행복한가?"

자신의 삶이 행복한지 스스로에게 묻는 질문이다. 그리곤 곧바로 가방 속에서 작은 노트를 하나 꺼내든다. 본인이 행복한 이유라며 어제 쓴 감사 일기 한 페이지를 읽어 주겠단다. 일하고 들어오는 남편을 향해 '아빠'를 외치며 뛰어가는 아이, 그것을 지켜보는 그 분. 몇 줄의 글과 차분하고 따뜻한 목소리에서 행복이 넘쳐나는 한 가정이 그려져 있었다. 짧은 몇 줄을 읽는데 목소리가 떨리기 시작한다. 몇 줄을 더 읽어 내리니 또르륵 눈물 한 방울이 떨어진다.

원래 남편과의 관계가 좋은 편은 아니었다고 했다. 얼마 전 남편과 마주 앉을 시간이 있어 감사일기 한 페이지를 읽어 주셨다고 한다. 가만히 듣고 있던 남편의 눈가가 붉어지며 '앞으로 더 잘하겠다고 고맙다고 말해주었다'고 했다. 그 분은 조용한 목소리로 자신의 삶은 '감사 일기' 때문에 행복해졌다고 말했다.

'하브루타'를 하다보면 질문과 대화하고 토론하는 시간 때문에 금세 다른 것들은 곧잘 잊어버린다. 나도 모르는 사이 그 매력의 시간 속으로 빠져 들기 때문이다.

어떻게 갔는지도 모를 질문과 토론의 4시간이 흘렀다. 수업을 마치고 바로 약속장소인 커피숍으로 이동했다. 커피숍은 따뜻하고 나른한 분위기에 기분 좋은 음악으로 가득 차 있었다. 문을 열고 들어서니 동화 속 세상 같다. 은은한 커피 향에 그 커피숍만의 묘한 분위기가 어우러져 문 하나를 사이에 두고 다른 세상으로 들어가는 기분이었다. '여유롭다'라는 것이 이런 것일까? 커피숍 안에는 아무도 없었다. 혼자 좋은 시간을 보내라고 누군가 통째로 빌려 놓은 것 같았다. TV속 여자 주인공이 된 느낌이랄까?

애매한 오후 시간의 커피숍은 직장인들은 물론 커피숍의 주요 단골 고객인 엄마들도 없다. 혼자 분위기 잡기 딱이다. 책을 읽으려고 가방을 열었다. 책보다 노트가 눈에 먼저 들어왔다. 노트를 꺼내 펼쳐보았다.

내게 '하브루타' 란?

나는 지금 행복한가?

내 삶의 진정한 가치는?

나는 지금 내가 하고 싶은 것을 하고 있는가?

.
.
.

다른 수강생들이 했던 질문과 이야기들이 빼곡하다.

모두 나에게 필요한 질문들이다.

옆 페이지에 나의 질문으로 바꿔 깨끗한 글자로 옮겨 적어본다. 쓰다 보니 '감사 일기' 로 행복해졌다는 그 분이 생각나며 갑자기 '감사 일기' 가 궁금해졌다. 핸드폰을 열어 '감사 일기' 를 찾아봤다. 많은 블로그와 글들이 뜨고 아는 얼굴이 보인다. 어랏! 불과 얼마 전까지 여기서 함께 독서모임을 했던 분이다. 이제 '땡큐파워'의 저자가 되어 꽤나 유명세를 타신 모양이다. 감사일기의 힘이 이렇게나 대단했던가? 블로그에서 페이스북까지, 여기저기 검색하며 다른 사람들의 글을 읽었고 삶의 변화도 볼 수 있었다.

얼마 전에 만났던 사람들의 글도 있었다. 밝은 후광을 뿜어냈던 그 사람도 '감사 일기' 였구나. 그렇게 나의 '감사 일기' 는 시작되었다. 테이블 위에 놓인 노트에 어제의 일들을 옮겨보았다. 큰 변화 없는 일상 속에서 찾아내고 글로 옮길만한 특별한 일이 없다. 쓸 말이 없었다.

'이렇게 고민하다가는 아무것도 못 쓸 것 같다. 일단 쓰고 보자.'

알람소리에 '5분만 더'를 외치지 않고 눈을 뜬 일부터 시작했다. 어제 들었던 음악이 생각났고, 어제 만났던 사람들, 그들과 나눈 이야기들…….

분명히 쓸 말이 없다 생각했는데 쓰다 보니 쓸 것이 자꾸 생겨나는 이상한 경험을 했다. 내게 시간은 충분했고 나를 방해할 그 무엇도 그곳에 없었다. 나에겐 '감사 일기'를 시작하기 딱 좋은 날이었다. 아침부터 저녁까지의 일을 꼼꼼히 기록해보았다.

감사할 일이 이렇게나 많은 어제였나? 비슷한 하루였다 생각했는데 쓰고 보니 무려 18가지나 되는 감사한 일들이 있었다. 똑같은 날 중 하루였던 어제가 아주 특별해지는 순간이었다. 그때부터 나의 '감사 일기'는 한 줄부터 두 장까지, 변화무쌍하다. 하지만 멈추지 않는다.

따로 '감사 일기'를 쓰는 시간이 정해진 것도 아니다. 하루 중 시간이 비는 틈틈이, 아침이 되기도 하고 잠들기 직전이 되기도 한다. 약속보다 10분 먼저 도착한 날은 차에 앉아 잠시 몇 줄을 끄적이기도 한다. 정신없는 날이 이어지는 날이면 2~3일씩 미뤄 쓰기도 한다.

성공한 이들이 알려주는 가장 좋은 방법을 쓸 수 없다면 나만의 방법을 만들어 차선으로 쓰는 것이다. '감사 일기'의 대단한 방법들은 잠시 미뤄두고 단순하게 생각해 보자.

세상에는 '감사 일기'를 쓰는 사람과 쓰지 않는 사람. 딱 두 부류 뿐이다. 어제와 같은 오늘을 살고 오늘과 같은 내일을 살면 내 미래는 정해져 있다. 딱 오늘과 같다.

'감사 일기'를 쓰기 시작하고 사람들을 다시 보니 각자 자신만의 방법으로 감사를 실천하는 사람들은 자신만의 목표를 성취했을 뿐만 아니라 미래의 행복이 아닌 현재의 행복을 누리고 있었다.

모든 하루하루가 특별한 날의 연속이니 즐겁고 행복할 수밖에. 특별함은 누군가 나에게 부여하는 것이 아니다. 내가 의미를 부여하는 순간 특별해진다.

'감사 일기'는 평범한 내 하루를 특별한 하루로 만들었다. 그 하루가 모여 꿈을 그리게 했고, 꿈에 다가가고 있는 나를 발견한다. 어찌 행복하지 않을 수 있으랴.

인간이 가장 불행할 때는 과거의 잘못에 집착해 그것을 수시로 생각하고 스스로의 마음에 채찍질을 가하는 그 순간이라고 한다.

워낙 유명세를 탔던 단어이기에 모두들 '감사 일기'를 알고 있다. 그리고 그것이 좋다는 것도 안다고 한다. 하지만 '감사 일기'를 쓰고 있는 사람은 생각보다 많지 않았다. '안다'로 끝나버린다면 '모른다'와 다를 바가 없다.

나는 '감사 일기'를 통해 과거의 후회보다는 지금을 긍정적이고 객관적으로 볼 수 있게 되었다.

'감사 일기'는 지나간 과거에서 벗어나게 하고 행복한 오늘을 열어준다.

삶을 특별하게 만들어주는 힘. '감사 일기'

오늘 이 시간, 모두 함께 특별한 삶으로 출발해보기를 바란다.

▶ 보기만 해도 기분 좋은 예쁜 노트를 사고, 단 한줄이라도 좋으니 '감사 일기'를 시작해 보세요.

한 마디의 감사로
즐거운 인생 만들기

난 지금 네 개의 독서모임을 하고 있다. 혼자서는 꾸준히 책 읽기도 힘들고, 속도도 나지 않는다. 중간 중간 멈추기도 잘 한다. 게다가 책에 대한 편식도 있다. 작가가 꿈이라는 사람이 책읽기도 썩 좋아하지 않는다. 나는 책만 좋아한다. 책을 사는 것으로 기분이 좋아지고, 큰 책꽂이에 책이 하나 둘 채워져 가는 그 모습을 좋아한다. 이런 것을 보고 책만 봐도 배가 부르다고 하는 건가?

진짜 책을 좋아하는 사람은 책을 펼치고 가슴에 와 닿는 이야기를 만날 때, 본인을 깨우쳐 주는 글을 만날 때 행복하다고 한다. 그런데 나는 꽂혀 있는 책을 보며 제목만 읽어도 기분이 좋다.

책을 읽으며 변화와 성장하기를 즐기는 것이 아니라 그냥 책을 좋아하는 것이다. 그런 내가 왜 책을 읽어야겠다며 매년 계획에 책읽기라는 목표를 세웠는지 모르겠다. 약 15년 전부터 매년 나의 보물지도(1년 계획표)에는 '독서' 가 있다. 그럴듯하게 만들어진 보물지도가 핸드폰에도 있고, 필사 노트에도 붙어 있으며 거실, 책상 등 위치는 조금씩 달랐지만 항상 눈에 띄는 곳에 있었기에 책을 사야만 했다.

월급 날이면 빼놓지 않고 5~10권이 되는 책을 샀다. 이유는 없다. 내 계획표에 있으니까 일단 사 놓고 보자. 월급날 아침 책사기가 하나의 습관이 되어버렸다. 이렇게 욕심 부리듯 책을 사니 제대로 다 읽을 수가 없었다. 좀처럼 습관이 되지 않는 독서에 약간의 강제성을 부여하기 위해 찾은 곳이 바로 독서모임이다. 좀처럼 진도가 나가지 않다가도 모임 날짜가 다가오면 집중력이 높아진다.

책이 읽는 속도가 빨라지고 사람들과 이야기를 해야 하기에 끄적거리며 필사라는 것도 해본다. 해야 할 것과 시키는 것은 곧잘 하는 나. 독서모임이니 모임에서 선정한 책은 읽고 가야한다. 내가 읽기 버거운 책들을 만나면 밤을 새서 읽기도 했다. (지금 생각하니 그런 내가 신기하다.)

내 머리로 이해하기 어려운 인문학이나 철학, 정치 관련 책을 만날 때면 그냥 읽고만 간다. '하얀 것은 종이요, 검은 것은 글자이니……' 하며 읽어가다 내가 이해할 수 있는 부분들에 좀 더 집중하며 전체적으로 어떤 내용인지 가볍게 훑고 모임에 참석한다. 그럼 책 읽기의 고수, 말하기의 달인들이 모인 그 곳에서 아주 쉬운 말로 책이 다시 쓰여진다. 그리고 책을 다시 읽으면 신기하리만치 내용이 쏙쏙 머리에 잘 들어온다. '이렇게 쉬운 내용이었나? 어려운 책읽기가 한결 수월해지는 순간이다.

'1년에 100권 읽기'는 늘 달성하지 못하는 숫자였지만 이런 약간의 강제성과 나의 흥미를 끄는 책들이 만나면서 100과 가까운 숫자로 항상 1년을 마무리하곤 했다.

그 날도 독서모임 날이었다. 토요일 아침 7시. 거리도 있고 모임에 참석하려면 5시 30분에는 일어나 준비를 해야 한다. 알람을 끄고 5분만을 외쳤던 게 문제다. 무언가에 놀란 듯 소스라치게 놀라 시계를 보니 6시 10분. 아무리 빨리 준비하고 가도 지각이다. 잠깐 고민의 시간. '기존의 자기계발서와 내용도 비슷하고, 가도 지각인데 가지 말까?' 하는 순간 번뜩 떠올랐다. 그날은 저자가 직접 강연을 온다고 한 날이다. 책읽기보다 책을 좋아하는 나에게 저자 강연과 사인회는 일거양득의 기회다.

저자 강연은 저자의 생각을 말로 들으며 책을 쉽게 만날 수 있는 순간이고, 거기에 사인까지 받으면 내가 좋아하는 책에 날개를 달아주는 것 같다. 순간 몸을 일으켜 빠르게 준비를 하고 집을 뛰쳐나갔다.

'아차, 오늘은 차도 없다. 버스타면 1시간 넘게 지각할 것 같은데…….'

가기로 마음먹고 집을 나온 이상 가야한다. 택시를 탔다. 모임참여 회비보다 훨씬 더 비싼 택시비를 지불하고 모임장소에 도착했다. 택시 아저씨가 초조해하는 나를 알아보셨는지 열심히 달려 주셨다. 10분 지각. (감사합니다.)

모임 장소 입장. 아직 시작 전이다. (또 감사합니다.)

늦게 도착했는데 제일 앞자리가 비어있다. (아이고, 진짜 감사합니다.)

책이 좋아서라기보다 (강연 듣고 다시 보니 아주 좋은 책이었다.) 다른 모임에 가서 저자 강연도 듣고 직접 사인도 받았다고 자랑하고 싶었던 나였다. 내가 좋아하는 책에다 저자 사인이 더 해지는 순간 그 책은 왠지 더 특별해지는 것만 같았다. 그렇게 다시 읽게 된 강범구 작가님의 '유레카! NLP' 2시간의 강연이 20분 같이 느껴졌다. 요즘의 내 생각과 마음과 참 많이 닮아 있었다.

'감사 일기'를 시작하며 살짝 열어놓은 마음이 활짝 열리는 기분이었다. 어지럽게 흩뿌려 놓은 내 생각들을 과학과 논리라는 단어로 말끔히 정리해주는 것 같았다.

심장이 빠르게 뛰기 시작하고 몸이 뜨거워졌다. 혼자 붕 떠버린 기분이었다. 애초 내 계획에 없던 'NLP 입문과정'을 그 자리에서 바로 신청했다. 오후 입문 과정까지 4시간이 비었다. 근처에서 시간을 보내기엔 제법 긴 시간처럼 느껴졌다.

'일단 집에 가서 밥 먹고 옷이라도 갈아입고 다시 오자.'

저자 강연에 참석한 사람들에게 나누어준 'NLP팔찌'는 번쩍이던 나의 금팔찌를 걷어내고 내 왼쪽 손목을 차지해 버린 후였다. 강연으로 인해 뛰기 시작한 내 심장은 좀처럼 진정되지 않았다. 버스를 타러 가는 길은 따뜻한 빛으로 환했고, 길에는 온통 웃는 사람들 밖에 보이지 않았다. 엄마 손을 잡고 아장아장 걷는 아기, 손을 잡고 걸어가는 젊은 연인들…….

'이런 게 핑크빛이라고 하는 건가? 첫 사랑 때도 보지 못했던 핑크빛 세상을 본 기분이었다. 기분 좋게 버스정류장까지 걷고 있자니 지나가는 차, 아무렇게나 서 있는 거리의 입간판마저 멋있어 보였다. 그렇게 멋진 거리를 걸어 버스 정류장에 도착하니 이내 버스 한 대가 들어왔다. 기분이 얼마나 좋았던 것일까? 매번 생각만 하고 행하지 못했던 '버스 타며 인사하기'를 오늘 해봐야겠다 생각했다. 그렇게 버스에 오르는데 나의 목소리가 내 입을 나가기도 전에 기사님이 먼저 큰소리로 활짝 웃으며 인사하신다.

"안녕하세요? 어서 오세요."

지금까지 대중교통을 이용하면서 한 번도 듣지 못했던 커다란 소리였다. 씩 씩함에 상냥함 가득 묻어 있다. 덩달아 나도 웃으며 '안녕하세요'를 외쳐보았다. 이내 '반갑습니다'로 답해주셨다.

택시에서 내릴 때면 항상 "고맙습니다."로 인사했던 나이지만 버스는 뒷문으로 내리기에 한 번도 인사를 해 본 적이 없었다. 탈 때는 이미 많은 사람들이 타고 있어 부끄러워 할 수 없었고, 뒷문으로 내리며 인사하는 사람을 본적이 없었기에 나 역시 버스를 타면서 인사를 해 본적이 없다. 민망할 거라는 걱정도 잠시 예쁘다는 말을 수십 번 들은 것만큼 기분이 좋았다.

빈자리가 있어 버스 중간쯤 자리를 잡고 앉았다. 창문을 살짝 여니 바람도 좋고, 햇빛도 좋다. 버스 정류장에 버스가 설 때마다 기사님이 큰소리로 인사하신다.

"안녕하세요? 어서 오세요."

나한테 인사하는 것도 아닌데 들을수록 내 기분이 더 좋아지는 이유는 무엇이었을까? 그렇게 40여 분간의 기분 좋은 버스 여행이 끝나갈 때 쯤 '이렇게 그냥 내리면 안 되겠다' 싶어 가방을 뒤적거렸다. 마음은 사탕이나 과자 하나라도 드리고 내리고 싶은데 가방에 아무것도 없었다. 가방에서 포스트잇과 볼펜을 꺼냈다. 덜컹덜컹 움직이는 버스 안에서 삐뚤빼뚤 써 내려갔다.

'기사님, 감사합니다. 세상에 진정한 프로가 여기 계셨네요. 이 버스를 타시는 모든 분들이 가장 행복한 버스를 타고 기분 좋게 목적지로 가는 것 같습니다. (중략) 기사님이 운전하는 703번 버스. 꼭 다시 타고 싶네요. 고맙습니다.'

집 앞에 버스가 서려는 찰나 앞으로 뛰어가 쪽지를 운전석 오른쪽 편에 붙였다. 부끄럽기도 했고 내리는 사람도 없었기에 서둘러 뒷문으로 뛰었다. 그 짧은 시간 동안 몇 줄을 읽으신 모양이다.

"손님, 감사합니다. 안녕히 가세요."

이전까지의 목소리보다 더 커졌다. 그 날의 내 하루는 더 쓰지 않아도 짐작할 수 있을 것이다. 바닥에서 살짝 뜬 상태로 하루를 보냈다.

기사님이 버스 타는 승객에게 인사하는 시간 1초.

버스를 타며 기사님께 인사하기 위해 내게 필요한 시간 1초.

너무 좋은 기분에 그냥 지나칠 수 없어 쪽지 남긴 시간 단 1분.

기사님이 그 쪽지를 보고 어떤 마음이었는지 나는 모른다.

난 그저 열심히 자기 일에 최선을 다하시는 기사님이 너무 멋져 감사함을 표현했을 뿐이다.

하지만 그 날 이후 내가 변했다. 버스만 보면 기분이 좋고, 내 앞으로 갑자기 끼어드는 버스를 만나도 좀처럼 화가 나지 않는다. '많이 바쁘신가보다' 라는 생각이 먼저 든다. 그날 이후 대중교통을 이용할 때면 가방 속에 사탕이나 작은 쿠키를 챙기는 버릇도 생겼다.

얼마 전 택시를 탔다. 택시를 타며 조금 늦었다고 말했더니 이리저리 차를 피해가며 달려 주신다. 얼마간 달리시더니 '너무 빠르냐' 고 물어보셨다. 갑자기 그 버스 기사님이 생각났다.

"아니요. 급한데 이렇게 서둘러 주시니 전 너무 감사하죠."

"그죠? 빠르고 안전하게 가기위해 택시 탔는데 버스보다 느리면 속상하죠."

그렇게 열심히 달려주신 덕에 지각할 줄 알았던 수업에 5분이나 일찍 도착을 했다. 커피 한 잔 살 시간이 만들어졌다. 감사하다고 말씀드리며 사탕하나와 작은 과자하나를 돈과 함께 내밀었다.

"생긴 것도 예쁜 아가씨가 하는 짓은 더 예쁘네." 하시며 택시비를 아주 조금이지만 깎아 주셨다.

버스에서의 인사 한마디, 쪽지 한 장, 택시에서의 잠깐 나눈 대화. 사탕……. 그 어느 하나 특별한 것 없고, 대단한 것도 없다. 하지만 그 사소한 감사의 표현으로 운전하는 것이 즐겁고 대중교통을 이용하는 것도 즐겁다.

'친절한 말 한마디, 감사를 주고받는 1분이 일상의 스트레스를 없앤다'라고 했던가?

나는 그 1분으로 매일 웃을 일이 생겼다. 버스를 보면 웃게 된다. 택시를 보면 웃게 된다. 난폭 운전을 하는 버스와 택시를 만날 때면 나도 모르게 화가 날 때도 한다. 하지만 이내 만났던 분들이 떠오르면서 금세 화가 누그러진다. 이렇게 일상이 즐거워졌다.

감사는 어제와 다른 특별한 오늘을 만들어 준다.

감사는 상대방도 기분 좋게 만들지만, 자신에게는 더 큰 선물이 될 수 있다.

감사는 인생이 즐거워지는 가장 쉬운 방법이다.

▶ 지금 당장 감사를 표현해보세요. 전화, 문자, 편지……. 무엇이든 상관없습니다. 감사를 표현하세요.

감사 시크릿

글을 쓰려고 컴퓨터를 켰다. 감사하는 마음으로 살아야 하는 것도 충분히 알았고, 감사한 일도 넘치는 요즘이다. 감사가 중요하다는 것을 어떻게 전해야 모두가 이해를 할까? 어떻게 쓰면 다른 사람도 감사의 생활에 동참할 수 있을까? 좋은 건 다 함께 해야만 하는 내 병이 또 도졌나 보다. 같이 하자고 써야 하는데 어떤 글로 시작해야할지 몰라 썼다 지우기를 몇 번이나 했을까?

컴퓨터에서 잠시 손을 내려놓았다. 잠시 숨고르기를 하자 이내 감사한 일들이 떠오르기 시작했다.

"요즘 나에겐 진짜 좋을 일만 있구나. '좋다 좋다' 말하니 진짜 좋은 일들만 생기네."

다시 한 번 깨닫게 되는 시간이다. 감사한 일들이 꼬리에 꼬리를 물고 끊임없이 떠올랐다. 이렇게 좋기만 해도 되나 싶을 만큼 좋은 일들만 생각난다. 인복 많은 나라고 평생을 떠들고 다녔기 때문일까? 감사한 일들, 좋은 사람들. 머릿속에 한가득 떠오른다.

나의 입은 이미 귓가에 가 있고 내 몸도 붕붕……. 내 방의 공기가 달라진다. 따뜻하고 행복한 기운이 가득하다.

'이렇게 무언가를 쓰기위해 컴퓨터를 켤 수 있는 지금 이 순간도 너무 좋고 감사하다'라고 생각하는 순간 전화벨이 울렸다. 아마 이 장면을 TV에서 봤다면 '드라마라서 대본대로 전화벨이 저렇게 울리는 거다' 라고 말했을지도 모를 타이밍이었다. 폰 화면에 '오케이걸지니' 라는 글이 뜬다. 막내 동생이다. 마트 가는 길인데 옷이 다시 나왔단다.

"잉? 무슨 옷?"

지난 번 동생이 입었던 티셔츠를 보고 싸고 예쁘다는 말을 했었다. 다음 날 내 옷을 사줄려고 다시 갔는데 매진 됐다며 문자를 남겨주었던 게 지난주다.

오늘 마트를 가다 혹시나 다시 들러본 옷가게에 그 옷이 다시 진열이 되어 있단다. 싸니까 두벌을 선물하겠단다.

"오예!"

감사의 생각만으로 두벌의 티셔츠가 생겼다. 감사한 일은 이렇게 자꾸 감사한 일들을 불러온다. 감사라는 아이는 친구가 참 많은가 보다. 혼자보다는 함께 다니기를 좋아하는 것 같다. 생생하게 그리면 꿈이 된다고 했던가? 간절히 바라면 모든 우주의 기운이 나에게로 온다고 했던가?

감사 또한 마찬가지다. 포도송이처럼 다른 감사들의 손을 붙들고 함께 온다. 하나를 마중 나가면 둘을 붙들고 오고, 둘은 넷을 붙들고 온다. 감사 제곱의 법칙이랄까? 감사를 찾으며 알게 되었다. 감사를 찾으면 감사한 일들을 더 많이 마주하게 된다는 사실을.

최근 넉 달이 나에게 그랬다. '감사 일기'를 시작하며 평범했던 하루가 특별한 날이 됨을 이미 경험했다. 머리로 생각하고 입으로 말하고 글로 쓰다 보니 어느새 감사도 습관이 되어 간다. 요즘은 좋은 날의 연속이다.

이런 나에게도 하나의 고민이 있다. 10년이 넘게 한 직장에서 일하며 그곳에서 받는 월급에 맞춰 나만의 소비 습관이 만들어져 버렸다. 어쩌면 돈에 대한 고민은 당연했다. 수입이 없는데 돈을 쓰고만 있으니 급속도로 통장의 잔고가 줄어간다. 통장에서 돈이 빠져 나가는 속도는 어떻게 설명해야 할까? 꼭 매일 '보이스피싱'을 당하는 기분이랄까?

하지만 그런 고민도 잠시, 감사의 습관으로 많이 내려놓을 수 있었다. 잠시 쉬었다 돌아갈 회사가 있고, 휴직을 해도 쓸 돈이 있고, 줄어가는 통장이지만 그런 통장을 가지고 있다는 사실에 감사할 줄 알게 되었다. 감사하니 또 다른 감사가 따라온다.

돈의 아쉬움에 아르바이트를 알아보려던 손을 멈추고 나를 발전시킬 만한 수업들을 찾아보기로 했다. 가만히 앉아 있지 못하는 성격에 무언가를 하고 싶지만 그게 정확히 무엇인지는 모르겠고, 당장 큰돈을 쓰기는 어렵다는 생각에 무료 수업들을 알아보았다. 그렇게 만나게 된 것이 환경활동극지도사 수업이다. 놀면 뭐하나? 단지 무료라는 이유로 신청서를 냈다. 휴직자라 돈은 없어도 시간은 많았다. 시간을 들여 꼼꼼히 알아가다 보면 가슴이 뜨거워지는 경우 보다 하지 않을 이유를 찾는 경우가 많은 나이기에 '일단 수강신청서부터 내자.' 그렇게 환경 활동극지도사 수업이 시작되었다.

앞서도 말한 바 있지만 난 무언가를 창조하는 능력은 없어도 시키는 건 열심히 하는 스타일이다. 열공하는 모범생이 되지는 못해도, 시키는 건 제법 잘 한다. 출석은 학생의 기본. 결석은 없다. 곧바로 수업이 시작되었다.

'활동극. 아, 연극이구나.' 첫 수업에 들어가고서야 알았다. 아무런 준비 없이 시작한 수업이었지만 그동안 내가 '하고 보자' 며 배우고 경험했던 것들이 간접 경험이 되어 제법 잘 마쳤다. 무대 위에서 노래하고 춤춰본 경험으로 처음 하는 연극도 좀처럼 떨지 않으며 대사를 할 수 있었고, 사회를 보고 블로그를 하며 써 왔던 조각의 글들이 경험이 되어 시나리오도 제법 빠르게 쓸 수 있었다.

회사 일을 하며 색다른 영업을 위해 만들었던 작은 소품과 선물들이 연극의 소품들과 만나며 속도를 낼 수 있었고, 음향이나 다른 여러 가지 일들도 기존의 경험들이 바탕이 되어주었다. 아이들을 위한 연극 시나리오도 써보고, 구연동화도 배워보고, 소품 만드는 일부터 직접 무대에 서서 배우가 되어보는 일까지……. 어디서 이런 경험을 해볼 것인가?

짧은 시간 안에 모든 것을 다 해내야만 하는, 사람들의 다재다능함을 확인하는 시간이었다. 자격시험을 대신한 한편의 연극으로 자격증을 취득을 하고 나니 아이들을 만날 일이 생겼다.

지금은 환경에 관한 이야기를 연극으로 풀어내는 새로운 일도 하고 있다. 새로운 어린이집을 가는 것만큼 기분 좋은 일도 없다. 해맑은 아이들이 하나도 아니고 수십에서 수백 명씩 있다. 또 다들 어찌나 밝고 에너지 가득한지……. 뭐가 그렇게도 신나고 좋은지 가는 곳마다 '하하호호 시끌시끌'이다.

거부불가! 쳐다보기만 해도 긍정에너지 한 가득 담아올 수 밖에 없다. 연극이 끝나면 약속이나 한 듯 뛰어와 안기고, 엄지손가락을 마구 치켜 세워준다.

"예뻐요! 멋져요! 사랑해요!"

세상 좋은 말들을 아이들의 입을 통해 원없이 듣게 된다. 이렇게 예쁜 말들을 쏟아 내는 아이들이라 어른들보다 더 행복한가보다. 그 속에서 나의 오전을 시작하는 날이면 하루 종일 기분이 좋을 수 밖에 없다. 게다가 나의 꿈 리스트

중 하나인 '뮤지컬 무대 서 보기'에도 한발 다가간 것만 같다. 약간의 보수도 따른다. 무엇보다 이 수업으로 좋은 선생님들까지 알게 되었다.

일타이피? 노노 일타십피다. 이 수업을 통해 알게 된 선생님들 덕분에 그동안 생각만하고 듣지 못했던 '하브루타' 수업을 들을 수 있게 되었고, '하브루타' 수업을 통해 만난 한 분을 통해 '동화작가지도사' 수업까지 들을 수 있게 되었다.

이 수업들은 마치 나를 위해 준비하고 기다렸다는 나의 목마름을 해결해 주었다. 하고 싶은 것은 알겠는데 정확한 방법론에서 헤매고 있을 때 짠하고 나타나 갈증을 해결해 준 것이다. 그리고 나의 꿈 목록에 당당히 쓰여졌다.

많은 이의 꿈 찾기에 도움을 주는 동화작가지도사. 질문을 통해 행복을 알고, 함께 하는 삶의 기쁨을 찾는 하브루타코칭지도사. 나의 생각과 의지만으로는 만날 수 없었을 또 다른 꿈들은 내가 찾아서 만난 것이 아니다.

내 평생의 업이고 소명이기를 바라는 소중한 꿈들을 향해 감사가 인도해 준 것이다.

감사가 또 다른 감사의 손을 잡고 나에게로 온 것이다. '어떤 일이 일어나면 감사할 것이다.'라고 생각하면 감사한 일을 만날 수 없다.

감사한 일을 만들고 싶다면 먼저 감사하자. 그리고 또 감사하자. 그러면 당신이 상상했던 감사한 그 일이 거짓말처럼 당신 앞에 나타날 것이다.

▶ 감사할 일을 상상하고, 그 일이 이미 일어난 것처럼 먼저 감사하세요.

미덕의 보석들

세상이 아름답다고 떠드는 나에게도 늘 세상의 유혹은 존재한다. 출가를 하고 오랫동안 도를 닦는데 전념하는 승려들에게도 유혹이 있다고 한다. 승려의 유혹이나 나의 유혹이 별반 다르지 않다. 주위 사람의 사소한 말 한마디와 행동은 지속적이고 끈질긴 유혹이 된다. 감사와 긍정의 힘을 믿는 나이지만, 보통 사람인 나는 교묘한 유혹에 쉽게 흔들린다. 감사와 긍정을 생활화해야 한다고 말하지만 내안에는 쉽게 흔들리는 모순된 또 하나의 내가 있다.

미래를 준비해야 한다는 말로 현재에 불안함을 던져주는 말이나 비판적 사고를 가장한 비난의 말, 객관적 시각의 중요성을 말하며 부정적으로 뱉어져 나오는 말들은 유혹당하기 딱이다.

어떤 일에도 감사를 외치리라 다짐했던 내가 길에서 만난 모르는 사람들 때문에 세상을 욕하고 있을 때는 늪에 빠진 듯 밑으로 빠르게 빨려 들어간다.

별것 아닌 유혹에 쉽게 마음 뺏긴 날이면 긍정의 힘보다 부정의 기운이 더 강한 것인가에 대한 의문이 생기곤 한다. 긍정은 선한 마음을 가진 아이라 부정에게 선선히 자신의 자리를 내어 주는 것일까?

오늘도 엔딩을 향해 달려가는 시간이다. 오늘도 무사히 하루를 마침에 감사하며 현관문을 열었다. 해가 꽤 길어진 요즘이지만 거실은 컴컴하다. 서둘러 저녁을 준비하고 먹었다. 아이를 씻기고 나도 후다닥 씻고 나왔다. 내일은 새벽에 집을 나서야 한다.

누워서 놀다보면 쉽게 잠드는 아이를 일찍 재워보려 억지로 들쳐 업었다. 집 안을 어둡게 만들고 낮은 목소리로 자장가를 불렀다. 지속적이고 반복적인 움직임이 아이가 빠르게 잠드는 데 도움이 된다고 했던 것 같다.

아이의 엉덩이를 두드리며 안방에서 거실로, 부엌에서 작은방으로 수차례 돌아 다녔지만 잠들기는 커녕 자장가를 따라 부르고 있다. 최근 바쁘다는 핑계로 업어준 기억이 없다. 아이는 놀자는 의미로 받아들였나 보다. 내 아이의 주특기인 질문타임이 시작되었다.

"엄마, 이건 뭐야? 엄마, 저건 뭐야?"

예전에는 아무 말이나 해주면 고개를 끄덕이던 아이가 이제는 쉽게 수긍하지 않는다. 본인이 아는 단어나 의미가 나올 때 까지 다시 묻는다.

"아니잖아, 이건 뭐냐고?"

여기까지 오면 잠자기는 글렀다. 집에 있으면 온갖 질문이 쏟아진다. 차라리 밖으로 나가자. 대낮에 딸과 밖을 나오면 집과 마찬가지로 말도 많고 질문도 많다. 호기심 천국이 되어 되려 더 많은 질문을 쏟아낸다.

하지만 호기심 천국 딸도 어두운 밤이 되면 내 등에 딱 붙어 눈으로만 세상을 바라본다.

아이를 업은 것은 같지만 일단 내 귀가 조용하다. 아이의 입을 막고 내 귀의 평안을 얻고자 집을 나섰다. 아이를 낳기 전에는 아무렇지 않았던 집밖의 풍경들이, 오히려 편한 여건이라 생각했던 것들이 아이를 낳고 난 후 불편해졌다.

낮보다 밤이 화려한 곳, 인적 드문 낮에서 밤만 되면 사람들이 몰려드는 작은 유흥가 동네이다. 시끄럽고 밝은 곳을 피해가며 둘만의 밤마실을 하려는데 담배연기가 한가득 몰려온다. 앞 선 두 아저씨가 담배를 피며 걷고 있다. 불편했던 마음에 짜증이 섞이기 시작한다. 뛰듯 두 아저씨를 앞질렀다. 아저씨들을 피해 코너를 도는데 젊은 청년들이 모여 있다. 또 담배다. 거기에 처음 듣는 외계어들까지.

시원하게 욕을 내뱉는 그 사람들을 보자니 상당히 불쾌해졌다. 사람과 차가 엉킨 곳을 피하기 위해 길을 건너려는데 "빵빵" 경적소리가 울린다. 정신없이 뛰다보니 미처 주위를 살피지 못하고 길을 향해 뛰었다. 차를 보지 못한 것이다. 나의 잘못은 없다. 이곳은 횡단보도이고 횡단보도는 보행자 우선이다.

그 순간 나도 모르게 입술이 움직였다.

"아이… 씨…."

그때부터 온종일 감사했던 그 하루는 어디로 날아가고 시커먼 잿빛이다. 지나가는 모든 사람들이 술에 취한 것만 같다. 길을 건너 조용함을 찾아간 공원. 그곳의 사람들도 뭔가 이상해 보인다. 손을 잡고 나란히 앉은 남녀도 건전해 보이지 않고, 교복을 입고 무리지어 있는 학생들도 왠지 불량스럽다. 벤치에선 할아버지들이 모여 술을 드시고 계신다. 공원으로 나온 아이는 내려달라고 한다. 이미 잠은 완전히 깼고, 넓은 공간으로 나오니 뛰어다니고 싶은 모양이다.

어깨도 아팠고 허리도 뻐근했다. 잠시 쉬었다 가야겠다 싶어 아이를 내리고 조용한 벤치에 앉았다. 아이가 여기저기 뛰어다닌다. 멍하니 아이를 쳐다보다 핸드폰을 펼쳐 들었다.

밴드에 접속하니 강의 후기들이 올라와 있다. 아차, 종일 그렇게 외쳐댔던 미덕의 보석들. 수업을 듣고 배우면 무엇을 하나? 수업 따로, 가슴 따로, 행동 따로다. 불과 몇 시간 전 그렇게 다짐을 하고 또 다짐을 했었는데……

집을 나와 공원에 오기까지의 5분, 그 짧은 시간 알지도 못하는 몇 명의 사람들로 나는 내 하루를 포기하고, 하루 온종일의 배움도 까맣게 잊었다. 다시 한 번 천천히 읽어내려 갔다.

미덕의 울타리를 쳐라.

정신적 가치를 존중하라.

배움의 순간을 인식하라.

정신적 동반을 제공하라

미덕의 언어로 말하라.

모든 사람은 그 마음속에 미덕의 보석들을 가지고 있다.

마음속에 숨어 있거나 잠들어 있는 경우는 있지만 가지지 않은 경우는 없다.

아직 때가 되지 않아 발현되지 않았거나 스스로 가진 것을 몰라 꺼내지 못하는 경우는 있어도 가지지 않은 사람은 없다. 이것이 오늘 하루 배우고 생각한 '버츄프로젝트'의 기본이었다.

'모든 사람은 미덕의 보석이 있다. 가진 것을 보지 못하는 사람들을 위해 오늘부터 내가 그 보석들을 발견하리라.'

내 눈으로, 내 마음으로 직접 꺼내 줄거라 생각한 게 불과 몇 시간 전이다.

'사람의 선함을 온전히 인정하고, 발견하여 그 사람을 선한 사람으로 인정하리라.'

나 자신과 약속했다.

후기를 하나 둘 읽어 내려가다 보니 낮에 있었던 가슴 따뜻했던 강의 시간으로 돌아간 것만 같다. 짜증이 가득했던 마음이 살며시 물러가는 순간이다. 이내 소스라치게 놀라며 일어났다. 몇 분이 지났는지도 모르겠다.

'애를 데리고 나와 내가 뭐하는 거야?'

벌떡 자리에서 일어났다. 내 눈이 바빠진다. 불량스럽게 보였던 학생들 속에서 딸을 발견했다. 놀라 뛰었다. 가까워지니 아이의 얼굴이 선명하게 보인다. 신이 나서 웃고 있다. 무릎을 꿇고 딸아이와 마주 보는 학생의 표정도 환하다. 아이의 손에는 막대사탕까지……. 뛰어가 아이 손을 잡으니 아이가 이내 반대편 학생들에게 손을 흔들어 인사다.

"오빠야, 안녕!"

학생들에게 고맙다고 말하고는 아이를 다시 업었다.

"사탕은 누가 줬어?"

"저기, 할아버지." 라고 하며 벤치에서 소주를 마시고 계시던 할아버지들을 가리킨다.

'내가 이렇게 오랫동안 정신을 놨었나?'

그 순간 머릿속이 번쩍. 숨어있는 미덕의 보석들을 내가 어디에서 찾으려 했던 것일까? 모든 사람이 다 가진 거라고 고개 끄덕이며, 내일 만날 독서모임의 사람들만 떠올리고 있었다. 불평과 불만이 많던, 나와 가까운 사람들만 떠올리고 있었다. 미덕의 보석을 머리가 아닌 마음으로 깨닫는 순간이다. 미덕은 내가 아는 사람, 특별한 사람이 가진 것이 아니다. 미덕의 보석은 세상에 태어난 모든 사람이 가지고 있다.

미덕의 보석들

감사 배려 유연성 창의성 결의 봉사 책임감 겸손 사랑 이해 청결 관용 사려
인내 초연 근면 상냥함 인정 충직 기뻐함 소신 자율 친절 기지 신뢰 절도
탁월함 끈기 신용 정돈 평온함 너그러움 열정 정의로움 한결같음 도움 예의
정직 헌신 명예 용기 존중 협동 목적의식 용서 중용 화합 믿음직함 우의
진실함 확신 이상품기

이상은 '한국버츄프로젝트' 52개 미덕의 보석들이다. 매일 큰 소리로 읽어도
좋고 하나씩 뽑아 하루 종일 의미를 되뇌어 보아도 좋다.

미덕의 보석 52개에서 끝내지 말고 나만의 미덕의 보석들을 만들어 보자. 나
만의 언어로 미덕의 언어들을 정의 내려 보고 내가 힘이 나는 문장들로 만들어
보자. 아이들의 말, 긍정의 단어들로 나만의 미덕의 보석을 만들어 내 생활 속
언어로 습관화 시켜보자.

▶ 직접 미덕의 보석들을 만들어보고, 나와 타인의 미덕의 보석을 찾아보세요.

제2장
행동하는 삶

매년 새해 계획을 세우기 시작한 것이 15년 전 쯤 인 것 같다.

어쩌면 그 이전보다 계획은 세웠는지도 모른다.

하지만 누군가와 함께 계획을 짜고 서로를 응원하며 만든 계획은 최소 작심삼일은 면하게 해주었다.

하지만 그것도 작심두달 정도에서 그치기 시작했다.

계획과 준비, 꿈과 희망, 열정과 용기.

너무 가슴 떨리게 하는 말이다.

하지만 이런 말들이 진정으로 아름다운 순간은 "행동"이 함께 할 때이다.

세상에는 두부류의 사람이 존재한다.

행동하는 사람과 행동하지 않는 사람.

꿈을 가지고 계획을 세우는 사람도 행동이 뒤따르지 않으면 행동하지 않는 사람일 뿐이다.

행동하는 삶으로 가슴 뛰는 즐거운 인생 맞이해보길 바란다.

▶ '할 수 없다.' 라고 생각하는 것은 '하지 않겠다.' 라고 다짐하는 것과 같다.

우리는 너무 많은 후회를 한다

세상 살아가며 후회하지 않는 사람이 존재할까? 세상에서 가장 많은 부를 축적한 사람도, 명예로운 삶은 사는 사람도 각자 자신만의 후회라는 것은 존재한다. 과연 후회가 필요한 시점은 언제일까? 내가 생각하는 후회가 필요한 시점은 단언컨대 없다.

당장 평범했던 며칠 전의 하루를 되돌아보자. 아침형 인간이 되길 바란다며 아침에 알람 몇 개를 맞춰두었는지 모른다. 5시부터 울리는 알람은 20분 간격으로 7시까지 울린다. 나는 7시가 한참이 지난 후에야 몸을 일으켰다. 내 덕분에 내가 아닌 핸드폰이 아침형 기기가 되어버렸다. 부지런한 내 핸드폰. 그저 시키는 대로 자기 일을 묵묵히 한다.

7시에는 일어나야 8시 30분에 집을 나설 수 있는데 이미 늦었다. 잠 많은 나를 탓하지만 탓할 시간도 없다. 부리나케 일어나 욕실로 들어간다. 허둥지둥 씻고 나와서 시계를 보면 다시 등에 땀이 흐른다. 방금 시원하게 샤워를 하고 나왔지만 개운치 않다. 아직 자고 있는 딸 아이를 일으켜 고양이 세수를 시키고 눈도 제대로 뜨지 못한 아이의 입속으로 국에 말아놓은 밥을 쑤셔 넣는다. 아이가 입을 닫는다.

"싫어, 안 먹어."

억지로 두 숟갈을 쑤셔 넣는데 이미 기 싸움은 시작됐다. 시간은 자꾸 가는데 옷도 자기가 입고 양말도 자기가 신겠단다.

"내가 할 거야. 내가 할 거야."

요즘 '엄마, 이거 뭐야?'와 함께 내 신경을 세우는 말이다.

"빨리해. 엄마 늦었어."

버럭 소리를 지르고 나니 아이가 울어버린다. 급하게 옷과 양말을 신기고 뒷자리에 아이를 태운다. 어린이집 앞에 차를 세웠다.

"어린이집에 안 갈 거야. 엄마랑 놀 거야."

평소에는 뒤도 돌아보지 않고 친구들을 향해 뛰듯 들어가던 아이가 오늘은 어린이집 문 앞에 버티고 섰다. 왜 꼭 바쁜 날만 이러는 걸까?

선생님을 부르고 가방과 함께 아이를 선생님 손에 넘겼다. 우는 아이를 등지고 다시 차에 올라 스터디모임으로 향한다. 이미 20분 지각이다. 아직 스터디는 시작하지 않았고 서로의 안부를 물으며 대화를 나누고 있다. 슬그머니 한자리 앉아 같이 이야기를 한다. 각자 한주의 일과와 특별했던 일들을 나누다 보니 대화의 주제는 자연스레 육아의 이야기로 넘어간다. 다들 어찌나 현모양처 같은지, 아침에 소리 지르고 나온 아이에게 미안해지는 순간이다. 인터넷을 통해 만난 사람들이라 서로에 대한 정보가 별로 없다. 이런 저런 대화를 통해 서로 미루어 짐작한다.

'무슨 여행을 저렇게 많이 다녀? 남편이 돈을 잘 버는구나.'

생긴 것도 스타일도 그저 평범한 보통의 사람. 남편을 잘 만났나 보다.

'아는 것도 많네. 공부를 많이 하셨나? 아, 학교 선생님이구나. 평생 노후 걱정은 안 해도 되겠네.'

이렇게 30여분 더 수다를 떨고 스터디가 시작된다. 주로 내가 이야기하고 부족한 부분이나 놓친 부분을 다른 분들이 이야기해주신다. 제대로 준비도 못했다며 걱정하고 시작했던 스터디가 무사히 끝이 난다. 이야기 하다 보니 다른 생각은 사라지고 온전히 그 내용에 집중하게 된다. 모르는 부분도 보충해서 채워놓고 나니 제법 흐뭇하다. 알려주고 가르쳐 주며 오늘도 내가 배웠다. 인사를 하고 다시 오후 약속을 위해 출발한다.

평온하고 평범한 일상이다. 휴직 전의 일상과 달라진 것이 있다면 회사 대신 수업이나 스터디, 약속들이 그 자리를 대신할 뿐 아침에 집을 나서고 해가지면 집으로 돌아오는 패턴은 달라지지 않았다. 어제가 오늘 같고 오늘이 내일 같은, 비슷한 일상. 시간을 돌려 하루를 다시 살아보라 해도 크게 달라질 것은 없다. 아침에 일어나 해야 하는 일들도 달라지지 않고 오후의 일과들도 달라질게 없다. 단지 나의 아침을 조금 빨리 열수 있지 않을까 하는 생각을 할 뿐이다.

내일은 조금 더 서둘러 일어나야겠다. 그럼 아이에게 화를 내지 않을 수 있을 것 같다. 아침을 짜증으로 시작하면 오후도 뭔가 바쁘고 여유가 없다. 하루종일 무언가에 쫓기는 기분이다.

그런데 그 불편함은 누구도 나에게 주지 않았다. 내가 선택했다. 몇 번이나 울린 알람을 꺼버린 내 손, 아이에게 이유 없이 소리 지른 내 입, 지인의 이야기를 통해 들은 이야기에 살짝 불편해진 내 마음, 그것을 들어버린 내 귀.

모두 내 것이고 내가 선택한 것이다. 남편을 잘 만난 건 그 사람이고, 부러운 마음을 가지고 내 상황을 후회하는 건 내 마음이다. 학창시절 열심히 공부해서 선생님이 된 건 그 사람이고, 공부 좀 열심히 할걸 후회하는 것 또한 내 마음이다.

　우리는 하루에도 수차례 후회라는 것을 하고 산다. 아침에 좀 더 일찍 일어날 걸, 아이에게 소리 지르지 말 걸, 학교 다닐 때 조금만 더 공부 열심히 할 걸, 금전적으로 좀 더 여유 있는 사람을 만날 걸. 이렇게 하루를 곱씹어 후회를 하다보면 어젯밤 왜 더 일찍 잠들지 않았었나? 아이를 탓하고 소리 지를 거면서 육아 책은 왜 잔뜩 사서 읽었는지 또 다른 후회가 밀려온다. 이렇게 후회를 거듭하며 지나가버린 시간을 돌이켜서 내가 할 수 있는 것이 과연 무엇일까? 지나간 지난에 대한 반성? 다시 그렇게 하지 않겠다는 결심과 각오? 지금이라도 공부해야겠다는 계획?

　반성과 미래에 대한 계획이라는 멋들어진 말로 지나간 시간을 후회하고 돌이킨다고들 하지만 내가 생각하는 결론은 아무 의미도 없고 할 수 있는 것도 없다. 계획은 행동이 뒷받침 되어야만 의미를 부여할 수 있는 것이고, 행동이 따르지 않으면 그저 종이 한 장에 불과할 뿐이다. 계획하는 사람, 준비하는 사람은 그저 행동하지 않는 사람이다. 사람들을 만나면 참 많이도 듣게 되는 이야기들이다.

　'살 좀 뺄 걸.'

　'진즉에 영어 공부 좀 할걸.'

　'학교 다닐 때 공부 좀 열심히 할 걸.'

　'젊을 때 여행 좀 많이 다닐 걸.'

　어쩜 후회도 입을 맞춘 듯 비슷하게 하는지 신기하다. 이런 사람들을 만날 때 마다 말한다. 후회할 시간에 무엇이든 해보라고. 그러면 '생각하고 있다. 준비 중이다. 계획 중이다.'라는 말이 돌아온다. 차라리 생각이라도 한다고 하면 낫다.

"에이, 지금 이 나이에 무슨 공부냐? 머리가 굳어 못해."

"집 대출금이 많아서 당장 여행은 못 가. 나중에 갈 거야."

공부에 적당한 나이는 언제이고, 여행에 적당한 때는 도대체 언제일까? 적당하지 않은 때라고 판단된다면 돌이켜 후회 할 필요도 없다. 적당한 때가 오면 그 일을 하면 되고 평생 적당한 때가 없다 생각하면 그냥 잊으면 된다.

지금 내가 당장 할 수 있는 일을 하면 또 다른 내일이 온다. 하지만 이런 후회의 삶을 사는 사람들은 '내가 10년만 젊었어도, 내가 여유 있는 부모 밑에서 태어만 났더라면, 내가 좀 더 나은 배우자를 만났더라면.' 라고 말한다.

돌이킬 수도 없는 시간이고 내가 바꿀 수 없는 과거라며 쓸데 없이 후회하며 머물지 말자. 이런 사람들 변할 수 있는 큰 희망 하나는 어쨌든 더 나은 미래를 바라고 있다는 것이다. 후회에서 멈추지 말고 내가 더 나은 미래를 바라는 사람이라는 것을 먼저 알아차리자. '…… 이랬더라면' 이 아닌 '나는 더 나은 미래를 바란다.' 를 기억하며 후회는 버려보자.

쓸데없는 후회에 시간을 보내느니 원하는 곳을 향해 한 걸음 걸어보자. 쓸데없는 후회에 시간 보내느니 지금 이 순간이 내 생에 가장 젊은 날임을 기억하자. 쓸데없는 후회에 시간 보내느니 팝송이라도 부르며 영어랑 친해보자. 쓸데없는 후회에 시간 보내느니 천 원이라도 좋으니 통장부터 하나 개설해 보자.

▶ 머리와 가슴에 온 정신을 기울여 세 번만 외쳐보세요. "후회 끝! 행동 시작!"

어차피 할 후회라면
'저지르고 후회하기'

사람들은 해봤던 일에 대한 후회보다는 해보지 못했던 것들에 대한 후회가 많다. 이렇게 이야기 하면 모든 사람들이 동의하며 고개를 끄덕인다. 그럼에도 불구하고 행동하지 않고 고개를 끄덕이고만 있는 이유는 뭘까? 해도 후회, 안 해도 후회라면 하고 후회하자.

사람은 누구나 해봤던 일에 대한 후회보다는 하지 못한 일에 대한 후회가 크다. 과거는 바꿀 수 없고, 지나간 시간은 돌이킬 수 없다. 그럼 내가 할 수 있는 일은 무엇일까? 일단 행동하는 것, 시작하고 후회하는 것이다.

하지만 어떤 일을 시작하고 나면 후회할 수가 없다. 시작했다. 일을 하고 있다. 현재 진행형이다. 현재 진행형의 일은 후회라는 단어와 만날 수 없다. 후회는 '지나온 일에 대한 후회, 또는 시도해보지 못한 일에 대한 후회' 즉 과거형이다. 당장의 현재 진행형에는 후회가 따를 수 없다. 어떤 일이든 시작해버린 일이라면, 현재의 일이 진행형이라는 것을 깨달았다면 이제 우리가 할 수 있는 일은 하나다. 후회가 뒤따르지 않도록 과정을 즐기는 것이다. 성공 여부를 떠나 그 과정을 신나게 즐겼다면 또한 후회가 뒤따르지 않는다.

그런데 대게는 이런 과정을 지나고 나면 성공이 따라온다. 당장 눈으로 확인할 수 있는 물질적 성공은 아닐 수 있다. 시작하며 기대했던 성공과는 다른 모습일 수도 있다. 하지만 스스로가 인정하는 성공과 어느 날 반드시 만나게 된다. 성공의 기준은 나 자신이 결정하는 것이기 때문이다

일과 육아와 남편과의 복잡한 일들로 잠시 쉬고 싶어 휴직원을 던져 놓은 지 6개월째다. 아이를 낳고 3개월 만에 복직한 회사에서 뒤처지지 않으려 더 열심히 일했다. '여자라서, 아줌마라서 별 수 없다' 는 소리를 듣고 싶지 않았다. 후배들이 지켜보고 있었다.

매일 넘치게 쏟아지는 일, 그로 인한 야근, 거기에 잦은 출장까지. 할만 했던 일, 신나는 회식은 엄마가 되면서 조금씩 힘에 겨워졌다. 그래도 감사할 일이라 생각했다. 내가 사는 곳이 아닌 다른 도시에서의 잦은 회식도 가끔은 부담으로 다가왔지만 동료들과 속을 터놓고 이야기 할 수 있는 귀한 시간이라 스스로를 다독였다.

'엄마' 라는 또 하나의 타이틀을 가지며 회사 일에 쫓기는 기분이 불쑥 들 때면 회사 일도, 엄마로서의 역할도 제대로 하지 못한다는 생각에 나를 더욱 채찍질 했고 그러다 보니 즐거워야 할 일이 조금씩 힘들게 느껴졌다. 부족함을 느낄수록 나는 더 일에 매달렸다. 어느새 나의 하루는 일에 양보해버리고 주말이 되어야 눈 뜬 아이의 얼굴을 볼 수 있었다. 집은 점점 정글이 되어가고, 나는 조금씩 예민해져 갔다.

잘하고 있고 즐기고 있다고 생각했던 회사 일에 13년 만에 브레이크가 걸려

왔다.

    출근 시간 8시. 하지만 7시 30분이면 사무실이 사람들로 꽉 찬다. 나라고 예외 일 수 없다. 사무실과의 거리 때문에 7시가 조금 넘는 시간이면 집을 나서야 한다. 6시 전에 일어나 준비를 하고 집을 뛰쳐나간다. 곡에 운전을 하며 차안에서 화장을 하곤 했다. 그렇게 서둘러 가도 사무실에는 언제나 마지막 입장이다.

    출근하면 언제나 전화가 쏟아진다. 클레임, 주문조회, 결품처리, 회의자료, 화상회의……. 정신없는 아침을 마무리하면 오전부터 외근이다. 하루 종일 사람들을 만나고 늦은 오후 사무실로 돌아가면 아침에 힘겹게 지워냈던 업무 메일이 언제 그랬냐는 듯 다시 가득 차 있다. 지워도 지워지지 않는 신기한 회사의 업무 메일. 하나씩 지워가며 일을 처리하고 나면 9시는 기본. 이런 날은 양호한 편이다. 월초나 월말이 되면 12시를 넘기는 일도 잦다.

    창원에서 파견 근무를 하기에 소속 지점인 부산을 가는 날이 많다. 부산을 가는 날이면 회의에 회식까지 이어진다. 이런 날은 다음 날이 되어야 집으로 돌아올 수 있다.

    이렇게 하루를 마무리 하고 집으로 돌아오면 집안은 이미 한밤중이다. 잠든 아이 깰까 씻는 것도 조심 조심이다. 깜깜해진 방안에서 손으로 더듬거리며 화장품 찾아 찍어 바른다. 조용히 아이 옆에 눕는다. 아이 얼굴을 잠시 쳐다본 것 같은데 알람이 울린다.

    잠깐 눈 감았을 뿐인데 알람이 울린다. 그렇게 또 하루를 시작한다. 이렇게 13년 동안 회사 생활을 했다. 그래도 이런 꾸준함 덕에 다닌 덕에 과장이라는 직책을 가졌다.

    청정원이라는 로고에 과장이라는 직함이 박힌 명함은 어디서 내어놓아도 자랑스럽다. 엄마가 뿌듯해 하고, 가족들이 기뻐하며 친구들이 부러워한 회사이다. 꾸준히 하다 보니 회사에서 우수사원으로 뽑혀 해외여행도 몇 번 다녀왔다. 경차이지만 타고 다닐 수 있는 차가 있었고, 최신형 노트북에 다양한 온/오프라인 교육까지. 다양한 경험을 할 수 있는 회사였고 회사 밖에서는 들을 수 없는 좋은 사내 교육도 많았다.

어쩌면 내 꿈의 시발점이 된 곳이 이 회사였는지도 모른다. 직원을 위한 복지제도도 많고, 성장의 기회를 제공하는 자랑거리도 참 많이 가진 내가 좋아하는 회사이다. 이런 회사에 아이를 낳고 복직을 해서 힘든 2년을 보낸 이 지난 이 시점에 휴직이라니, 사람들이 반대할 이유가 충분했다. 그리고 누군가는 말했다. 이 회사 안에서 조금 더 큰 꿈을 가져보라고. '조금만 더 다니면 차장도 되고 지점장도 될 수 있다.'라며.

가까운 사람들은 휴직원이 곧 사직서로 이어질 것이라는 것을 알았던 모양이다. 휴직을 하지 않았다면, 조금 운이 따랐다면 1~2년 내에 차장 승진을 할 수도 있는 연차였다. 나라고 더 높은 직책의 명함이 왜 탐나지 않았을까? 차장이 되고나면 그 다음 순서는 지점장을 꿈꾸어야 한다.

'평범에 평범을 더하면 나다'라고 말했던, 학창시절이 병풍 같았던 지극히 보통 사람인 내가 지점장이라는 자리를 꿈꾸는 일은 정말이지 말도 되지 않는 엄청난 꿈이었다. 그런 말도 안 되는 꿈이 바로 눈앞에 있는 것 같았다. 어쩌면 잡힐 것 같기도 했다. 다른 일에 도전해 그럴듯한 결과를 만들지 못하면 휴직이 엄청난 후회로 밀려올 것 같았다. 회사 안에서 나의 꿈을 조금은 다른 방법으로 풀 수도 있을 것 같기도 했다. 꽤 오랜 시간 고민만 했다.

'지금 새로운 일을 시작할 수 있을까?

지금 돌이켜 생각해보면 답은 아주 간단했다. 지금이든, 몇 년 후든 새로운 일은 시작해야 했고, 하루라도 빠른 것이 좋다. 하지만 그때는 그런 생각이 미치지 않았다.

당장의 생활비가 급했고 정확히 어떤 것을 하고 싶은지도 모르는 상태였다. 그저 막연히 상상을 해 보았을 뿐이고, 이 회사 아닌 다른 무언가를 찾아봐야겠다는 생각 뿐이었다. 피하지 못하면 즐겨라. 내 나름의 방식으로 즐기던 회사일이 계속되는 고민으로 지겨워지고 있었다. 그때 누가 나에게 던진 한마디.

"해도 후회, 안 해도 후회라면 하고 후회하라."

참 많이도 들어왔던 말이 왜 그때 유독 큰 소리가 되어 가슴에 꽂혔는지 모른다. 그래, 일단 하고 후회하자. 나에게 기회라도 줘보자. 그렇게 던진 휴직원. '사직원이 아닌 휴직원'은 용기가 부족한 내 마음을 보여주는 것이었다.

마음 한 구석 '일단 해보고 안 되면 돌아오자'라고 생각했던 것 같다. 그렇게 '후회보단 행동'으로 나에게 주어진 시간 1년. 무엇이든 닥치는 대로 해보자 마음먹었다. 생각나면 즉시 실행. 고민된다면 일단 행동. 고민이라는 것 자체가 내가 나에게 표현하는 욕구라고 생각했다.

그렇게 휴직기의 절반을 보냈다. 짧다면 짧은 시간 6개월. 그 시간 동안 나에게는 엄청난 변화가 생겼다. 흐릿하기만 했던 꿈들이 명확해졌다. 많은 꿈이 생겼다. 그 꿈을 함께 해 줄 드림메이트가 생겼다. 무엇보다 할 수 있다는 자신감이 생겼다.

'실패는 없다. 경험과 피드백만 있을 뿐이다.'

많은 피드백을 받을수록 내 꿈에 가까워진다는 것을 안다. 고로 무서울 게 없다. 그냥 재미있게 즐기기만 하면 된다. 비슷한 일상을 보냈던 회사 생활과 달리 요즘의 매일이 즐겁고 내일이 기다려 진다. 요즘 나를 만나는 사람들이 나에게 묻곤 한다. 휴직하고 스스로의 시간을 가지니 어떠냐고.

누가, 언제 묻든 나의 대답은 한결 같다. '좋거나 매우 좋거나'. 이제 나에게 6 개월이란 시간이 남았다. 좋아질 일만 남은 나에게 남은 시간은 아무런 의미도 없다.

해도 후회 안 해도 후회라면 하고 후회하자. 사람은 해 본 일에 대한 후회는 별로 남지 않는다고 한다. 후회의 대부분은 시도하지 않은 일에 대한 후회이다. 나중에도 후회 할 일이라면 한 살이라도 젊었을 때 시도 해보는 것이 어떨까?

누구에게나 후회나 아쉬움은 있다. 하지만 좀 더 적극적인 방법을 후회하기를 권한다. 시도조차 해보지 못한 후회는 내가 얻을 수 있는 게 없다. 성장의 길이 없다. 경험이 바탕이 되지 않았기에 단지 해보지 않았다는 단순한 사실로 끝이 난다. 하지만 이미 지나온 경험에 대한 후회는 최소한 나에게 몇 가지는 알려줄 수 있다. 먼저 해보지 않은 것에 대한 지속적인 후회를 지워준다. 행동하지 않았다면 후회라는 단어를 만날 때마다 생각하게 될 것이다. 내 머릿속에 후회를 자꾸 떠올리면 스스로를 후회하는 삶으로 밀어 넣는 결과를 만든다.

또한 경험에 대한 후회는 최소한 내가 가지 말아야 할 길, 나에게 맞지 않는 많은 길 중 하나를 지워준다. 무수히 많은 실패의 길을 지워내다 보면, 그렇게 모든 실패를 지워내면 결국은 성공의 길로 들어설 수밖에 없다.

천 번이 넘는 실패 끝에 전구를 발명한 에디슨도 말하지 않았던가? 단지 전구가 만들어지지 않는 천 가지의 방법을 알았을 뿐이라고.

우리에게 펼쳐진 천 가지의 실패를 지우고 나면 우리도 나만의 전구를 만들수 있다. 내 삶에 빛을 주는 자신만의 전구를 만들 수 있길 진심으로 바래본다.

▶ 해도 후회, 안해도 후회라면 하고 후회하세요. 후회할 일이 없어집니다.

고민할 시간에 움직이자
행동하면 고민이 사라진다

2014년 8월 29일.

"안되면 배 째자. 더 못 기다리겠다."

예정일이 한참 지나도 나오지 않는 아이를 낳고자 산부인과로 온 게 어제다. 보통 유도분만제 맞으면 하루 안에 나온다는데, 시계 바늘은 하루를 꼬박 새우고 다음날 새벽을 지나 점심시간을 향해간다. 긴장과 공포 속에서 알 수 없는 시간을 보내는 것이 아이를 낳는 것만큼 무서웠다.

쓸데없이 출산에 관한 이야기를 리얼 생중계 수준으로 들어버린 것이 문제였다. 아이가 크면 더 고생이라는데, 이미 내 아이는 4kg을 넘어섰다. 게다가 머리까지 크단다. 출산의 경험을 가진 사람들이 나에게 죽을 거라며 겁을 준다.

다들 고생이라지만 24시간이 넘게 진통한 사람들은 없다. 24시간, 딱 하루만 고생하면 내 새끼가 나오는데 그 정도 고생쯤이야. 시간은 가지 말라 해도 갈 것이고, 24시간만 죽었다 생각하자.'며 무섭게 겁주는 사람들을 애써 무시했다. '그래, 24시간만 지나면 되는데 뭐' 할 수 있을 것 같았다.

내 발로 병원에 걸어 들어가 접수를 하고 환자복을 받아 옷을 갈아입고 침대 위에 누웠다. 팔에는 링거 몇 개가 꽂히고 간호사는 무심한 듯 이야기를 늘어놓는다. 몸이 이상하면 알려달란 이야기다.

덤덤히 설명을 듣고 누웠던 나였지만 진통을 겪으며 있는 대로 소리 지르는 산모들을 바로 옆에서 보고 있자니 마인드 컨트롤이니 긍정마인드니 하며 머릿속 가득 채웠던 좋은 말들은 다 사라졌다. 실전이다.

스멀스멀 불안해진다. 하늘이 노랗게 변하고, 내 배 위로 기차가 달리는 느낌이 와도 아기가 나오지 않더라던 누군가의 말이 떠올랐다. 그동안 애써 머릿속에서 밀어냈던 고마운 충고들이 모두 떠올랐다.

아, 난 왜 이렇게 아기를 크게 만들었을까? 조금만 먹을 걸. 운동 좀 할 걸. 별생각이 다 든다. 그렇게 하루 하고도 반나절을 병원에서 보내고 나니 더 이상 기다릴 수 없다.

"더 못 기다리겠어. 점심시간 지나서 까지도 나오지 않으면 수술하자. 저녁까지 기다리면 또 내일이야." 기다리기 지쳤던 남편도 한 번에 오케이다.

의사가 다시 와서 이것저것 확인한다. 제왕절개 이야기를 꺼냈다. 원하는 대로 하면 되지만 자연분만 가능할 것 같은데 왜 제왕절개냐 묻는다. 아이가 큰 것도, 고통도 두 번째다. 그냥 그 자리에 더 있고 싶지 않았다. 진통이 오고 보통 하루는 고생한다는데 그럼 애는 내일 나온다. 다음날까지 기다리기 힘들다고 말하니 몇 시간만 더 기다려보자고 한다.

그래 딱 3시간. 그 후에도 소식 없음 제왕절개. 마음속으로 마지노선을 그었다. 이래도 저래도 아픈 거라면 차라리 내가 정하자. 계속되는 비명의 산모들

속에서 기다릴 순 없다.

한 시간이 지나고 두 시간이 지나도 소식이 없기에 다시 남편과 제왕절개 얘기를 하는데 "딱"하는 소리가 난다. 따뜻한 물이 몸에서 빠져 나오는 느낌이다. 간호사를 불렀다. 양수가 터졌다.

'이제부터 시작이구나. 24시간…. 24시간…. 아직 제정신이기에 중얼거려본다. 내일이면 어떻게든 끝이 나겠구나.' 생각하니 차라리 마음 편하다. '하루면 끝이 난다'라는 생각도 잠시 머리가 멍해지고 아무 생각이 없어진다. 생각이라는 건 조금이라도 여유가 있을 때 하는 거다. 급하게 배가 아파오고 진통 주기가 짧아진다. 화장실을 오가고 침대 위를 뒹굴고 다니니 무통주사를 놓아준다. 살만하다. 아니. 죽지 않을 만큼만 버틸 만하다. 그렇게 '참을만하다'를 중얼거리며 버티고 있는데 간호사가 이동하자고 한다.

분만실로 가자고 한다. 진통이 온 지 고작 3시간 남짓. 아직 내 배 위로 기차가 지나가지도 않았는데 분만실로 가잔다. 역시 난 엄마를 닮았다. 하늘이 내린 골반. 분만실에 가서 시키는 대로 몇 번 힘을 주고 나니 내 오른팔 위로 쭈글쭈글한 아이가 놓여 있다.

4.03kg.

와락 눈물이 쏟아지면서도 못생겼다는 생각은 드는 나는 뭐였던 건지. 아이와 통성명도 하기 전 아이는 내 팔을 떠난다. 난 모성애가 강하지 않은가 보다.

산후조리실로 옮겨진 나는 아이가 보고 싶다는 생각보다 자고 싶고, 쉬고 싶었다. 조리원에서 2주를 보내는 동안에도 TV를 보고 책을 보며 쉬는 게 더 좋았다. 그렇게 편안한 2주를 보내고 집에 오니 전쟁이 따로 없다.

'뱃속에 있을 때가 더 편하다.'

어른들이 괜히 하는 말이 아니었다. 아이를 낳고 보니 어른들이 하는 말은

다 진리다.

꾸벅꾸벅 졸아 가며 아이와 '버티기 하루'를 하다 보니 어느새 아이의 미모에 물이 오른다. 물에 불어 쭈글쭈글 하던 그 아이가 아니다.
'역시 내 딸이 못생겼을 리 없지.'
젖을 빠는 입도, 멍 때리는 눈도, 오동통한 손발도 다 예쁘다. 역시 내 딸이다. 나날이 예뻐지는 딸을 보고 있자니 함께 하고 싶은 일들이 늘어난다.

버킷리스트와 꿈이 빼곡히 적힌 노트를 꺼낸다. 엄마가 됐기에, 아줌마이기에 못하는 일이 무엇일까 찾아보았다. 하지만 고칠 게 없다. 원래 남의 눈을 크게 의식 하지 않던 나다. 하고 싶은 건 하고 보자며 살아온 나이기에 뮤지컬 배우며 댄서 같은, 남들은 웃을 일도 그대로 남겨두었다. 지워내기는커녕 추가할 것만 늘어났다.
욕심이 많다며 선택과 집중을 하라는 주위 사람들의 이야기는 또다시 무시해버리고 꿈 목록을 한가득 늘인다. 이것저것 쓰고 보니 돈도 많이 필요할 것 같고, 공부도 많이 해야 할 것 같다. 그래도 일단 써 본다. 해보고 되면 좋고 안된다 할지라도 내가 손해 볼 것은 없으니까.
쓴 것들을 보고 있자니 같이 하고 싶고, 가고 싶은 곳들이 많다. 딸과의 여행을 우선순위에 올려 두고 내가 당장 할 수 있는 것이 무엇인지 써 본다. 그러다 갑자기 컴퓨터를 켰다. 통장을 만든다. 딸과의 여행통장이다. 한 달에 10만 원. 작은 돈은 아니지만 부담스러울 만큼 큰돈도 아니다. 일단 돈이 모이면 그 다음은 쉽다. 일단 돈부터 모으자. 당장에 내가 할 수 있는 일이다. 그렇게 모으기 시작한 돈이 400만 원을 향해 달려간다. 그리고 내가 해야 할 일들을 써본다.

　꼭 기다려야 하는 시간은 아이가 성장하는 시간이다. 이 부분은 내가 어찌할 수 없다. 그럼 아이가 크는 그 시간동안 내가 할 수 있는 일은? 역사 공부를 해야겠다. 한국사부터 시작해서 세계사까지. 여행 다니며 의미 없는 수다만 떨고 다닐 수는 없다.

　'엄마라는 사람이라면 여행하는 곳들의 역사적 배경 정도는 재미있는 이야기로 풀어줄 수 있어야 하지 않을까?'

　당장 책 좀 읽어봤다고 하는 분들에게 '카톡'을 남겼다. 한국사 공부를 해보려고 하는데 책 추천 좀 해달라고. 친절도 하시지. 참 많이도 추천해주신다. 이것저것 비교해 볼 시간도 없다. 일단 온라인 서점 입장. 추천 책들 모조리 장바구니에 담았더니 '헉' 소리 나게 비싸다.

　대충의 후기들을 보고 읽기 쉽고 재미있는 것들만 추려내어 10여 권을 책을 구매한다. 언제 다 읽을지는 모르겠지만 일단 산다. 지금 내가 할 수 있는 게 사는 것뿐이니까. '사놓고 보이는 곳에 뿌려놓으면 언젠가는 보겠지.' 라는 마음이었다.

　육아를 하며 책 읽을 시간이 현저히 부족했다. 하지만 그렇게 사놓은 책들이 자꾸 내 눈에 들어오면 책을 읽어야겠다는 생각과 동시에 아이와 여행을 다니며 살고 싶다는 나의 꿈 목록이 떠오른다. 당장 책을 읽지 않더라도 그렇게 나의 꿈을 기억한다. 그렇게 저질러놓고 본 책은 방바닥으로 책상 위로 식탁 위로 여행을 다닌다.

　책이 여행을 하는 동안 내 딸은 어린이집을 다니기 시작했고 나는 휴직의 시간을 가진다. 대학 졸업 후 15년 동안 쉬지 못한 내가 휴직을 했다고 하면 다들 좀 쉬라고 말한다. 나도 그럴 작정으로 던진 휴직원이었는데, 일주일 쉬고 나니 더 이상 집에 가만히 있을 수가 없다. 아무것도 하지 않고 노는 것도 습관이 되는데 시간이 필요한가 보다.

뭘 할까? 두리번거리는데 여기저기 던져 놓았던 한국사 책이 보인다. 가장 날씬한 놈을 집어 들어 단숨에 읽어 내린다.

'어라, 재미있네.'

학창 시절 사회나 역사가 영어, 수학보다 멀게 느껴지던 나였다.

'연개소문, 칠지도, 화백회의, 호족, 권문세족, 흥선대원군……'

읽을 수는 있으나 말로 설명할 수 없고, 모국어이지만 이해할 수 없는……. 한국사는 나에게 그런 것이다. 수능시험을 치름과 동시에 역사적 지식은 머리에서 모두 날아가 버렸다. 그렇게 복잡하고 재미없고 지루했던 역사가 이렇게 재미있었나? 공부할 수 있을 것 같은 생각이 든다. 바로 공부할 수 있는 곳을 찾고 수강신청을 했다.

'역사는 그냥 책 읽으며 하면 되지, 수업은 왜 듣느냐?' 며 묻는 사람들이 있다. 혼자 하는 공부라면 책 속에서 의미 있는 것들을 찾아내고 꺼내는, 배울 것을 찾을 수 있어야 하고, 꾸준히 공부할 성실함이 있어야 하는데 나는 둘 다 없다. 혼자하면 작심삼일하기 딱이다. 이럴 땐 돈 주고 선생님을 만들어야 한다. 매주 3시간 석 달간 한국사 통사를 훑었다. 모범생은 아니라도 늘 병풍같이 교실을 지키던 나에게 결석이란 없다. 병풍은 늘 변함없이 그 자리에 있어야 하니까.

석 달이란 시간동안 수업을 듣고 나니 깊이는 없어도 둥둥 떠다니기만 했던 단어들이 하나의 줄에 아슬아슬 매달려 이야기가 되었다. 수업이 끝났다.

'나 혼자 재미있는 이야기로 만들어낼 수 있을까?'

이렇게 시간이 흐르면 엮어놓은 단어들이 다시 흩어져 이내 머릿속이 텅 빌 것 같았다. 바로 컴퓨터를 켰다. 지역에서 많은 사람들이 활동하는 커뮤니티 중 한 곳에 글을 남겼다.

'한국사 공부 같이 하실 분.'

'누군가 또 이끌어주겠지. 한 번만 더 들어보자.'

하룻밤 자고 일어나니 꽤 많은 댓글을 달렸다.

'이렇게 공부하고자 하는 엄마들이 많았나?' 반성은 잠시, 역시 잘 시작했다 싶었다.

급하게 OT날을 잡고 모였다. 그런데 아뿔싸, 다들 아는 게 없단다. 나처럼 누군가에게 배우러 왔단다. 대략난감. 시대별로 파트를 나누어 돌아가며 가르쳐주자. 시대별 인물을 공부해 와서 서로 가르쳐주자. 특정 사건들을 공부해오고 토론식으로 진행해보자. 의견은 나오는데 다들 멀뚱한 표정들이다. 시간을 내어 공부해오기가 번거로운 모양이다.

다시 인원을 모으려면 며칠의 시간이 또 흘러갈 것이고, 그때도 모임을 이끌 만한 사람이 오리라는 보장도 없다. 더 이상 우물쭈물 할 수가 없다. 겨우 단어들을 이해하고 큰 흐름만 엮어놓은 내가 '한국사 지도사'라는 자격증 한 장을 들고 준비해보겠노라 자진한다.

'미쳤지.'

새로운 일을 하는 창의력이나 혼자서 꾸준히 노력하는 성실함은 없어도 시키면 곧잘 하는 책임감은 있다. 이번에는 내가 나에게 책임감을 던져주었다. 혼자 시작 했다면 책임 질 사람도 나 하나이기에 작심삼일로 끝나도 문제 될 일 없지만, 이제 함께하고 책임져야 할 사람이 생겼다. 그렇게 나의 '한국사스터디'가 시작되었다. 오늘로 4번째 시간을 마쳤다. 후삼국까지 어렵사리 통일

시켜놓았다. 다음은 고려다.

딸과의 재미있고 여행을 꿈꾸며 '조금만 알아두자'고 생각한 한국사. 글로 옮겨놓기 민망할 만큼 아는 것이 너무도 없었다. 막막했다. 생각하고 계획부터 짰다면, 싫증을 쉽게 느끼고 끈기 제로인 나는 계획으로 끝을 냈을 것이다. 아는 게 너무 없어서 계획만 짜다 방대한 분량에 포기하기 딱 좋다.

사실 지금은 '선 지름, 후 수습'의 모양새이다. 함께 하는 분들에게 미안하리만치 얕은 지식을 전하고 있지만 이렇게 시도하지 않았다면 수습할 일도 없다. 질러놓고 나면 완벽한 방법을 장담할 수 없지만 수습할 길은 만들 수 있다. 수습을 반복하다보면 나의 역사적 지식에도 깊이가 더해질 것이라 믿는다.

고민되는 일이 있는가? 일단 질러라.

▶ 고민 되는 일은 내가 하고 싶은 일에 대한 마음의 요구입니다. 마음의 소리를 듣고 행동하세요.

가끔 다른 사람이 되어도 좋다
(나만의 사소한 일탈)

나에겐 아침을 시작하는 여러 가지 주문들이 있다.

아침에는 언제나 '유레카'를 외치며 눈을 뜬다. 시원하게 샤워를 마치면 뿌연 거울을 손으로 닦아내며 다시 외친다.

"아자! 아자! 오늘도 행복하다."

이렇게 두 번의 주문으로 나의 기분이 '신남' 모드로 세팅된다. 여기에 딸과 함께하는 마지막 주문을 외우고 나면 신기한 듯 마음속엔 '기분 좋음'이 가득 찬다.

어린이집 앞에서 아이와 함께 늘 외친다. 나보다 목소리가 큰 딸이기에 이 주문은 나의 주문이라기보다 딸의 주문이다. 거기에 나는 살짝 발을 얹는다.

어찌나 목소리가 큰지 지나가는 사람들이 쳐다보기도 하고 가끔은 아파트 창문이 열리기도 한다. 아직 어린 딸이라 부끄러움을 잘 모르는 듯하다.

"오늘도 신나는 하루를 보내자."

내가 '오늘도' 라고 말하면 딸은 조건반사다. '신나는 하루를 보내자' 를 있는 힘을 다해 외친다. 딸과 큰소리로 세 번 외치고 나면 평범했던 마음도 설레임으로, 책장을 넘기듯 자연스레 넘어간다. 오늘 아침에도 세 개의 주문을 모두 외쳤다.

당연히 내 마음은 뜀박질 전 아이 같은 설렘으로 가득차야 하는데, 하루에 대한 기대가 가득 차야 하는데 오늘은 뭔가 다르다. 살짝 내려앉은 기분이 붕 하고 떠오르지 않는다.

집까지 걸으며 동네 강아지들과 고양이들, 길가의 꽃과 나무들을 보며 애써 말을 붙이고 기분 전환을 시도한다. 혼자 떠들다 보면 금세 기분 전환되는 나인데 오늘은 뭔가 다르다. 딸과 정신없이 떠드느라 몰랐던 바람이 느껴진다. 차갑다. 콧물이 나온다.

'설마, 감기?

신이 나에게 주신 두 가지 복이 있다면 그것은 '인복과 건강'이라고 말하는 나이다. 평생을 병원 근처에 간적이 없어 여태 냈던 의료보험이 아깝다고 느껴질 정도였다. 감기도 잘 걸리지 않을뿐더러 걸려도 크게 신경 쓰지 않았다. 일상에 불편함이 없었고 굳이 약을 챙겨 먹지 않아도 며칠 지나면 나도 모르게 나아 있곤 했다.

하지만 아이를 낳은 후 감기는 나 혼자만의 감기가 아니다. 혹여 딸에게 옮기게 될까 마음이 쓰인다. 그때부터는 감기가 오면 약간의 짜증과 예민함을 동반하게 된다. 집에 돌아가기 전 약국에 들러 종합감기약을 샀다.

'내 돈 주고 감기약을 사다니……. 나도 늙었구나.'

고작 감기약 하나에 별 생각이 다 든다. 집으로 돌아와 약부터 먹었다. 소파에 앉았다.

'잠을 좀 더 자볼까? 누워 있을까?'

별로 아프지도 않던 몸이 갑자기 피곤하게 느껴진다. 이런 날은 집에 혼자 있으면 감기를 핑계로 바닥끝까지 내려 가보기 딱 좋은 날이다. '바닥끝'이라는 생각이 머리에 떠오르는 순간 얼른 몸을 일으켰다. 내가 많이 변했음을 느끼는 순간이다.

'그냥 누울 법도 한데 나의 변화를 감지하고 몸을 일으키다니……'

스스로를 칭찬하며 준비한다. 오늘이 그날이다.

가깝게 지냈던 고등학교 친구들과 소원해졌다. 다른 지역으로 대학을 진학하며 연락이 뜸해진 것이다. 서로의 소원함을 느낄 틈도 없이 각자의 대학생활을 즐겼다.

그런 우리가 대학을 졸업하고 다시 만났다. 우리가 생활했던 이곳에 모두 직장을 얻었다. 나에겐 차가 생기고 한 친구에겐 작은 원룸이지만 그녀만의 공간이 생겼다. 이로써 우리가 다시 뭉치기 충분했다. 아지트가 생겼고, 기동성이 생겼다.

자주 모여 그동안의 어색함을 털어내고, 서로의 이야기로 그동안의 빈 공간들을 채워나갔다. 그러다 보니 우린 소위 '계' 라는 것을 하게 되었고, 그것이 나의 첫 독서모임이 되었다. 단순한 계모임보다는 좀 더 건설적인 계모임을 해보자며 내가 제안했다. 친구들도 그럴듯한 모임에 흔쾌히 동의해주었고 그렇게 우리의 모임이 시작되었다. 책을 좋아하던 나도 친구도 아니었는데 그렇게 한

발 책에 다가선 것이다.

그 날 이후 우리는 아지트에서 자주 만났고 책이야기도 나누고 요리도 해먹으며 즐거운 나날을 보냈다.

나름 즐겁고 다양한 경험으로 살아왔다 생각했는데 직장 동료들은 나에게 약간 보수적인 것 같다는 이야기를 하곤 했다. 그들에 비해 난 스스로에게 허락하지 않는 생활들이 많았다. 그런 나이지만 이 친구들과의 모임에서만은 나는 '날라리'다.

이 친구들은 단 한 번의 연애로 결혼까지 골인을 했고, 수년 동안 모임을 가지며 술 한잔 마신 적 없었다. 결혼 전 내 손에 이끌려 첫 나이트클럽에 입문한 친구도 있다. 과자 몇 봉지와 음료 몇잔으로 술과 안주를 대신하며 밤을 새울 수 있는 친구들. 무슨 낙으로 살까 싶지만, 집과 회사, 밥집과 커피숍을 다니며 30년이 훌쩍 넘는 인생을 재미있게 살고 있는 친구들이다. (나이를 조금 더 먹으면 달라질까 했지만 나이 마흔을 앞둔 지금, 크게 달라지지 않았다. 앞으로도 계속 이렇게 살아갈 친구들이다.)

고등학교 시절을 되돌아보니 우린 커피숍 한번 가지 않았다. 고등학생 때는 커피숍에 가는 친구만 봐도 날라리라고 말했던 우리들이었다. 당연히 학교 결석도 없었고, 야간자율학습도 빠져 본 적이 없다. 모범생들도 아니었는데 어떻게 그렇게 학교에만 붙어 있었는지 신기할 따름이다.

지금 돌이켜 생각하면 '땡땡이라는 것도 한번 쳐보고 몰래 떡볶이라도 사먹어 볼 걸' 할 만큼 순수했다.

부모님과 선생님의 말은 거역할 수 없는, 당연히 순종해야만 하는 진리와도 같았다. 대학생활을 하고 직장 생활을 하며 내 생활은 조금의 변화가 찾아 왔는데 어찌 된 일인지 이 친구들은 대학을 졸업하고 직장생활을 시작했음에도 고등학교 시절과 달라진 것이 없었다. 학창시절의 순수한 모습 그대로 남아 있다.

이런 친구들과 내가 일탈을 계획했던 일이 있었다. 하루가 멀다 하고 아지트에 모여 들다 보내 어느새 우리는 내 집처럼 지내고 있었다. 그날도 모여서 앞으로의 계획을 이야기하고 수다를 떨다 보니 시간이 늦었다. 누가 먼저랄 것도 없이 "자고 가자."

돌아가며 집에 전화를 하는데 어쩌나 가슴이 떨리던지………. 다 큰 어른이 엄마에게 전화를 해 긴장된 모습으로 허락을 받는 그 순간을 봤다면 웃었을지도 모른다.

지금 나 역시 돌이켜 생각해보니 왜 그렇게 긴장하고 떨었는지 모르겠다. 어느 한 집에서라도 허락이 떨어지지 않을까 노심초사하는 우리들의 모습은 똑같았다. 그렇게 하나, 둘 돌아가며 허락을 받아내고 마지막 전화가 끝이 나는 순간 우리는 "야호" 소리 질렀다.

밤새 수다꽃이 피었고 자는 둥 마는 둥 하다 새벽 일찍 일어났다. 출근을 해야 했다. 평생을 결석이란 것을 머리에서 지워놓고 사는 우리들이라 밤을 샜어도 회사는 가야했다. 분주하게 준비를 하고 모두 내 차에 올라탔다. 나에게 차가 생기면서 나는 친구들의 기사였다.

먼 곳부터 차례로 내려 줄 계획이었다. 편의점에 들러 간단한 먹거리들을 입에 물고 다함께 출근하는 길도 즐거웠다. 그렇게 가장 먼 곳을 향해 달려가는데 누군가 말했다. 친구들의 성향으로 봤을 땐 아마도 나인 것 같지만, 정확히 누가 먼저 제안했는지는 모른다.

"이런 날은 하루쯤 회사 째고 놀러 가면 좋겠다."

"그래. 바다가 보이는 곳에 가서 우아하게 브런치 먹으며 커피 마시면 진짜 좋을 것 같아."

"그래, 가자. 가 보자."

정말 가자고 했던 이야기가 아니었다. 희망사항을 그저 떠들어 본 것 뿐이다. 보통의 사람들이 그렇듯 '이랬으면 좋겠다. 저랬으면 좋겠다'를 말해보는 순간이었다. 늘 그렇게 지나갔던 우리고 당연히 회사를 가야 하는 우리였다. 누가 시작했는지 아직도 모르겠다. 회사에 전화를 하고 있었다. 모두 통화내용은 같다.

"몸이 좋지 않아 병원 좀 들렀다 출근하겠습니다."

극도의 긴장감 속에서 몇 번의 연습하고서야 전화를 할 수 있었다. 우리의 걱정과 달리 의외로 쉽게 허락을 얻어냈다. 지금 생각하니 평소 지각, 결석이란 것이 없었던 사람들이었으니 당연한 결과이다. 하지만 그때 우리는 세상 가장 나쁜 일을 모의하는 사람들의 마음이었다.

'이래도 되나? 들키는 건 아닐까?

엄청난 긴장감속에서 혼자서는 절대 하지 못할 일을 저질렀다. 함께였기에 각자가 낼 수 있는 최선의 용기를 낸 것이었다. 지금 생각하니 하루 결근을 해도 될법한데 여기까지가 우리가 생각할 수 있는 최대의 일탈이었다. 도저히 이곳에선 어디도 가지 못할 우리였다. 세상 모든 눈이 우리를 보는 것만 같았다.

"부산으로 가자."

그렇게 내 차는 고속도로를 달렸고 해운대로 향했다.

'이게 무슨 일인가? 우리가 평일 아침에 부산, 그것도 해운대를 보고 있다니…….'

여기까지 왔는데 바다만 보고 갈 수 없다며 우리는 맛집 검색에 들어갔다. 평소 우리가 먹는 밥값의 수배에 달하는 레스토랑에 가서 이른 점심을 먹고 커피도 한잔 했다. 여느 부잣집 딸이 부럽지 않았던 순간이다. 다시 한 번 오자며 약속하고 일어섰다. 그리고는 회사를 향해 열심히 달렸다. 하나 둘 내려주며 급하게 뛰어 들어가는 모습도 그 날만은 다르게 보였다. 손을 흔들며 들어가는 친구들의 모습도 행복해보였다.

이것이 30여 년의 생활 속에서 나와 내 친구들이 함께 해 본 최대의 일탈이다. 지금 생각하면 정말 우습고 별것 아닌 일이 그때는 얼마나 무시무시하고 가슴 떨리는 일이었는지. 그때의 우리가 이런 일을 저질렀다는 것이 대단할 만큼 평생 이야깃거리가 되었다. 까맣게 잊고 있다가도 일탈이라는 단어를 볼 때면 떠오르는 기억이다.

또 한 번 해보자는 일탈의 약속은 지키지 못했지만, 더 이상 이런 일들이 일탈로 느껴지지 않는 나이가 돼 버렸지만 그날의 일탈로 나에게 작은 변화가 생겼다.

오늘같이 의욕이 없고 불안한 기운이 내 속을 채우는 날이면 나는 일탈을 준비한다. 오늘 하루는 나를 위해 쓰기로 한 것이다. 온전한 하루를 나에게 선물해 보자. 대단한 일을 할 필요도 없다. 다른 사람들의 눈엔 아주 평범한 하루 일 수도 있다. 하지만 '일탈하겠다'고 마음먹은 순간 같은 오늘이 특별한 오늘이 되는 경험을 하게 된다. 다른 생각을 가진 것만으로도 늘 보던 거리와 익숙한 풍경들이 낯설게 보이는 경험을 하게 된다. 일상에서 살짝 벗어나 어제와 다른 오늘의 내가 되어보는 것이다.

어제와 똑같은 오늘일 수도 있다. 하지만 난 이미 일탈하기로 마음먹었다. 그것으로 내 마음에 새로운 바람이 불어온다. 이것이 내가 생각하는 일탈이다.

옷장을 열어 가장 예쁜 옷을 골라 입는다. 가방, 신발, 악세서리까지 작정하고 꾸미고 집을 나섰다. 동네 꽃가게에 들러 천원을 주고 빨간 장미 한 송이를 샀다.

이제 어디로 갈지 나도 모른다. 영화를 한편 볼 수도 있고, 커피숍에 앉아 책을 볼 수도 있다. 풀 세팅에 장미 한 송이를 든 나는 이미 특별한 사람이다. 긍정적인 사람 곁으로 가면 긍정 에너지를 전달 받듯 오늘 하루는 최선을 다해 나에게 대접하기로 했다. 태교하듯 예쁜 것만 먹고, 예쁜 것만 하는 날이다.

어느새 내 어깨가 펴지고 허리가 곧게 선다. 난 특별한 사람이니까.

▶ 오늘 하루를 나에게 선물해보세요.

네 멋대로 살아라

'다이어트, 영어공부, 금연.'

새해가 시작되는 날이면 대한민국 사람들이 가장 많이 세우는 새해의 결심 'TOP3'이다.

나 또한 수년 째 세우는 계획 중 하나가 바로 영어공부이다. 지키지 못하니 지워내지 못하고 매년의 계획표에 한 자리를 차지한다. 매번 실패하면서도 계획표에서 지워낼 수 없다. 아니, 지워내기가 싫다.

여행하는 삶을 꿈꾸는 나에게 영어는 꼭 필요하다. 당장의 우선순위에서 밀려나 있지만 해야만 하는 나의 영원한 숙제이다.

매년 나의 계획표에 단골로 등장하는 독서와 함께 짝꿍이 되어버린 영어공부. 많은 시간을 투자하자니 다른 것들을 포기해야 했기에 욕심 많은 나는 다른 것들을 정리하지 못했고, 그렇게 영어공부는 계속 나를 따라 다니며 계획으로 머물러 있다.

하지만 계획을 세우기 시작하며 변한 것이 하나 있다. 그것이 내가 할 수 있는 최소한의 노력이었다.

늘 신나는 음악과 재미있는 사연들이 쏟아지던 라디오가 이제는 알아듣지도 못하는 영어들을 쏟아 낸다. 라디오의 주파수가 바뀐 것이다. 몇 년째 고정 중인 EBS. 불변의 고정 주파수이다. 이것으로 계획에 대한 최소한의 예의를 지키고 있다. 처음 듣기 시작했을 땐 곧잘 따라 하곤 했지만 금세 흥미를 잃고 '너는 떠들어라'를 외치며 배경소음으로 일축 시켜버렸다. 그러다 아주 가끔 내가 알아 들을 수 있는 이야기들이 나오면 이 정도는 알아 들었다는 듯 따라 해본다. 하지만 이내 또 소음이 된다. 이 '소음 듣기'가 계획을 위해 실천하는 유일한 것이었다. 이 정도로 들리지 않으면 다른 것을 찾아 들을 만도 한데 내 차의 라디오는 몇 년째 제자리다. 그러다 가끔 다른 사람이 내 차를 타는 날이면 나는 자기계발에 끊임없이 노력하는 사람이 된다. 이렇게 되니 EBS를 더 열심히 고집하는지도 모르겠다. 이제는 익숙한 소음이 좋고, 가끔 아는 곡들이 나올 때면 내가 골라 담은 CD를 들을 때 보다 더 기분이 좋다. 그런 날은 내 기분이나 마음을 읽고 나를 위해 미리 준비한 음악처럼 내 마음을 두드린다. 특히 요즘은 내 생각과 마음을 자주 읽히는 듯 음악뿐 아니라 진행자의 멘트로도 힘을 얻는 일이 많아 신기할 따름이다. 나의 주파수와 맞아 가는 걸까?

어제도 운전을 하며 소음 속을 가로질러 가는데 단어 하나가 귀에 쏙 들어온다. 욜로. You Only Live Once. 한 번뿐인 인생의 약자이다.

듣자마자 내 귀에 확 꽂혀 바로 찾아보게 된 단어였다. 진짜 라디오가 내 마음을 읽나보다. 요즘 젊은이들 사이에서 유행하는 신조어로 한번뿐인 인생을 충분히 즐기며 살라는 '카르페디엠'과 유사한 표현이라고 한다.

오늘의 즐거움 보다는 미래를 위해 투자했던 기성세대와는 다른 삶의 방식이기에 비판의 이야기도 많이 있다. 유흥과 쾌락만을 쫓는 부적절한 '욜로 추구의 삶'을 사는 젊은 세대를 보면 기성세대의 비판에 고개가 끄덕여지기도 한다.

전 세계적으로 성장률이 둔화되고 저성장 기조가 장기화되면서 미래를 준비하기 보다는 오늘 내 삶에 집중하려는 젊은 세대의 변화는 어쩌면 당연한 결과인지도 모른다. 아끼고 모아 부자가 될 수 없으니 지금 삶을 풍요롭게 만들겠다는 태도의 변화가 욜로 라이프로 반영된 것이다. 경험과 가치를 중시하는 삶을 살아가는 그들을 볼 때면 현명하고 용기 있는 삶을 살고 있다는 생각이 들기도 한다.

행복은 크기가 아니라 빈도이다. 불안한 미래를 담보로 오늘의 행복을 끊임없이 미루고 언제 올지도 모르는 미래의 커다란 행복만을 기다리는 사람보다 긍정적인 욜로의 삶을 추구하는 이들이 더 멋있어 보인다. 이들은 무엇을 하고 싶은지, 어떤 일을 할 때 행복한지 스스로 알고 있다. 그리고 자신의 행복을 키우기 위해 경험과 가치에 오늘을 투자한다. 누군가는 미래를 준비하지 않고, 꿈이 없는 오늘의 얕은 행복만 추구하는 삶이라고 말하기도 한다. 하지만 원하는 것을 알아야 할 수 있고 해봐야 스스로가 행복한지 알 수 있다. 이런 행복을 바탕에 놓고 그 위에 가치를 담을 수 있다면 이보다 좋은 꿈이 있을까? 그런 의미에서 욜로족들은 꿈을 찾아가는 예행연습 중이다. 이들은 하고 싶은 것을 안다.

내 마음대로 사는 것. 마음 따르는 삶. 말로는 참 쉽다. 내 마음이니 내 마음대로 사는 것이 어쩌면 당연한 이야기이다. 하지만 요즘 사람들은 같은 모습을 강요당하며 살아왔다. 그래서 일까? 나에게 가장 어려운 것 또한 내 마음대로 사는 것이었다. 한동안 주위 사람들을 만나도 자주 물었다. '마음대로 하고 살 수 있다면 무엇을 하고 싶은가?', '어떤 일을 할 때 즐거운가?'라고 물어 보았지만 돌아오는 대답은 대체로 침묵이다.

내 마음을 내가 잘 모른다. 무엇을 하고 싶은지도 잘 모르고, 어떤 꿈을 가져야 하는지, 지금 그 꿈을 그려도 되는 건지... 결정적으로 본인이 무엇을 좋아하는지 잘 모른다.

사람은 하고 싶은 일을 하고 있을 때 가장 빛나고 아름답다. 하고 싶은 일을 하며 사는 삶을 위해 우선 되어야 하는 것이 내가 무엇을 좋아하는지 아는 것이다.

요즘 사람들은 짬뽕과 짜장 사이에서 고민하고 아메리카노와 라떼 사이에서 고민한다. 아주 사소한 선택마저 힘이 든다. 늘 던져주는 정답을 찾아 쫓아가다보니 스스로 선택하는 것이 힘들다.

커피숍 계산대 앞에 서서 메뉴판을 한동안 쳐다보고 있던 누군가가 말했다. 무엇이든 물어보면 답을 주는 로봇이 나왔으면 좋겠다고. 의외로 많은 사람들이 동조했다. 로봇이 선택해주는 삶, 시키는 대로 따라 가기만 하면 되는 삶은 과연 나의 삶일까, 로봇의 삶일까?

매년 점을 보러 다니는 친구들이 말한다. 다 믿는 건 아니지만 좋은 것을 들으면 좋고, 나쁜 것을 들으면 조심할 수 있다고. 고민되는 부분이 있을 때 많이 해결된다고. 내 삶이고 나는 내가 제일 잘 알아야 하는데 내 미래를 왜 생전 처음 보는 사람에게 묻는 것일까?

점을 한 번도 본 적 없는 나 또한 불안한 선택 앞에서 말한 적이 있다.

"점이나 보러 갈까?"

불안하기에 나의 선택이 틀리지 않았음을, 타인을 통해 확인하고 싶은 마음

일 것이다. 하지만 그런 말을 하면서도 점을 보러 가지 않았던 것은 갈 이유가 없었기 때문이다. 내 미래는 누가 대신 그려줄 수 없다. 열심히 살아낸 오늘이 과거가 되고, 곧 다시 만날 오늘이 내일이 되는 것이다.

내 집을 갖고 싶다면 오늘부터 긴축정책을 하며 씀씀이를 줄이던가, 부동산 관련 공부나 정보를 얻는 것부터 시작해야 한다.

이직을 꿈꾼다면 직장을 바꾸고 싶은 이유가 무엇인지, 어떤 회사를 가기 위해 지금 직장을 그만두어야 하는지가 분명해야 한다. 그저 지금의 일이 힘들다고 이직을 결심하는 것만큼 어리석은 행동은 없다.

부모님이 선택해 준 길, 점쟁이가 알려준 미래를 따라서 성공한다면 다행이겠지만 성공의 길로 갈 수 없다. 단순한 부나 명예를 얻을 수 있을지는 몰라도 스스로 성공했다 생각하지 않을 것이다. 끊임없이 어떤 굶주림을 느끼게 될 것이다. 성공은 내가 원하는 바를 지속적인 노력을 통해 이뤄냈을 때 쓸 수 있는 단어이다. 걱정이라는 이름으로 누군가의 끊임없는 간섭을 받으며 자라게 되면 스스로 이뤄내는 보람, 내 심장이 뛰는 즐거움을 알 수 없다.

우리에겐 실패를 실패로 배웠기에 돌다리도 다시 두드리게 되는 잠재된 습관이 있는 것 같다. 실패를 멀리하고 어려움을 피해 안전한 길만 가고 싶은, '그 마음은 선'인 누군가의 도움으로 여태 우리는 살아왔다. 나도 그렇게 살아왔다. 하지만 이런 삶으로 나의 해답을 찾을 수 있는 것이 아니라는 것을 이제는 안다.

늦은 때는 없다. 실패 보존의 법칙. 누구든 일정양의 실패를 경험해야 어른이 된다. 누구든 실패를 통해 원하는 것을 알고 한발 다가 설 수 있게 된다. 그것을 알게 된 20대의 끝자락부터 무수히 많은 것을 시도하고 경험해보고 있다.

실패 보존의 법칙. 무수히 실패하고 또 실패했지만 약간의 시간만 지나고 돌이켜보면 '차라리 일찍 알았으면 좋았을 것들', '일찍 경험하고 느껴봤으면 좋았을 것들' 뿐이다. 결국 실패는 없었다. 경험이 남을 뿐이다. 그 실패들이 나에게 피드백을 주었고, 다양한 피드백을 통해 10여년이 지난 지금에야 가슴 뛰는 일을 알았고 꿈을 향해 나아가고 있다. 내 심장이 뛰는 일을 알았는데 돈이 따르지 않으면 어떻고 명예가 없으면 따르지 않는다고 대수일까?

하지만 내가 믿는 한 가지 더. 가슴을 따라 만들어낸 작은 실패들이 경험을 만들면 이내 돈도 따를 것이라는 믿음이다. 나는 돈이 필요하다. 기왕이면 많았으면 좋겠다. 내가 좋아하는 사람들과 밥을 먹고 차를 마시는데 고민하지 않고 지갑을 열 수 있을 정도의 돈이 있었으면 좋겠다. 돈이 필요하지 않다는 게 아니다. 돈을 앞세워 가슴 시키는 일을 모른 채 하지 않아도 된다는 말이다.

어떤 도전에든 어려움은 있다. 하지만 모든 어려움 속에 기회가 숨어 있다. 그 기회를 찾는 것도 나의 몫이고, 그 기회를 찾기 위한 도전도 나의 몫이다.

언제까지 내 삶을 포기할 것인가?

언제까지 내 삶을 남에게 물으며 기대어 살 것인가?

실패는 누구나 일정량을 채워야 한다. 그렇다면 하루라도 빨리 그 양을 채워보는 게 좋지 않을까? 가슴이 뛰는 일을 알아채기 위해 부디 네 멋대로 살아보기를 권한다.

▶ 어떤 일이 심장을 뛰게 하나요? 사람은 하고 싶은 일을 할 때 빛납니다. 자신의 빛을 찾아보세요.

취미100개,
특기 없음

　계속되는 쉬는 날로 정신없는 날을 보냈다. 아이와 오랜 시간을 보내는 것은 계속되는 야근보다 힘들다는 것을 알게 된 며칠이었다. 아이를 본 다는 것은 복잡한 프로젝트를 진행하는 것 보다 더 다양한 능력과 체력, 집중력을 필요로 한다. 분명 내가 낳고 내가 키운 아이인데 아이와 보내는 시간이 왜 이렇게 힘들고 낯설게 느껴지는 건지 의아한 며칠이었다. 돌이켜보니 아이를 어린이집에 보내기 시작하면서 아이와 긴 시간을 보낸 적이 없었다.

　아이의 적응을 핑계로 어린이집을 빠져본 적도 없고, 아직 어리다는 이유로 긴 시간 여행을 다녀본 적도 없었다. 그저 온전히 주말을 함께 보내는 게 전부였다. 아이는 컸고 행동의 반경도 넓어졌다. 현실과 상상을 오가며 나에게 말로 하는 요구사항도 분명하고 직접적이다. 내가 할 수 없는 일 앞에서 떼를 쓰기 시작하면 육아서를 꽤나 읽었다는 나도 방법이 없다.

이렇게 아이와 함께 하는 며칠은 하늘과 땅을 오가며 하늘의 시소를 탄 것 같은 기분이었다. 아이가 웃으며 잘 따라 줄 때는 시소를 타고 하늘로 오르는 행복의 시간이고 세상에 이런 천사가 없을 것 같다. 그러다 말도 되지 않는 일로 떼를 쓸 때면 반대편 짜증이라는 자리로 옮겨 바닥으로 한없이 꺼져만 갔다. 방금 전 세상 가장 행복한 듯 웃던 아이가 이내 두 얼굴을 드러내는데 걸리는 시간은 고작 몇 초이다. 어떻게 이렇게 감정 변화가 쉬운 건지 신기하다가도 긴 방학을 만든 어린이집이 원망스럽기까지 하던 순간이다. 그렇게 10여일을 아이와 뒹굴며 지내니 원래 그랬다는 듯 나의 생활은 엉망이 되어갔다. 머리도 생각이란 것은 사치라는 듯 멈춰버렸다. 그저 본능적으로 행동한다. 눈을 뜨고 하루 세끼 밥 챙겨먹고, 몇 번 집과 밖을 들락거리다 보면 하루가 간다. 생각이 필요치도 않다. 체력하나는 타고 났다며 자부하던 나도 연속된 놀이터와 공원탐방, 키즈까페로의 외출은 아이보다 먼저 지쳐 잠들게 하기에 충분했다. 이렇게 나의 온 에너지를 토해내듯 며칠을 보내고 나니 월요일이 찾아왔다. 월요일이 이처럼 기쁠 수 있을까? 아무 생각도 없다. 그저 아이를 나에게서 떼어내 어린이집에 보낼 수 있다는 생각뿐이다. 나쁜 엄마라고 스스로를 욕하면서도 마음 한켠은 시원하다. 나보다 더 전문가인 선생님이 있고, 같이 놀 친구들도 많으니 아이도 더 즐거울 것이라 생각한다.

'오늘 뭐하지?', '얼마 만에 갖는 나 혼자만의 시간인가?'

새벽에 눈이 뜨이고 오늘 하루를 어떻게 보낼지 생각한다. 그동안의 며칠을 보상받겠다는 듯 오늘 내 하루를 기분 좋은 상상으로 가득 채운다. 옆에 잠들어 있는 아이가 더 예뻐 보인다.

늘 아침이면 어린이집에 등원시켰다가 저녁 무렵 찾곤 했다. 저녁을 먹고 함께 뒹굴거리거나 마실 다니며 시간 보내고, 목욕을 하고 책 읽으며 잠자던 아이가 하루 종일, 그것도 며칠을 함께 내 곁에서 울고 웃고 뛰고 달리니 내 영혼이 탈탈 털리는 기분이었다. 아이도 방학이 길어질수록 생활이 엉망이 되어가고 있었다.

엄마는 세상에서 가장 어려운 일이라는 것을 다시 한 번 깨닫는 며칠이었다. 그렇게 정신없었던 지난 며칠과 오늘의 내 하루를 생각하며 누워 있는데 휴대폰에서 알람이 울린다. '벌써 일어날 시간인가?'하며 알람을 확인하니 기상 알림이 아니다. '아차! 월요일' '신문활용수업'과 '한국사 스터디'가 있는 날이다.

어떻게 이렇게 홀라당 다 까먹을 수 있단 말인가? 불과 10여 일 사이에 나의 일상이 사라졌다. 갑자기 마음이 급해진다. 서둘러 준비하고 집을 나섰다. 아이를 어린이집에 밀어넣고 운전을 해서 가는 길에 걱정이 밀려온다. 스터디 준비를 하나도 하지 않았다. 어떤 이야기를 할까 잠시 생각하다 이내 멍해진다. 요 며칠로 생각이라는 것을 하지 않았더니 머릿속이 '생각 멈춤'에 익숙해져버린 것 같다. 머리는 멍하고 무엇을 듣고 무엇을 떠들고 와야 할지도 모르겠다. 일단 가자. 습관처럼 운전을 하고 수업에 들어갔다. 교수님이 끊임없이 말은 하시는데 아무것도 내 귀에 들어오지 않는다. 강의실에 들어서면 금세 수업에 집중할 줄 알았는데 이탈했던 영혼이 돌아오지를 않는다.

쉬는 시간. 커피 한 잔을 물마시듯 마셔버리고 한 잔 더 준비한다. 뒤쪽에서 몇 분이 웅성거린다. 웅성거리는 도중에 하나의 단어가 내 귀에 꽂힌다. 긴 연휴 동안 여행을 다녀오신 모양이다. 커피 한 잔을 들고 다가가 슬며시 이야기에 동참해본다. 몸을 움직이고 열심히 떠들다 보니 가출했던 영혼이 조금씩 돌아오는 기분이다. 가장 특별하고 신났던 여행지 중 하나로 내 가슴에 남아 있는 '보라카이'에 다녀오셨다고 한다. '세일링 보트' 부터 '화이트 샌드 비치' 까지 그대로인가보다. 순간 나의 영혼은 컴백홈 완료. 언제 그랬냐는 듯 이야기꽃은 피었고, 새로웠던 경험에 흥분해 신나게 말하는 그 분의 이야기 속에 빠지다 보니 나의 보라카이 여행도 바로 어제의 경험으로 다가왔다. 즐겁고 신이 났다. 보라카이에 다른 여행 이야기가 덧붙어 좀처럼 끝날 것 같지 않았나 보다. 연휴 뒤의 월요일이라며 넉넉한 쉬는 시간을 주셨던 교수님께서 이야기를 끊고 수업을 시작하셨다.

아무것도 들리지 않던 앞 시간과 달리 사진 한 장, 글 한 줄이 반갑다. 자동차 앞에서 고개 끄덕이기를 멈추지 않는 장식 인형처럼 계속해서 고개를 끄덕거리는 나를 보며 이제야 온전한 나로 돌아왔음을 깨닫는다. 신문속의 기사들이, 광고가 하나의 이야기가 되어 수업이 점점 재미있어 진다.

한 장씩 넘겨가며 우리 이웃과 사회의 일상을 확인하다 어느 새 주식관련 페이지에 도착한다. 주가 이야기가 금리 이야기로 이어지고 자연스레 서민들의 생활까지 이어진다.

개발도상국을 지나 선진국의 문턱에 다가선 우리나라. 끼니를 걱정하는 빈곤의 시대는 지났다. 하지만 가진 자가 더 가지게 되는 부익부 빈익빈의 양극화 속에서 사람들은 미래의 확신 할 수 없는 커다란 것, 예를 들어 대궐 같은 집이나 건물 소유를 꿈꾸기보다 내가 당장 가질 수 있고 할 수 있는 작은 것들을 가지기를 원한다. 큰 자동차나 명품백보다 먹방이나 여행 프로그램에 호응하는 이유가 바로 이런 이유 일 것이다. 먹어본 경험, 다녀 본 경험 등 내가 가진 경험에 가치를 부여하고 내 생활을 풍요롭고 즐겁게 만드는 현명한 방법을 선택하고 있는 것이다. 경험의 중요성, 가치 부여에 관한 이야기를 나누다 보니 새로운 사람을 만날 때면 소개하던 나의 멘트가 떠올랐다.

'취미 100개, 특기 없음'.

어쩌면 나는 미래형 삶을 먼저 살고 있었나 보다.

머리보다는 몸을 움직이는 삶을 살다보니 자연스럽게 가지게 된 나의 또 하나 이름이다. 새로운 사람을 만나거나 새로운 모임에 가게 되면 이름, 나이, 직업 다음으로 자주 이야기 하게 되는 것이 취미생활이다. 이력서나 자기소개서에도 나를 나타내는 하나의 방법으로 취미와 특기 쓰게 하는데 나는 항상 이 자리에서 주춤거렸다. 취미는 쓸게 넘쳐 무엇을 대표로 써 넣을지 고민이었고 특기에서는 내가 다른 사람들보다 특별히 더 잘 하는 것이 무엇인지 고민했었다. 많은 취미 때문에 소위 말하는 '선택과 집중'을 하지 못했다고 생각했던 적도 있다. 하지만 오늘 이야기를 들으며 그동안 사람들과의 만남을 떠올려 보니 이런 다양한 취미가 지금 나에게 또 하나의 강점이 되어 주었음을 알게 되었다. 누구를 만나든 어떤 소재이든 가벼운 이야기로 어색했던 분위기를 풀 수 있었고, 어려운 사람과의 관계가 관심사 하나로 쉽게 풀리는 경험을 하기도 했었다. 사람은 공통의 관심사를 가진 사람을 만나고 그에 호응해주면 마음을 열게 된다. 관심사에 대해 함께 이야기할 수 있는 것만으로도 큰 장점인데 좋은 것에 최선을 다해 호응하는 나의 성격이 만나 시너지 효과를 내어왔다. 나도 모르는 사이 공감하고 소통할 줄 아는 사람이 되어버린 이유가 다양한 취미 생활 덕분이었다.

통기타, 살사, 노래, 볼링, 영화보기, 그림책 읽고 질문 만들기, 예능프로보기, 음악듣기, 아이돌 댄스 따라하기, 책 읽기, 글쓰기, 라디오 듣기, 드라이브, 커피숍에 앉아 지나가는 사람들 쳐다보기, 시체놀이(누워 있기), 스노우보딩, 수

다떨기, 여행, 자격증 따기, 요리, 구연동화, 스타크래프트, 아동연극, 똥손 탈출 그림그리기, 단어꼬리물기, 스포츠관람, 오늘 하루 주인공 되어보기, 모임 만들기, 좋은 모임 찾아 가입하기, 걷기, 길거리 사물들과 이야기하기, 강연가 흉내 내기 등 바로 떠오른 취미를 써 보았다. 여기에 과거형 취미와 미래형 취미들이 함께하면 사실 나의 취미는 100개를 넘어선다. 특이한 취미일 수도 있고 다소 이상하게 보이는 것도 있지만 모두 즐거운 나의 취미이다. 횟수의 차이는 있지만 하고 있을 때 나를 기분 좋아지게 하는 경험들이다.

워낙 다양한 것들을 하다 보니 잠은 자느냐, 일은 하느냐는 등의 질문을 많이 받곤 했다. 나는 잠이 많다. 하루 무조건 7시간 이상은 자야하고, 그것으로 모자라 주말에는 보충 잠도 잔다. 일은 하루 12시간 이상씩 했었고, 스터디 모임도 다수 참여하고 있으며 사람을 좋아하다 보니 계모임도 많다.

취미생활에 많은 돈과 시간이 투자하는 사람들도 있다. 하지만 난 온전히 내 마음을 따를 뿐이다. 나의 관심으로 시작한 것도 있지만 어떤 취미는 사람이 좋아 쫓아가게 된 것도 있고, 어떤 것은 대화에 끼고 싶어 시작했던 것도 있다. 더 많은 것들을 시도하고 경험했었다.

선 시작, 후 선택. 요가나 등산, 웨이트 트레이닝 같은 것은 나에게 맞지 않았다. 3달씩 끊어 놓고도 보름을 넘기기 힘들었다. 지겹고 재미없는 것들은 과감히 멈추고 재미있고 즐거운 것만 한다. 그러니 시간 가는 줄 모르고 즐길 수 있다. 며칠간의 야근으로 피곤에 지쳤을 때도 살사바에 가면 없던 에너지가 생긴다. 피곤한지 모른다. 3~4시간씩 쉬지 않고 춤을 춘다. 내가 즐겁고 그로 인해 기분 좋은 에너지를 채울 수 있다면 그것으로 충분하다. 나에게 취미란 그런 것이다.

대학 때부터 통기타를 쳤던 탓에 음악적 취향이 올드한 편인데 그 때문에 음악을 좋아하시는 분들과 대화를 시작하기가 한결 편하다. 또 스포츠를 좋아하는 탓에 남자들과의 이야기에도 어려움이 없다. 스타크래프트 이야기로 시작하여 초등학생 때 축구부 경험을 이야기 하면 자연스럽게 게임에서 스포츠로, 축구에서 야구와 농구까지 이어진다. 즐겨보는 아이돌 프로그램이나 방송 댄스 덕에 학생들과의 이야기를 시작하기도 좋다. 가끔은 한 연예인을 두고 기분 좋은 다툼을 하기도 한다. 이렇게 나의 취미는 이야기를 여는 문으로 쓰이기도 하고, 이야기의 깊이를 더해주기도 한다. 사람과의 관계를 위한 것도 있고, 온전히 나를 위한 것도 있다.

세상 어떤 것도 인간관계를 빼고는 이야기 할 수 없다고 생각하는 나이기에 온전한 나를 위한 취미도 처음은 나의 즐거움을 위해 이용되지만 어떠한 형태로든 사람과의 관계로 다시 나타난다.

나는 사람을 만나는 것이 좋다. 다양한 취미 생활 때문에 사람이 좋아진 건지, 사람이 좋아 취미생활을 즐기게 된 것인지는 모르겠다. 하지만 분명한건 나는 사람만나기를 좋아한다는 사실이다. 말을 통해 만나도 즐겁고, 글로 만나도 행복하며, 춤으로 만나도 신이 난다. 사람들과 입으로, 글로, 몸으로 대화하고 소통하는 것이 좋다. 여기에 가치까지 담을 수 있다면 더없이 좋겠다 생각하다 꿈도 만났다. 앞으로 나의 취미는 200개, 300개로 늘어날 예정이다. 그리고 더 많은 꿈을 꿀 예정이다. 이제는 이렇게 말한다.

"취미 100개, 특기 취미 만들기."

▶ 취미 100개에 도전하세요. 거창하지 않아도 됩니다. 좋아하는 것은 무엇이든 취미가 될 수 있습니다.

생각 없는 행동들로 삶을 바꾸다

생각 없는 행동들이 어제와 오늘을 만든다. 그리고 미래가 된다.

이렇게 말하면 모든 행동들에 생각을 담고 움직여야 할 것 같지만 보통 사람들의 하루는 생각 없는 무의식적 행동의 반복이 대부분이다. 잠을 자고, 밥을 먹고, 각자의 일을 하는, 매일 반복되는 일들이 우리 삶의 대부분을 차지한다. 나 역시 하루의 대부분은 어제와 같은 일의 반복이고 여기에 생각이라는 것은 필요치 않다. 이런 생각 없는 행동들의 꾸준함으로 의미를 찾고 꿈을 만든 사람이 있다. 바로 '나'이다. 생각 없는 행동도 꾸준함과 실천이라는 것이 밑바탕이 되고 나니 습관이 되고 그 속에서 즐거움을 발견하며 새로운 삶을 여는 문이 되었다.

친구 따라 강남 간다는 말이 있다. 세상에 나처럼 강남을 많이 가본 사람이 있을까? 나의 학창시절을 돌이켜 보니 나는 내 생각과 의지로 무언가를 한 적이 없다. 부모님이 시키는 것을 했고, 친구 따라 강남을 갔다. 물론 부모님이 시키는 것을 하는 것도, 친구 따라 강남 가는 것도 내 선택이고 의지라고 말 할 수도 있겠지만 난 그저 친구들과 함께 있는 게 좋은 평범한 사춘기 소녀다. 그럴 듯한 설명보다 친구 따라 강남 갔다는 표현이 나에겐 딱이다. 내가 좋아하는 친구들이 가는 곳이면 그저 함께 하고픈 마음에 같이 다녔다. 다행스러운 것은 그 당시 내 친구들이 매우 착하고 건전한 모범생이었다. 비록 내가 공부를 잘 하는 아니었지만 중, 고등학교 시절 매일 10시까지 하던 야자를 빼먹은 기억도 없고, 특별히 선생님께 혼이 난 기억도 없다. 오히려 주말에는 학교에서 시간을 보냈던 기억이 많다. 친구들이 늘 학교에 있었기 때문에 나도 학교에 갔을 뿐이다. 내게 주말의 학교는 선생님은 없고 친구들만 있는 더 없이 즐거운 곳이었다. 친구들 곁에 앉아 친구들이 공부하는 시간에 함께 책을 봤고 밥 때가 되면 수다를 떨어가며 즐거운 식사 시간을 보냈고 추억을 만든 다며 학교의 구석구석을 돌아다니며 사진도 찍곤 했다. 주말 대부분의 시간을 학교에서 보내는 친구들 덕에 수업시간 외에는 전혀 공부를 하지 않던 나도 중상위권의 성적은 유지했었다.

이렇게 생각 없는 나날의 연속으로 20여 년을 보낸 나에게도 스스로 결정이란 것을 해야만 하는 날이 찾아왔다. 바로 대학 진학문제였다. 부모님도 시골에서 자라며 제대로 된 학교 공부를 해 본적 없다며 초등학생 때 이후로는 성적이나 학교생활에 관해 특별히 간섭하거나 충고하신 적이 없는 분들이었다. 게다가 물어볼 오빠, 언니도 없는 장녀였기에 대학 진학은 내 인생의 첫 번째 숙제가 되었다. 모두들 대학과 전공 사이에서 고민할 때 난 그저 친구가 있는 학교가 좋았고 고3이 되어서야 대학진학이라는 것이 나의 이야기임을 실감

할 수 있었다. 학교 내에서 이뤄지는 진학 상담은 너무나 뻔했다. 내 성적으로 갈 수 있는 학교와 전공을 알려주는 것이 고작이었다. 돌이켜 보니 내 인생 처음으로 앞날에 대한 적극적이고 진지한 생각을 가졌어야 하는 시점이었다. 이 때 '내 미래에 대해 좀 더 진지한 자세로 임했다면 지금의 나는 좀 더 나은 사람이 되어있었을까?' 하는 생각이 들기도 하지만 돌이킬 수 없는 시간이다. 그때 나는 수능 성적과 집안 상황만을 고려하여 안전하게 지방 국공립대 2곳에 지원서를 냈고 세 번째 원서는 친구 따라 강남을 갔다. 친구가 원서 쓰러 간다기에 따라갔다 캠퍼스가 예뻐 원서를 내고 왔다. 지금 생각하면 3곳 모두 왜 원서를 냈는지 이해 할 수 없는 관심 밖의 학과들이었다. 그렇게 3군데의 대학에 차례로 붙고 나니 이제 학교를 결정하는 일이 남았다. 모두 관심 없는 학교와 과, 성적에 맞춰 지원서를 넣다 보니 막상 합격을 해도 어디로 가야할지 막막했다. 그런데 더 어이가 없는 건 이때 나는 또한번 친구 따라 강남 가기를 택했다. 가고 싶은 학교도 모르겠고, 무엇을 하는지도 모르는 학과들이었다. 친구 따라 갔다 원서를 썼고 다시 그 친구를 따라 대학까지 진학하게 된 것이다.(어이없는 일의 연속이었지만 지금은 내 인생의 새로운 페이지를 열어준 그 친구에게 감사한다.)

대학을 가니 어른이 된 것 같고, 고등학생 때보다 용돈도 많아졌다. 어른처럼 하는 말과 행동은 멋져 보이기까지 했다. 그리고 또 한 번 친구를 따라갔던 동아리에서 새로운 나를 발견하게 되었다.

친구만 따라 다니던 학창 시절의 나는 늘 소극적이고 병풍 같은 사람이었다. 빼곡한 지하철 안에 한 사람 더 탄다고 신경 쓰지 않고 한명쯤 없어져도 없어졌는지 모르 듯 나라는 존재가 학교에서 그랬다. 특별히 문제를 일으키는 학생도 아니었고 지각이나 결석도 없었으며 성적도 크게 걱정하지 않을 중간 쯤.

선생님이 신경을 전혀 쓸 이유가 없는 지극히 평범한 학생이었다. 초, 중, 고 모든 성적표에 소극적이라는 단어가 빠지지 않을 만큼 선생님들 눈에 나는 튀지 않는 조용한 학생이었다. 그런 내가 '소리울림'이라는 동아리에 들어가며 새로운 나를 만나게 되었다. 1학년 때는 늘 그렇듯 조용히 동아리를 오갔다. 1년 동안 기타 강습이 있었기에 습관처럼 수업이 끝나면 동아리 방을 찾았고 강습을 들었다. 그런데 80명이 넘게 시작했던 동기들이 한 학기 지나면서 반으로 줄더니 1년이 지나고 나니 20명 내외로 줄어버렸다. 줄어든 동기 탓에 의도치 않게 공연 팀에 투입되었고, 병풍 같던 내가 주인공이 되어보는 경험을 하게 된 것이다. 무대 보다는 관중석이 어울리고, 앞자리 보다는 중간자리라 어울린다고 생각했던 내가 무대에서 스포트라이트를 받아보고서야 그 자리를 좋아한다는 것을 알게 되었다.

20년 동안 나도 모르던, 내 깊숙이 숨겨진 나를 발견하던 순간이다. 이후로 나의 대학 생활은 급격히 변해갔다. 각종 공연에 자발적으로 참여하며 하루가 멀다 하고 내가 설 무대를 만들었고, 사람들과의 모임에서도 목소리가 커져 가고 있었다. 어느새 병풍 같았던 나는 없어지고 사람들 가장 앞에서 떠들고 이끄는 사람이 되어 있었다. 그렇게 변해가고 있는 나는 나만 알 뿐이었다. 대학에 진학하며 만나는 친구들이 바뀌었고 그 친구들 눈에 비치는 나는 말 많고 에너지 넘치는 리더십 있는 사람이었다. 그렇게 대학생활을 보내며 학회장부터 학생선거운동과 학생회 활동 등을 통해 나는 내가 만들어 놓은 조용하고 소심한 껍데기를 벗어버렸다. 그때부터였던 것 같다. 사람들 앞에 서기를 좋아하고 사람들과 이야기하는 것을 즐거워하며 그들과 어울리며 할 수 있는 것은 다 배우기 시작했다. 20살까지 취미 생활 하나 없던 나에게 많은 것을 해보게 되는 계기가 되었고 그것들로 인해 막연하지만 희미한 꿈을 그렸다.

'좋은 사람들과 대화할 수 있는 일은 어떤 것이라도 즐겁다.

노래와 기타를 통해 소통하는 꿈을 잠시 꾸기도 했다.

대학 캠퍼스가 주제가 되었던 90년대의 인기 드라마들이 부럽지 않을 만큼, 아니 더 신나는 대학 시절을 보냈다. 그렇게 대학이라는 멋진 울타리 속에서 4년을 보내고 나니 졸업반. 졸업과 취업시즌이 코앞에 와 있었다. 소심한 내가 에너지 가득한 사람으로 변해있었지만 성적만큼은 학창시절과 별반 달라지지 않았다. 대학에 진학을 하고 졸업을 하면 취업은 당연한 수순이겠거니 하며 안주했고 달콤한 생활에 너무 깊이 빠졌다. 다행인건 학창시절의 습관이 남아있었던 것인지, 내 성향인건지 알 수 없지만 4년간 특별한 이유 없이 수업을 빼먹은 적이 없었고 벼락치기였지만 시험은 꼬박꼬박 쳤다. 영양사 면허증을 딴 것이 신기할 만큼 참 열심히도 놀았다. 내 인생에서 가장 열심히 최선을 다해 놀았던 4년. 취업 앞에서 잠깐의 후회가 있긴 했지만 이 시간도 돌이킬 수 없다. 돌이키고 싶지도 않다. 내 인생에 가장 신나고 행복했던 4년이었다.

지방 국립대에 평범한 성적, 갈 수 있는 곳은 뻔하다. 지방의 중소기업 위탁 급식업체에 입사를 했다. 첫 이력서에 덜컥 붙어버려 다른 시도도 해보지 못한 채 회사 일을 시작했다. 첫 사수를 잘 만나서 제법 일도 쉽게 배웠고 처음으로 배정받은 회사도 까다롭지 않았다. 갑이라고 할 수 있는 그곳의 사람들과도 잘 어울려 지냈다. 그 회사의 회식도 같이 다녔고 사장님과 커피도 한잔 할 만큼 잘 지냈다. 너무 쉽게 첫 직장을 구하고 좋은 사람을 만났다는 생각도 잠시 일이 지겨워지기 시작했다. 그때 나와 비슷한 생각으로 구직사이트를 열심히 뒤지던 친구가 지나가듯 말했다. 난 '지겹다'는 생각만 했을 뿐이었는데 그 친구는 행동하고 있었다. 대기업인데 시간, 급여, 복지 다 좋다며 이런 곳은 이름 있는 학교나 성적이 좋은 학생들이 이력서를 넣을 거라며 학창시절 왜 공부를 하지 않았을까 하는 후회의 이야기였다. 난 또 친구 따라 강남을 갔다. 친구는 말로 끝나버린 이야기였지만 난 이력서를 던졌다. 지방대에 성적도 특출나지 않았던 내가 무슨 배짱으로 이력서를 넣었는지 모르겠다. 친구 따라 갔던 대학과 생각 없이 즐겁게 도전한 경험들이 일단 하고보자는 단순, 무식 습관을 만들어 주었음을 확인하는 순간이었다. 그렇게 넣은 이력서가 필기에 통과했고 서울로 면접을 보러 오라는 연락을 받았다. 회사에는 병원에 간다는 핑계로 하루 연차를 냈고 내 생애 첫 서울 방문은 그렇게 이루어졌다. 이름 있는 회사이기에 으리으리한 빌딩을 기대하며 도착했지만 생각보다 작은 규모에 살짝 실망한 것도 잠시 면접장에 들어서니 예쁘고 멋진 사람들이 참 많기도 했다. 살짝 긴장할 만도 한데 면접은 어쩌나 당당하게 보았던지. 되면 감사하지만 안 되도 손해 볼 것 없는 면접이란 생각 때문이었을까 자신감에 꽉 찬 목소리로 내 이야기를 했고, 또박또박 내 생각을 전했다. 면접을 보고 나오면서 느꼈다. 나 아니면 내 반대편에 앉았던 웃는 모습이 예쁜 그 친구. 둘 중 하나임을 직감했다.

그렇게 한주가 지나갔고 다음 달부터 출근하라는 연락을 받았다. 우연히 낸 이력서로 입사한 회사에서 14년이 되는 시간을 보내며 조직생활을 배우고 사회를 알며 많은 교육들을 받았다. 나라는 사람에 대해 좀 더 제대로 볼 수 있는 시간이었고 회사에서 받았던 다양한 교육덕분에 더 넓은 세상이 있음을 알게 되었다. 그리고 나의 꿈도 다시 그려보고 구체화하는 계기가 되었다.

20살 이전의 나를 본 사람이 지금의 나를 본다면 다른 사람이라고 생각할 지도 모른다. 정말 다른 두 사람이 지금도 내안에 살고 있다. 하지만 하나 분명한 것은 예전이나 지금이나 나는 언제나 즐겁고 복 받은 사람이라는 것이다. 20살 이전의 나는 '아무 생각 없는 나'였지만 좋은 친구들을 만나 그 속에서 내가 찾을 수 있는 즐거움을 찾았고, 친구 따라 갔던 대학이 내 인생의 터닝포인트가 되어 새로운 나를 찾을 수 있었다. 그리고 아무 생각 없이 던져본 이력서로 전혀 다른 인생을 경험하게 되었다. 돌이켜 보면 정말 중요한 순간에 아무 생각 없이 행동하고 너무 쉽게 선택했다. 하지만 그 선택 후에는 돌아보지 않고 내가 할 수 있는 만큼 최선을 다해 즐겁게 살았고 계속해서 도전했다. 이런 생각 없는 행동과 도전, 선택이 모이고 쌓여 어느새 나라는 사람이 되었다. 다시 생각해봐도 무모하고 섣부른 행동이었지만 준비되지 않았던 내가 준비된 나를 향해 가는 길이 바로 무언가를 시도해보는 그 자체였던 것 같다. 대학시절 잠시 꾸었던 꿈이 있었다. 지금의 꿈과 조금은 다른 방향이지만 그때의 마음과 달라진 것은 없다. 그때는 노래와 기타가 도구가 되어 소통하기를 원했다면 지금은 글과 말이 나의 소통의 도구가 되길 바랄 뿐이다. 때로 머리가 터질 듯 고민을 해야 하는 날도 있다. 하지만 세상을 살다보니 치열한 고민과 생각으로 해결되지 않는 것들을 만나게 되기도 한다. 그럴 때는 아무 생각 없이 동전을 던져보거나 사다리를 타보라. 어떤 방법이라도 좋으니 행동하면서 몸을 움직여 보라는 것이다. 이런 사소한 행동이 시발점이 되어 새로운 도전을 하는 계기가 될 수도 있고, 계속되는 고민으로 커진 두려움을 떨치고 나오는 계기가 될 수 있다. 계속된 생각으로 머릿속에 갇히지 말고 생각 없는 행동으로 쉬운 해답을 찾아보길 바란다.

▶ 고민되는 일이 있나요? 생각하고 있는 방법을 모두 써놓고 제비뽑기를 하세요. 그리고 행동하세요.

제3장
열정적인 삶

'내가 꿈을 이루면 나는 다른 사람의 꿈이 된다.'

다른 사람의 꿈을 부러워하기보다 꿈을 이루는 사람이 되겠다고 스스로에게 주문을 거는, 내 삶의 모토가 되어 나를 끌어주는 말이다.

강연장에서, 책속에서, TV에서 만나게 되는 성공한 사람들을 보면 그들의 삶은 무언가 특별하다. 나는 상상할 수도 없는 커다란 고난과 시련을 만났고 당당히 맞서 이겨냈다. 그런 그들을 보며 나와는 다른 사람이고 그래서 성공하나 보나 생각했던 시절이 있다.

범접할 수 없는 사람들의 삶이라고 생각하면서도 내 마음 한켠에서는 꾸준히 나에게 말을 걸어왔다. 나도 저렇게 살고 싶다고. 그들에 비하면 너무나 평범한 사람이지만 내 이야기를 누군가와 나누고 싶고 그로 인해 즐거운 인생을 시작하는 한 바가지의 마중물이 되고 싶다고.

꿈을 이루고 멋진 삶을 살고 있는 그들을 보며 언제나 나는 부러운 시선만 보냈다. 그러면서 나를 다독였다. 나와는 다른 사람들이라고. 특별한 사람들이라고. 나도 저런 삶이 있었다면 성공할 수 있었다고.

이제 계속되는 변명을 내 마음이 허락하지 않는다. 이제는 안다. 세상에는 그런 특별한 사람들보나 나 같은 평범한 사람이 더 많다는 것을. 가장 많은 평범한 사람들이 좀 더 즐거운 삶을 살 수 있다면 세상도 좀 더 행복해지리라. 보통 사람인 내가 즐겁게 사는 방법들을 나누고자 마음먹으며 나의 글쓰기도 시작되었다. 어제의 나에겐 무모한 도전이지만 오늘의 난 꿈꾸고 있고 꿈에 다가갈 수 있어 즐겁다. 꿈꾸라. 그리고 한발 다가가라.

▶ 내가 꿈을 이루면 나는 다른 사람의 꿈이 된다.

나만의 꿈을 가져라

보통 사람들은 꿈이라고 하면 아이들을 떠올린다. 학생들의 많은 꿈들에 고개 끄덕이며 박수쳐주며 뭐든 할 수 있는 때라고 말하다. 꿈은 열정이고 삶을 행복하게 사는 에너지라며 멋진 꿈을 꾸는 이들을 부러워한다. 누구나 꿈꿔야 한다는 말에 동의하면서 정작 자신의 꿈 이야기에는 입을 닫아 버리는 사람들. 꿈 꿀 시간이 없었다고 말한다. 먹고 살기 바빴다고 말한다.

연령불문, 성인이 되어 만난 대부분의 사람들은 약속이나 한 듯 같은 말을 한다. '내가 10년만 젊었어도……' 어른들의 비겁한 변명이라 생각했던 이 말을 내가 후배들에게 한 적이 있었다.

겉모습만 어른의 모습을 한 채 나 역시 비겁한 사람이 되어 가고 있음을 깨닫는 순간이었다.

확실한건 '내가 10년만 젊었어도……'를 입버릇처럼 말하며 자신을 정당화

하는 사람은 10년이 지난 후에도 같은 말을 한다. 과연 꿈을 꾸기에 적당한 때는 언제일까? 학생이면 어떤 꿈이든 꿀 수 있고 이룰 수 있는데 어른이 되면 꿈을 꿀 수 없는 거라고 누가 가르쳐 준 것일까?

아직 세상을 깨칠 만큼 오래 살지는 않았지만 대한민국에서 보통 사람으로 살아보니 꿈꾸기에 적당한 때는 없다. 학생들에게 꿈을 가지라 말하지만 오히려 학생일 때보다 어른이 되어 꿈을 꾸는 것이 더 적당하다. 나를 다시 보고 깊이 생각하며 솔직해 질 수 있는 시간, 인생의 변화가 필요한 시점. 그래서 내가 생각한 꿈꾸기 적당한 나이는 '마흔'이다. 그전부터 꿈을 꾸고 도전하는 사람은 다른 사람들보다 빨리 시작한 것이니 몇 번 실패했다고 겁먹을 필요 없이 다시 도전하면 되는 것이고 성인이 되어 꿈을 꾸기 시작한 사람이라도 꿈 나이로 아직 청춘이다. 고로 꿈꾸기 적당한 때는 없다. 무엇을 해도 아름답고 무엇이든 허락되는 청춘. 그 청춘은 누가 만들어주지 않는다. 내가 만들어가야 한다.

학창 시절의 내 꿈은 다른 친구들과 비슷했다. 친절한 담임을 만난 초등시절에는 선생님이 되고 싶었고 TV 속 멋진 가수들을 보면서 가수를 꿈꾸기도 했다. 갑자기 쏟아지던 댄스 그룹들에 열광했고 동생들과 동네 친구들과 모여 골목 장기자랑을 하기도 했다. 늘 조용하던 내가 잠시 행동을 했던 때가 있었으니 바로 수학여행 때였다. 가수들보다 우리가 더 잘 춘다며 한참이나 남은 수학여행 장기자랑을 준비했었다. 학교와 친구 집을 돌아다니며 마당에서 거실에서 춤 연습을 했었다. 그때 내가 정말 즐거웠나 보다. 20년이 지난 지금도 그때의 음악을 들으면 몸이 그 춤을 기억한다. 그렇게 춤 연습을 하다 친구 집에서 영화를 보는 날이면 우리들의 꿈은 금세 바뀌고 말았다. 세상과 싸우는 외로운 정의의 주인공이 나오는 영화를 볼 때면 누가 먼저랄 것도 없이 검사가 될 거라 했고 변호사가 되겠다 이야기 했다. 검사, 변호사가 되자던 말도 잠시 '매스'를 연신 외치며 수술 한번으로 뚝딱 사람들을 살려내는 고독한 의사 이야기를 보게 될 때면 아픈 사람을 돕는 의사가 되고 싶다는 생각을 하기도 했다. 그러다 큰 빌딩과 넓은 책상, 커피한잔을 마시며 컴퓨터를 두드리는 직장인들의 이야기를 볼 때면 깔끔한 정장을 차려입고 큰 회의실에 앉아 멋지게 회의를 이끌어가는 내 모습을 상상하기도 했었다. 정말 생각 하는 대로 되는 줄 알았던 어린 시절은 꿈도 많고 하고 싶은 것도, 갖고 싶은 것도, 먹고 싶은 것도 많았던 순수한 욕심꾸러기 시절이었다. 하지만 그런 꿈도 잠시 중학교에서 고등학교 진학을 준비하며 우선순위에서 뒤로 밀려나고 있었다. 꿈보다는 당장의 '국/영/수'가 급했고 사회, 과학과 친해지는 게 우선이었다. 내 인생에서 커다란 첫 시험이었기에 중학생의 나에겐 멀리 있는 수능보다 고등학교 입학시험이 세상 제일 중요한 시험이었다.

내 세상의 중심에 가장 큰 난제인 고등학교 입학이 있었기에 그것을 준비하기에도 부족한 시간이었고 멀리 있는 꿈 따위를 생각할 여력이 없었다. 중학생이 되며 친구들과 나누는 이야기는 초등학생 때 나누는 이야기와 달라졌다. 우린 아직 덜 컸지만 마음은 이미 어른이었다. 세상이라는 것을 조금 알아버린 어른이라며 꿈보다는 시험, 행복보다는 세상을 이야기했다. 그렇게 함께 이야기 나눌 친구들이 있다는 것만으로 행복했던 시간이었다. 고등학교에 가면 큰 걱정을 덜 거라던 내 기대와 달리 내 꿈과 행복은'대학 입학하면..' 이라면 말로 미룰 수밖에 없었다. 그렇게 나의 꿈은 중학교에서 고등학교로, 고등학교에서 대학교로, 대학교에서 '취업을 하면' 이라는 준비된 말로 미뤄두기에 충분했다. 취업만 하면 모든 게 끝나고 나의 꿈과 행복을 향해 나아갈 수 있는 줄 알았는데 사회는 더 냉정했다. 다른 생각을 할 만한 어떠한 시간, 경제적 여력도 허락지 않았을 뿐더러 꿈이라는 것을 오랫동안 미루다 보니 이것이 습관화 되어 내 머리와 가슴이 꿈 찾기를 거부하고 있었다. 현재의 상황도 그럭저럭 살만했고 주어진 여건 속에서 행복을 찾는 것이 현명하다는 이야기들이 나를 달래고 있었다. 그렇게 나의 꿈 스위치를 내 손으로 꺼 버렸다.

내 꿈이 무엇인지, 꿈을 어떻게 찾는 것인지도 잊어버린 채 흘러가는 대로 그렇게 사회생활을 하다 보니 나에게도 하나 둘 후배들이 생기기 시작했다. 비슷한 또래의 후배들이 차츰 더 어려지고 있었다. 그러다 띠동갑의 후배들까지 받고 나니 내 꿈은 더 멀어지고 있었다. 무엇을 해도 이룰 수 있을 것 같고, 어떤 일을 해도 되는 나이같아 보였다. 하지만 그들도 그들만의 고민 속에 살고 있었다. 그 고민과 꾸준히 싸워 나가고 있었다. 별 것 아닌 것 같아 보이는 일에도 제법 진지하게 고민하는 모습을 볼 때면 '쓸데 없는 일로 걱정 한다' 생각하면서도 한편으론 중요한 선택의 순간을 피해왔던 나를 반성하게 했다. 그런 작은 대화들이 내 세상에 갇혀 세상의 크기를 단정 짓고 있을 때 나를 조금씩 깨운 계기가 된 것 같다. 자신의 세계를 깨고 밖으로 나오기 위해 끊임없이 알을 두드리는 병아리처럼 조금씩 나도 내 세계라는 알에 작은 금을 만들어 내고 있었다. 제법 친해진 친구들과 책도 보고 생각도 나누다 보니 자연스럽게 미래의 이야기로 이어졌고 어느새 꿈 이야기를 하고 있었다. 그러던 어느 날 한 친구가 새로운 도전을 앞두고 고민하며 말했다. 나와는 띠동갑. 실패해도 나보다 10살하고도 두 살이 더 어린 친구. 뭐든 해도 되는 나이의 친구가 왜 고민하는지 이해할 수 없었다. 하고 싶은 것을 하고, 마음이 시키는 대로 따라 가보기를 권했다. 그리고 무심코 뱉은 한마디.

"야, 내가 10년만 젊었어도 그런 걸로 고민 안한다. 해보고 싶은 거 해."

어른들의 비겁한 변명이라고 생각했던 못난 어른들의 변경을 내가 후배 앞에서 말하고 있었다. 말이 입 밖으로 나옴과 동시에 그 말이 내 뒷통수를 때리는 기분이었다. 부끄럽기도 하고 창피하기도 했지만 '이렇게는 아니다'라고 나 자신에게 말하는 것 같았다.

　꿈을 찾는 방법도, 행복을 누리는 방법도 잊어버렸던 내가 다시 꿈을 찾아봐야겠다고 생각하며 나의 꿈 스위치를 스스로 켠 순간이었다. 하지만 문제는 내가 무엇을 하고 싶은지 모른다는데 있었다. 무엇을 할 수 있을지 난감하기까지 했다. 학창시절의 꿈을 돌이켜 보니 선생님, 의사, 변호사, 가수 등 지금의 나와는 전혀 어울리지 않고 하고 싶지도 않은 것들만 떠올랐다. 그때부터 꿈에 관련된 책들을 보기 시작했다. 책들은 모두 에너지 넘치고 있었고 할 수 있다는 희망으로 가득했다. 꿈에 관한 책들을 읽으며 알았다. 어린 시절의 꿈은 나의 꿈이 아니라 부모님과 선생님의 꿈이었고 내 친구의 꿈이었다. 그저 멋있는 상황에 놓여있는 모습에 반해 동경하는 팬과 같은 마음이었다.

　일단 마음이 시키는 일을 찾는 것이 먼저였다. 돈과 시간에 관계없이 즐거운 일, 잠이 들며 얼른 아침이 오길 바라는 마음이어야 했다. 온전히 내가 빠져들 수 있고 해도 상상만으로도 가슴이 떨려오는 일이어야 했다. 꿈이 꼭 직업으로 이어지지 않아도 괜찮았고 내 마음 다해 바라는 일이면 충분했다. 이전까지의 꿈은 그럴 듯한 직업과 대단한 돈벌이에 초점이 맞춰져 있었다면 이제 그 모든 것을 하나 둘 내려놓고 있었다. 꿈을 찾으며 지금까지 남의 꿈을 꾸고 다른 사람들의 말 속에서 살아왔음을 알게 되었다. 온전히 내 삶을 사는 방법도 모르고 그저 남들이 알려주는 길을 향해 걷고 있었다.

　꿈에 관한 이야기를 하고 생각을 하며 다른 이들의 꿈을 참 많이도 물어왔다. 대부분 큰집이나 많은 돈을 이야기 한다. 어떤 사람들은 꿈같은 것은 먹고 살만한 사람들이나 꾸는 거라며 주어진 하루 열심히 살면 되는 거라고 이야기한다. 이 사람들 역시 다른 이의 꿈을 꾸고 사회가 만들어놓은 길을 걸으며 다른 사람들의 말 속에 살고 있는 것을 알게 되었다. 꿈이 대단하고 클 필요는 없다. 내가 당당하게 말할 수 있고 가슴이 뜨거워지면 그것으로 충분하다. 소박한 가족 여행 한번이 누군가의 꿈일 수도 있고 사사로운 경험 하나가 누군가의 꿈이 될 수도 있다. 하지만 우리는 그런 것을 꿈이라고 말하기를 부끄러워한다. 꿈이 부끄러워진다면 꿈일 수 없다. 그것은 내 꿈을 쫓는 것이 아니라 다른 사람의 말 속에 살기를 선택하는 것과 같다. 나만의 꿈을 꾸고 내 삶을 살자. 즐거운 생활로 가는 첫 걸음이다.

꿈을 갖고 싶은데 나에게 꿈을 찾는 방법을 모르겠다면 아직 나에게 꿈을 위한 시간을 주지 않았다는 증거이다. 학창시절 쪽지 시험 하나를 치기위해서도 수업시간과 시험 준비 기간이 있었다. 꿈이 한 번에 떠오르지 않는다고 포기하지 말고 나에게 꿈을 찾기 위한 온전한 꿈 시간을 주자. 나에게 집중하고 가슴이 떨려오는 일을 찾을 때까지 생각하고 행동하고 시도해보면 된다. 오랫동안 꿈 스위치를 꺼 놓은 사람이면 생각만으로 꿈을 떠올리기는 어렵다. 책도 좋고 영화도 좋고 취미를 만들어보는 것도 좋다. 나에게 충분한 꿈 시간을 허락하고 내 심장이 반응을 보일 때까지 다양한 방법을 주기만 하면 된다. 꿈을 찾는다는 생각과 지속적인 경험과 내 심장의 소리에 귀 기울인다면 나만의 꿈을 찾을 수 있다.

여러 취미를 가졌던 나는 꿈을 찾아보겠다 마음먹는 순간 많은 꿈을 꾸고 도전할 수 있었다. 그리고 그 도전 속에서 또 다른 꿈을 만나게 되었다. 그렇게 내 가슴의 소리에 귀 기울이다 보니 하나의 꿈이 수 십 개의 꿈이 되었다. 욕심 많은 꿈쟁이라 해도 좋다. 꿈이라는 단어만으로 행복한 내가 되었으니까.

이렇게 남의 꿈이 아닌 내 꿈을 만나게 되면 가슴이 신호를 준다. 심장이 빠르게 뛰고 피가 도는 것이 느껴진다면 꿈을 찾는 일과 가까워지고 있다는 증거일 것이다.

꿈이 대단할 필요는 없다. 꿈 앞에서 당당할 수 있고 그 꿈으로 삶이 즐거울 수 있다면 그것으로 충분하다. 다시 태어나 이생을 다시 살아도 좋을만한 꿈 하나 가질 수 있다면 남은 날이 행복 속에 있을 것이다. 내 꿈은 내가 꾸어야 하고 내 것이어야 한다.

성공한 사람들이 부러워 그들을 흉내를 내고 따라하며 그 사람을 쫓아 가볼 수는 있지만 결국 그 사람이 되지는 못한다. 그것은 그들의 꿈이다. 이제 내 삶이 행복해지는 나만의 꿈을 찾아보자.

▶ 나에게 꿈 시간을 주고 꿈 스위치를 켜세요. 남은 삶을 행복의 길로 인도합니다.

열정?
아이에게 배워라

요즘은 꿈과 목표를 이야기 하는 많은 책들이 많다. 그런 책들은 나태해지는 나에게 동기 부여가 되기도 하고 가끔은 식어가는 내 가슴에 불을 지피기도 한다. 하지만 책을 덮고 나면 그걸로 끝이다. 어떻게 꿈을 이루고 성공했는지 눈으로 읽고 머리로 이해했지만 마음이 쫓아가지 못한다. 내가 그 책의 주인공이라면 나도 그렇게 말할 수 있다며 스스로 합리화 해보지만 죽을힘을 다해 살아가는 그처럼 살지 못하는 나를 한심해 하며 불편한 마음이 생겨난다. 시련과 좌절을 딛고 일어나 끊임없이 도전하는 인생 반전의 사람들은 말한다. 선택과 집중을 하라고. 간절히 바라고 최선을 다해 살라고. 하지만 나에겐 그런 드라마틱한 시련도 없었을 뿐더러 그런 좌절을 원치 않는다. 그저 대한민국 보통 사람으로 평범한 삶 속에서 행복하게 살기를 바랄 뿐이다. 하지만 그런 인생 역전의 사람들을 볼 때면 나도 그 하루 서너 시간의 잠을 자야 할 것 같았고 도전과 실패를 끊임없이 반복해야 할 것 같았으며 드라마틱한 삶을 만들어가야만 할 것만 같았다. 그럴수록 꿈은 멀게 느껴졌다. 이렇듯 비범한 사람들의 엄청난 반전 스토리는 나의 가슴에 불을 지피기도 했지만 꿈을 쫓는 삶을 미루는 하나의 원인이 되기도 했다.

막내 동생에게서 전화가 왔다. 나의 약속 여부를 물었다. 오후에 집으로 놀러 오겠다고 했다.

동생은 아이를 낳고 한 달이 지난 후부터 돌 된 아이 마냥 큰 아이를 안고 한 손에는 기저귀 가방을 다른 한손에는 젖병과 옷 보따리를 들고 자주 찾아 왔다. 짐이 많아 외출하는 것이 더 힘들 것 같은데, 나라면 절대 들고 다닐 수 없을 것 같은 무거운 짐을 지고 언제나 버스를 탔다. 일주일에 적어도 두세 번, 어떤 때는 네다섯 번을 집을 나섰다. 그렇게 언니 집에서 엄마 집을 오가며 시간을 보냈고 한주를 버텼다. 별나디 별난 두 살배기 아들을 혼자 보기가 꽤나 힘든 모양이었다. 아이를 낳기 전 최소 둘은 낳겠다던 동생은 첫 아이가 세상에 나온 지 몇 달도 되지 않아 둘째를 포기했다. 세상에 나올 땐 건강의 문제로 약간의 걱정도 하게 했던 아이였지만 이제 천하장사 부럽지 않았다. 세상에서 무서울 것이 없는 무법자가 되어버렸다.

땀을 뻘뻘 흘리며 집에 도착한 동생이 아이와 짐을 내려놓았다. 소파에 벌러덩 드러누워 한 숨 돌리려는 짧은 시간에 조카는 이모 집 탐방을 시작한다. 잠시 앉은 동생을 쉬게 하고 조카 뒤를 따랐다. 집이 아닌 곳이기에 신기한 것들이 더 많이 보이는 모양이었다. 이 방 저 방을 누비며 집안의 모든 살림을 꺼내 놓기 시작했다. 그러면 난 조카 뒤를 쫓아다니며 이슬아슬 위기 넘기기를 반복했다. 있는 힘껏 여는 문을 이마 앞에서 간신히 잡아냈고 침대위에서 건듯 떨어지는 조카를 받아냈다. 금세 지겨워진 안방에서 다시 거실로 나왔다. 거실의 모든 책을 꺼내놓고 그 위를 걷자니 넘어지고 또 넘어진다. 보는 사람들은 불안한데 정작 본인은 즐겁다. 넘어지기를 반복하더니 다시 일어서지 않기에 지친 줄 알았다. 주저앉아 입으로 책을 쑤셔 넣는 모습을 보고야 더 신기한 것을 발견했다는 것을 알게 되었다. 조카 사전에 '지침'이란 없다. '더럽다'며 입속에서 쑤셔 넣은 책을 입 밖으로 꺼내놓으니 이제 관심은 부엌으로 향한다. '쿵쿵' 부엌을 향하는 조카를 두고 산처럼 쌓아 놓아 위험해 보이는 책을 한쪽으로 대충 정리하여 밀어놓았다. 아주 잠시의 순간이었던 것 같은데 이미 부엌에선 모든 냄비와 그릇들이 외출을 마친 상태였고, 쓰레기통에서 꺼내 문 쓰레기들이 입속으로 향하고 있었다. 쓰레기를 뺏고 쓰레기통을 높은 곳에 올리니 이번에는 작은 방으로 돌진했다. 보이는 모든 서랍장을 열었다. 어린이집에 가고 없는 사촌 누나의 옷들도 바깥 구경을 시작했다. 그렇게 안방에서 거실로, 부엌에서 작은 방으로 이동하며 폭탄을 떨어뜨리고 있었다. 따라 다니며 대충이라도 정리해보겠다는 마음은 이미 포기한지 오래 전이었다. 뒤따라 다니며 다치지 않게만 보자 마음먹었음에도 곧 체력 고갈. 남은 방은 서재방과 화장실이다. 그 두 곳에 들어서는 순간 돌이킬 수 없는 일이 벌어질 것이라는 건 나도 알고 동생도 알고 있었다.

더 이상 집안에서 버틸 수가 없었다. 집에 온지 한 시간도 되지 않은 조카를 안고 다시 집 밖으로 나갔다. 길 건너 넓은 공원으로 가기로 했다. 위험 장애물이 적은 공원의 공터에 풀어두기로 했다. 하지만 5분 거리의 공원도 가깝지 않다. 모든 것을 해탈한 듯 조카의 모든 행동을 허락하는 동생도 바깥에선 긴장할 수밖에 없었다. 동생이 조카 뒤를 바짝 따라 붙었다.

집에서 에너지 고갈 해버린 나는 몇 발자국 뒤에서 따라 걸었다.

몇 걸음 떨어져 동생과 조카를 보고 있자니 그 둘의 표정이 참 대조적이다. 큰 소리를 내며 아이를 붙드는 동생의 표정은 벌써 살짝 굳었다. 집을 나오고 몇 분도 지나지 않았는데 지친 기색이었다. 하지만 좁은 집을 탈출해 바깥으로 나온 조카는 신이 났다. 세상 가장 행복한 표정으로 소리를 질러가며 이 곳 저 곳을 향해 전력질주 했다. 조카에게 기다림이란 없었다. 궁금한 건 만져야 했고 신기한 것 맛봐야 했다. 다가오는 차를 향해 더 열심히 뛰어 들었고 자기 덩치보다 한참이나 큰 개를 향해 돌진했다. 길에 떨어진 것은 기어코 입에 넣어 봐야 했고 계단이나 높은 곳은 일단 발부터 올리고 봤다. 그 모습을 보고 있자니 힘들어 하는 동생은 보이지 않고 신난 조카만 눈에 들어온다.

"세상 겁나는 게 없을 때다."

거리의 무법자 조카를 보며 툭 튀어나온 말이었다.

원하는 것을 향해 뛰어 무조건 직진 하는 조카에게 주위 어떤 것도 눈에 들어오지 않는다. 방해물도 없고 장애물도 없다.

열정의 아이콘이란 단어가 문득 내 머리를 스친다. 열정이란 지금 저 아이의 모습 같아야 하지 않을까? 묻지도 않고, 따지지도 않고 오로지 직진!

세상 누구와 비교할 필요도 없다.

내가 즐겁고 행복할 수 있도록 오롯이 내 마음에 집중한다.

과연 어느 누구의 열정이 지금 저 아이보다 더 크다고 말할 수 있을까?

궁금하고 신기한 것을 향해 한 치의 망설임도 없이 뛰어가는 조카를 보니 문득 '저렇게 살아봐도 좋겠다.'라는 생각이 들었다. 행복을 위한 어떤 부연 설명도 필요치 않았다. 조카의 표정이 지금 조카의 마음을 말해주고 있었다. 생각에서 즉시 실행으로 이어지는 에너지 넘치는 조카에게 '나중'이란 단어는 있을 수 없다.

아이들에게서 배운다는 말이 이런 것일까?

두려움이 없던 시절은 누구에게나 있다. 세상에서 가장 빠른 차를 향해 뛰어 드는 것이 무섭지 않고, 내 키보다 훨씬 높은 미끄럼틀 위에서도 마냥 즐겁다.

낯선 것을 대하는 눈에는 경계심이 없다. 그저 신기함으로 돌진하는 어린 시절에 할 수 없는 일이란 없다. 불가능이나 실패라는 단어는 아예 머릿속에 입력되어 있지 않다. 생각할 수 있는 것은 무엇이든 할 수 있는 것이다. 생각만으로도 행복해 에너지가 차오르기 시작하고 즉각 실행으로 에너지를 소비하기는커녕 더 많은 에너지를 만들어 낸다. 잠들기 직전까지 '네버엔딩' 에너지를 뿜어내며 있는 힘껏 세상을 즐기는 아이들을 보면 알 수 있다. 이런 아이들을 길러내는 어른들. 어른이 되어 간다는 것은 무엇을 의미하는 것일까?

아는 것이 많아질수록 생각이 많아진다. 가진 것이 많아질수록 두려움도 커진다. 비효율적이고 비합리적이란 이유로 시도조차 하지 않는 것이 어른의 모습은 아닐 것이다. 가진 것 앞에 생각과 판단이라는 그럴 듯한 변명으로 숨는 것 또한 어른의 모습은 아닐 것이다.

오늘 세상을 뛰어가는 조카의 모습은 책속에서 만났던 비범한 사람들의 모습과 닮아 있었다. 뒤뚱거리는 걸음으로 더 열심히 걸어 튼튼한 다리를 만들고 있었고 이 것 저것 보고 만지며 어제 보다 나은 내가 되어 가고 있었다.

열정? 아이들에게 배우자. 비싼 강의를 찾아 갈 필요도 없고 세상 대단한 사람을 찾을 필요도 없다.

내일이란 단어 대신 오늘, 바로 이 순간에 온 정신을 집중하고 즐기는 아이들만큼 열정 넘치는 사람들이 있을까? 잠들기 직전까지 본인들이 가진 모든 에너지를 탈탈 털어내어 써버리는 아이들만큼 즐겁게 사는 사람이 있을까?

심지어 울 때도 있는 힘껏 열정적으로 울 줄 아는 아이들. 우리는 아이들의 열정을 닮으면 된다. 즐겁게 열정 에너지를 쏟아내는 아이들의 모습을 닮아 가면 그것이 행복으로 가는 길이다.

아이들을 보면 알 수 있다. 즐거운 마음으로 쏟아 내는 열정은 곧 두 배로 채워진다는 사실을. 아이들에게 내일은 없다. 오늘만이 존재 할 뿐이다. 내일을 걱정하며 지금 이 순간의 에너지를 아끼지 않는다. 있는 힘껏 매 순간을 살아간다.

우리는 지금 이 순간에 최선을 다하는 아이들에게 열정을 배우자. 잠 들기를 거부할 만큼 즐거운 마음으로 열정을 쏟아내는 '아이 같은 열정'을 닮아보자. 참된 위대함은 다른 사람을 앞서가는데 있지 않고 어제의 나보다 한 걸음 앞서는데 있다고 했던가. 바로 아이들이 그런 모습으로 살아가고 있다.

▶ 열정에너지가 필요한가요? 놀이터로 달려가세요. 아이 같은 열정을 마음에 담아 보세요.

활기 넘치는 삶을 만드는
'열정'

열정. 나에게 세상 가장 쉬운 말이면서 또한 가장 설명하기 어려운 단어이다. 아무나 가질 수 있지만 누구나 가질 수 없고, 누군가 많이 가진다고 특별히 손해 보는 사람이 없어 너도 나도 많이 가질수록 좋지만 쉽게 가져지지 않는 것이 열정이다.

내 생각과 비슷한 이야기를 하는 책들을 만나면 가슴에 뜨거운 무언가가 생겼고 나에게 자극이 되고 용기를 주는 사람들을 만날 때면 열정 비슷한 그 무언가가 가슴을 뛰게 했다. 하지만 그걸로 끝이었다. 지속되지 않았다 책과 사람들을 통해 생겨나는 열정은 그 주기가 너무도 짧았다. 그래서 난 여러 개의 독서모임에 가입을 했고 많은 사람들을 만났다. 하지만 그 수를 아무리 늘려도 늘 순간으로 끝이 났다. 왜 지속되지 않고 쉽게 꺼져버릴까? 끈기 없는 내 가슴을 탓했다. 열렬히 연애하던 젊은 시절의 밀당이 이렇게 어려웠을까? 손에 잡힐 듯 잡히지 않고 가슴에 품어질듯하면 또 사라지는 것이 열정이었다.

그런 열정이 요즘 행동하는 꿈과 함께 하며 가슴에서 마구 피어나고 있다.

나에겐 많은 꿈이 있었다. 연 초가 되면 늘 한해의 계획을 세웠고, 그렇게 계획 세우는 일을 시작한지 10년이 넘었다. 하지만 계획표를 통해 뜻한 바를 이루어 목표한 것을 지워내는 속도보다 하고 싶은 일로 계획을 늘리는 속도가 더 빨랐다. 어느새 계획세우기가 취미가 됐고 계획표 살찌우기만을 하고 있었다. 작심삼일도 하지 못하는 내 끈기 덕분에 꿈은 점점 멀어져갔다. 하지만 매년 계획표를 세워나가고 그 중에서 무언가를 했기 때문이었을까? 주위에선 부지런하다, 열심히 산다, 에너지 넘친다는 얘기들이 들려오기 시작했다. 조용하고 소극적인 나에게 어느새 에너지 많고 열정적인 사람으로 변해있었다. 내 마음은 많은 부족함을 느끼고 있었지만 주위의 사람들에게는 그렇게 보이기 시작했던 모양이다.

사람들에게 그런 이야기들 들을수록 내 마음에는 늘 채워지지 않는 그 무언가가 있었다. 살이 찔 데로 쪄버린 계획표와 달리 연약한 내 끈기에 강제성을 부여할 필요가 있었다. 그렇게 독서모임과 스터디모임들이 시작되었다. 편식하던 책읽기에 사람들이 함께 하니 책의 종류가 다양해졌고, 스터디를 통해 혼자서는 이틀도 하지 못했던 공부에 소극적인 강제성을 부여하며 무언가를 시작할 수 있었다. 그리고 그런 모임들이 가장 좋았던 것은 꿈이나 미래에 관한 긍정적인 이야기를 나눌 수 있다는 점이다. 비록 짧은 열정이지만 채워지면 그 마음으로 며칠을 미친 듯이 보냈고 또 일상의 나로 돌아오곤 했다. 비록 꾸준함이 모자란 나라도 사람들과 함께 하며 채워지는 열정이 좋았고, 꿈 이야기를 하는 그 순간만큼은 가슴이 뜨거웠기에 그런 자리의 숫자를 늘리면 열정도 꺼지지 않고 유지할 수 있을 거라 생각했다.

쉽게 꺼져버리는 열정과 시작과 멈추기를 반복하는 부족한 끈기 때문에 모임은 하나 둘 늘어갔다. 처음 모임들이 늘어 갈 때는 이것들로 가능한줄 알았다. 열정이 내려앉기 전에 또 다른 모임을 통해 에너지를 받고 열정을 채워오는 방법이 효과가 있어보였다. 하지만 이 또한 오래 가지 않았다.

행복을 위해 돈이 필요하지만 일정 수준의 경제적인 부분이 채워지고 나면 행복은 다른 것으로 채워진다고 한다. 행복은 돈과 비례해서 늘지 않는다는 것이다. 나에게 열정이 그랬다. 처음 모임을 하고 모임의 숫자를 늘여가니 열정이 유지되는 것 같았지만 이것도 어느 지점에 다다르니 더 이상 늘지 않았고, 꾸준함을 갖지 못했다. 모임도 그저 나의 일상이 되어 가고 있었다. 꿈과 열정을 가진 사람들 곁으로 가면 된다고 하던데 채워지지 않는, 모자란 무언가가 있었다. 그렇게 다른 곳에서 열정 채우기를 갈구하다 또 다른 모임을 만났다. 그리고 그들을 통해 입으로만 떠들고 머리에만 담았던 지식들이 가슴으로 들어왔다.

'하면 된다' 누가 했는지도 모르는 말이다. 기억이 있는 아주 어릴 때부터 지금까지 수 백 아니 수천 번도 더 들었던 말이 가슴에 쑥 들어왔다. 너무도 많이 들었고 뻔한 말이라 단 한 번도 무슨 뜻인지 생각해보지도 않았다. 생각할 필요도 없을 것 같은 저 짧디 짧은 네 글자의 엄청난 의미를 나이 마흔을 앞두고 알았다. 열정은 함께하고 응원하고 도와줄 수 있지만 결국에는 내가 해야만 하는 것이었다. 무엇이든 하면 된다. 일이든 사랑이든 놀이든 무엇이든 해봐야 한다. 시도하고 행동하고 도전해야 알 수 있다. 그렇게 행동하고 도전하면 수많은 시행착오로 잠시 돌아가는 길이 있을지라도 할 수 있는 길을 찾게 되고 결국 된다. 이것이 '하면 된다'의 진짜 의미였다. 무엇이든 하기만 하면 된다. 시작해서 될 때까지 하면 '하면 된다'로 이어진다. 이렇게 '하면'을 반복하다 보니 열정은 자연스럽게 채워졌다. 어떠한 동기부여도 계기도 필요치 않았다. 꿈이란 것을 향해 한발 내딛고 한걸음 나가니 가슴에 열정 하나 채워졌고 그렇게 앞으로 나가다보니 '된다'가 나에 대한 믿음으로 다가왔다. 이제부터 열정은 따로 채우기 위해 애써 노력할 필요가 없다. 쉽게 타올랐다가 이내 꺼져버렸던 열정은 어느새 가속도가 붙어 주체하지 못할 정도의 '뜨거움'과 '용기'를 만들어 주었고 이제는 여기저기 나누어 줄 여유까지 생겼다. 아무리 퍼내고 나누어도 열정은 줄어들지 않았고 나누려 노력할수록 열정은 더 크게 채워졌다. 이게 진짜 열정이었나 보다.

어제는 친구와 오랜만에 통화를 했다. 회사에서 만났지만 직장동료를 넘어 마음을 나눌 수 있는 사회에서 만난 몇 되지 않는 멋진 친구이다. 언제나 긍정적이고 당당해서 더 좋았던 그 친구가 몇 달 만나지 못한 사이에 많이도 변해 있었다. 몇 마디의 대화만으로도 지금 얼마나 힘든지 느껴졌다. 뭐든 할 수 있다던 당당했던 친구는 사라지고 되지 않는 이유만을 찾고 있는, 깊은 슬럼프에 빠진 친구로 변해있었다. 친구와 오랜 시간 통화하며 최근 나의 변화를 이야기 해주었다. 그리고 친구에게도 무엇이든 해 볼 것을 권했다. 좋아하는 것을 찾고 그것을 향해 다가가면 열정은 금세 채워지고 다시 활력 넘치는 삶으로 돌아갈 수 있을 거라고, 이전보다 더 즐거운 삶을 살 수 있다고 말해주었다. 그런데 친구가 말했다.

"에너지 넘쳐 좋아 보이네. 그런데 그건 너니까 가능한 거 아냐?"

나를 특별하게 보았다는 말인가? 난 원래 그런 사람이었다는 말투였다.

학창시절 스스로를 병풍이라 부르고 '소극적'이란 단어가 대명사처럼 나를 따라다녔는데 이제는 평범하지 않다고, 특별하다고 한다. 나라서 가능하다고 한다.

친구에게 확신에 찬 목소리로 말했다.

"나도 가능하니까 너도 가능하고 나라서 가능했기에 너라서 더 가능해"라고.

세상 특별한 것 하나 없고 평범중에서도 지극히 평범했던 내가 하는데 친구가 안 될 이유가 없었다. 그냥 하기만 하면 되는데 '그냥 하기'를 주저하고 있었다. 안될 이유가 없고 못할 이유가 전혀 없는 멋진 친구가 왜 이렇게 겁내고 있는지 이해 할 수 없었다. 이제부터 난 이 친구의 한 발을 위해 계속 나의 열정을 나눠 줄 것이다. 하지만 내가 할 수 있는 건 한 발 내딛어 보라고, 할 수 있다고 옆에서 응원하고 소리 질러 주는 것 뿐. 결국 친구의 한 발은 스스로가 내 딛어야 한다.

며칠 전 만났던 후배도 그랬고, 어제 통화했던 친구도 그랬다. 최근 만나는 많은 사람들 중에 나보다 부족해 보이는 사람이 없다. 모두가 특별하고 대단하다. 그런 멋진 사람들인데, 그래서 무엇을 해도 될 것 같은데, 그것이 내 눈에는 보이는데 정작 본인들은 알지 못한다. 스스로가 얼마나 특별하고 대단한지. 내가 그들이었다면 두 배로 힘내고 세 배로 용기내서 더 많은 일을 해볼 것 같은데 왜 그렇게 자신 없어 하는지 모르겠다. 꿈을 가져라. 그리고 그냥 하라. 하면 된다.

꿈은 가슴을 뛰게 하고 열정이 들어올 길을 열어 준다. 또한 열정은 기쁨을 불러와 매일의 삶을 즐겁게 만들고 지칠 때면 다시 뛰게 하는 에너지가 되며 넘어진 나를 다시 세우는 원동력이 된다. 이렇게 꿈을 통해 열정과 희망을 마음에 담으면 어제와 같던 오늘이 새로운 날이 될 수 있고 이런 새로운 날들이 모여 또 다른 내가 될 수 있다. 스스로의 삶에 주인이 되는 것이다.

이렇게 꺼지지 않는 열정을 가슴에 담을 수 있다면 삶은 언제나 신나고 즐거울 수 있지만 문제는 '열정을 담으라'는 말만으로 열정이 마음에 담겨지지 않는다는 것이다. 행복한 삶을 위해 열정적으로 살라는 수많은 책과 강사들의 가르침은 내 가슴에 쉽게 열정을 피워내긴 했지만 찰나의 순간에 불과했고 쉽게 일상의 나로 돌아왔다. 생겨나지만 쉽게 돌아가고, 피어나도 얼른 꺼져버리는 열정은 관성이 강하다. 무난한 삶을 추구하고 안정적인 생활로 돌아오고 싶어한다. 그러므로 '관성의 법칙'이 강한 열정에는 지속성이 필요하다. 생겨나지만 오래가지 못했고, 머리에 가슴에 꾹꾹 눌러 담아보았지만 내 가슴에서 더 이상 부풀지 않는 열정은 생각만으로 생겨나지 않는다는 것을 이제는 안다. 열정을 품으려 수년간 노력했던 내가 만나본 열정은 나의 행동을 통해 만들어졌고 즐거움을 찾으며 비로소 채워졌다.

그리고 꿈을 향해 나아가는 사람들을 만나면 에너지가 솟았고 그들을 배우며 열정을 알게 되었다.

내 마음속 깊은 곳의 나를 만나고 온전히 나를 알기 위해, 또 내 꿈을 찾기 위해 충분한 생각의 시간이 필요하다. 하지만 유리 멘탈의 팔랑귀인 보통의 사람들에게 이 시간은 불가능한 이유만을 찾게 하는 자기 합리화의 시간이 될 수 있다. 생각은 짧게 하고 고민되는 것은 그냥 하자. 하고 싶은 것을 찾기 위해서라도 행동해야 하고 그 행동들을 통해 꿈을 만나면 가슴이 뜨거워지고 꿈과 가까워질수록 열정은 커진다. 그리고 꿈을 이뤄가는 시간들을 통해 꺼지지 않는 열정을 만나게 된다.

꿈을 구체화하고 도전하며, 힘들고 어려운 것들이 그럼에도 불구하고 즐거움으로 느껴지는 시간의 반복을 통해 열정에는 지속성이 생기고 가속도가 붙는다. 생각과 의지를 통해 행동이 이루어 질 때, 즉 몸을 움직일 때야 비로소 가슴에 열정이 담겨진다. 가슴에 열정하나 품었다면 이제부터 안 될 일은 없다. 모든 것이 즐겁고 신날 것이다. 그냥 순간순간을 즐기면 된다.

누려라. 나의 오늘을. 나의 행복을.

▶ 하십시오. 열정이 따라 옵니다. 그리고 다시 행하십시오. 당신이라서 하면 됩니다.

선택과 집중?
많은 꿈에 도전하라

행복은 크기가 아니라 빈도다. 나중의 큰 행복을 위해 오늘의 행복을 미루는 것이 아니라 오늘의 행복을 매일 발견할 수 있어야 큰 행복도 받을 수 있다. 신은 인간에게 이겨낼 수 있을 만큼의 고난을 준다고 하지 않던가. 행복도 마찬가지리라. 행복을 보내 주었을 때 행복임을 알고 받을 준비가 된 사람이어야 더 큰 행복이 주어 질 것이다. 그러니 우리는 행복 빈도를 늘이고 반복되는 같은 일상에서도 행복의 이유를 찾을 수 있어야 한다. 행복을 충분히 느끼고 행복이 내 옆을 지나갈 때 낚아 챌 준비가 됐을 때 비로소 더 큰 행복을 만나게 될 것이다.

꿈을 가지고 그것을 향해 달리는 것만으로도 행복한데 꼭 꿈이 하나이어야 할 필요는 없다. 매일 행복한 하루를 보낼 수 있는데 굳이 꿈이라는 이유로 지금의 행복을 나중으로 미뤄 둘 필요는 없지 않은가? 많은 꿈을 꾸고 여러 가지 길을 가면서 다양한 행복을 만나 매일을 즐겁고 특별한 날로 만들 수 있는데 굳이 꿈의 종착지에 빨리 도착하겠다는 이유로 꿈을 하나로 만들어 둘 필요는 없다.

최근에는 일상 속에서 오늘의 행복을 찾고, 내 삶 속에서 작은 꿈을 그리는 사람들이 늘어가고 있다. 하지만 아직 많은 사람들이 '선택과 집중'이라는 이유로 하고 싶은 것을 미루고 해야 할 것들에 집중하는 경향이 있다. 집중을 위해 선택의 기회들을 스스로 포기하다보니 어느새 즐거워야 할 무언가가 스트레스로 작용하는 경우도 보게 된다.

요즘 다양한 연령층을 만나다 보니 다양한 꿈 이야기를 듣게 된다. 각자의 꿈 이야기를 듣고 그들의 반짝이는 눈, 들뜬 목소리를 듣는 것만큼 기분 좋은 일도 없는 것 같다. 조용하던 사람들도 꿈 이야기를 할 때만큼은 수다쟁이 아줌마가 되고 남 앞에서 이야기를 꺼리던 사람들도 꿈 이야기를 할 때만큼은 기분 좋은 떨림을 참아가며 끝끝내 자신의 꿈 이야기를 펼쳐 놓는다. 이렇게 말하는 사람도 듣는 사람도 기분 좋은 에너지를 채우게 하는 것이 바로 꿈 이야기인 것 같다.

하지만 이런 반짝이는 일부의 사람과 달리 다수의 사람들이 꿈 이야기를 하면 꿈을 묻는 나를 되려 이상하게 쳐다본다. 꿈을 꾸며 자라는 학창시절의 10대도 아니고 대학을 다니며 멋진 기업의 취직을 꿈꾸는 대학생도 아닌데 웬 꿈이냐는 반응이다. 특히 결혼을 한 분들이라면 더더욱 혼자의 몸이 아니라 책임져야 할 것들이 많다며 생계 걱정만으로도 바쁘다고 한다. 무슨 꿈이냐고 오히려 되묻는 사람들도 있다. 그런데 아이러니 한 것은 꿈을 꾸어야 한다 말에 동의하며 고개 끄덕인다는 사실이다. 그런 사람들과 조금 더 깊이 이야기를 나눠

보면 진짜 하고 싶은 마음속 말이 들리곤 한다.

　꿈은 있으되 현실을 이유로 잠시 미루고 있는 소수의 사람과 꿈은 있으나 어떻게 이뤄야 할지 모르겠다는 사람 그리고 꿈은 커녕 자신이 무엇을 좋아하는지, 무엇을 하고 싶은지 모르겠다는 그들의 안타까운 소리가 들릴 때면 주저없이 말한다. 꿈은 직업이 아니다. 꿈을 위해 현재를 포기할 필요는 없다. 생각으로 꿈을 가지고 목표를 가지면 여지없이 힘이 든다. 머리로 만들어진 꿈은 시도하기도 힘들 뿐더러 혹여 도전했다 하더라도 재미가 없고 힘들다. 적당히 해보다 중간에 포기하기 딱 좋은 꿈이다. 매년 공들여 만들었던 나의 한해의 계획표가 그렇게 사라졌다.

　생각으로 꿈을 만드는 것은 내 상식과 논리로 이해되어야 한다. 그러다 보니 그럴 듯 해 보이는 꿈을 그리게 된다. 하지만 꿈이란 것은 마음에서 먼저 반응하는 것이야 한다. 꿈을 향해 가는 길이 고되지 않고 혹여 고난이 온다하더라고 그 고난마저 즐거운 마음으로 안고 나아갈 수 있는, 마음에서 반응하는 그것이어야 한다.

　꿈을 아직 갖지 못한 사람이거나 꿈은 가졌으되 무엇을 해봐야 할지 모르겠다는 사람이라면 꿈을 꾸기 위해 혹은 그 꿈이 진짜 나의 꿈인지 확신을 얻기 위해서라도 많은 것들을 시도하고 경험해보길 권한다. 성공한 이들의 비법인 '선택과 집중'에는 중요한 한 가지 설명이 빠져있다. 많은 것들을 시도하고 그 중에 내가 즐겁고 행복한 일을 찾아 집중하라는 전제조건이 생략된 경우가 많다. 무조건 하나만 시도하라는 말이 아니다. 아직 어떤 길을 가야할지 확신을 가지지 못했다면 그 길을 확인하기 위해서라도 많은 길로 가볼 것을 권한다. 수많은 경험의 기회들을 미뤄두지 말고 무엇이든 하다보면 좀 더 하고 싶은 일이 생기고 돈과 시간을 투자해도 아깝지 않은 것들이 생긴다. 계속해도 지치지 않고 할수록 즐거움이 늘어난다면 나의 꿈을 찾아가고 있다는 증거일 것이다. 그렇게 즐거운 시간이 계속되면 지루한 길을 하나 둘 지우게 되고 어느덧 선택에서 집중의 길로 들어선 나를 발견할 수 있을 것이다. 그렇게 내 가슴이 원하는 일, 즐거운 일에 가치를 담을 수 있다면 이제 꿈에 다가선 것이다. 그래서 꿈은 어떤 것이어도 좋다. 누군가에게는 아무것도 아닌 일이 나에겐 꿈일 수 있고, 나에게 가치 없는 일처럼 보이는 하찮은 일이 누군가에게는 가슴을 설레이는 꿈이 되기도 하는 이유이다.

많은 책들이 목표와 꿈을 이야기 할 때 비행기와 화살 이야기를 한다. 비행기는 목적지가 있어야 하고 화살에게는 날아가서 꽂힐 과녁이 있어야 한다고. 하지만 우리는 비행기나 화살이 아니지 않은가. 많은 목적지와 많은 과녁을 두고 다양한 곳을 여행해보면 어떨까? 비행기의 목표를 '목적지의 도착'에 두지 말고 그저 하늘을 나는 것에 두면 어떨까? 미지를 탐험하는 탐험가처럼 다양한 곳을 여행하는 것으로 목표를 대신한다면? 똑부러진 결과를 얻는 것이 아니라 날면서 보고 만나게 되는 하늘의 다양한 모습을 통해 즐거움을 알고 배운다면 그걸로 충분하지는 않는 걸까? 해지지 않은 그곳을 향해 날아갈 때의 설레임을 느낄 수 있다면 그걸로 충분한 것 아닐까?

꿈을 이루는 방법은 많이 있다. 설혹 같은 꿈이라 하더라도 꿈을 그려나가는 방법, 꿈을 향해 나아가는 길은 각자만의 방법이 있어야 한다는 말이다. 같은 서울을 가더라도 누군가는 서울에 대한 갈망으로 논스톱 직진이 행복할 수 있고, 다른 누군가는 휴게소에서 쉬어가며 호두과자도 사먹고 커피 한잔 마시며 가는 서울이 좋을 수도 있다. 그리고 고속도로를 통해 몇 시간 만에 가는 서울 길도 있지만 구불구불 국도를 타고 가며 하늘이 예쁜 곳에서, 물이 맑은 곳에서 쉬어가며 2박 3일 만에 도착하는 서울도 있다. 서울을 향하는 길에 누가 옳고 그름을 판단할 수 있을 것인가?

아직 꿈을 갖지 못한 사람이라면 내가 원하는 길을 정확히 알지 못한다. 그럴 때는 머리로 뭐가 좋을지 생각하는 것 보다 고속도로를 달려보고 국도를 타봐야 한다. 그리고 비행기, 기차, 자동차, 버스도 내가 직접 타보고 느껴봐야 언제 더 행복하고 즐거운지 알 수 있다. 나를 알아가기 위해 너무 많은 것들에 시간을 허비한다 생각할 수 있지만 반대로 가장 나를 제대로 볼 수 있는 가장 빠른 길이다. 내가 가고자 한 곳은 서울이었고 어떠한 방법이든 내가 즐거운 방법으로 서울에 도착하면 된다. 서울에 가서 행복하기를 바라지 말고 서울에 가는 길도 행복하게 만들자. 그러기 위해 더 많은 것들 해봐야 한다. 서울 가는 길을 즐겁게 만들기 위해 많은 것들을 경험을 하다보면 또 다른 꿈을 꿀 수도 있다. 서울이 아닌 다른 곳으로 갈 수 있는 것이다. 그땐 또 그곳에서 충분히 즐거움을 느끼고 행복하면 된다. 그리고 그곳이 내가 상상했던 서울의 모습과 닮아 있다면 그곳에서 머물러 봐도 좋지 않을까?

꿈이라는 것이 변함없이 꼿꼿해야 할 필요는 없다. 꿈은 그저 나를 행복하고 즐겁게 사는 수단이어야 한다. 꿈을 위해 나를 수단으로 사용해서는 안된다.

내 꿈은 낮은 곳의 사람들도 도전하는 삶을 즐기게 하는 용기부여가이다. 내 꿈은 식은 가슴에 뜨거운 불 지필 수 있는 작가이자 강연가이며 꿈메이트이자 여행가이다. 내 꿈은 꿈을 그리게 하는 동화작가지도사이자 말하는 역사가이며 댄서이자 친구 같은 엄마이다.

내 꿈은 스스로의 삶에 질문을 던지며 진짜 행복을 찾아가게 하는 하브루타 코칭지도사이자 가수이고 함께 사는 사회가 행복하다는 것을 알려주는 사회

복지사업가이자 꿈활동극 연출가이다.

내 꿈을 다 펼치자니 종이 한 장으로 부족할 것 같아 간절한 꿈 몇 가지만 옮겼다. 나에게는 더 많은 꿈이 있다. 이 꿈들이 나를 설레게 하고 가슴 뛰게 한다. 잠시 쉬었다가도 이내 일어나 달리게 하고 꺼지지 않는 열정을 가슴에 품게 해준다.

누군가는 나에게 말한다. 꿈에 욕심이 많다고. 내 꿈이고 내가 행복한데 꿈에 욕심을 부려보면 어떠랴? 꿈이 있어 행복하다. 많은 꿈을 가져서 행복할 기회가 더 많아졌다. 이 꿈들로 매일이 행복하고 많은 꿈 덕분에 일상의 모든 일들이 예사로 지나쳐지지 않는다. 하루하루 순간순간이 꿈을 이루는 과정에 놓여 있다. 꿈의 과정이 즐겁고 신나니 매일이 즐겁고 행복할 수밖에 없다.

많은 꿈을 가졌기에 새로운 것들의 시도가 두렵지 않고 새로운 사람들과의 만남도 늘 설레이고 기대된다. 하루하루가 즐겁고 매일이 행복할 수 있다. 많은 꿈을 가지고 내가 행복할 수 있는 길을 만들자.

나는 아직도 꿈에 목말라 있고 더 많은 꿈과의 만남을 기다린다.

10년 후쯤이면 내 꿈이 더 많이 늘어날 수도 있고 자연스러운 선택과 집중의 길로 들어섰을 지도 모른다. 어떤 것이어도 좋다. 이미 내가 해보고 경험한 후에 나의 행복을 위해 내린 판단일 테니까.

행복하고 싶은가? 에너지 넘치는 열정적인 삶을 살고 싶은가? 많은 꿈에 도전하라.

▶ 많은 꿈을 가지세요. 매일 매일이 행복하고 매 순간이 즐거울 것입니다.

꿈을 향하는 길은
모든 과정이 즐겁다

많은 사람들이 꿈을 위해 또는 특별한 어떤 날을 위해 많은 날들을 인내하며 보낸다. 힘들어도 참고 괴로워도 버티는 날들이 반복되어 만들어진 단 하루가 나에게 의미 있는 날이 될 수 있을까? 특별한 하루를 위해 희생된 많은 날들은 무의미한 날들인 걸까?

우리의 일상은 축제가 아니다. 축제의 날을 위해 허비되어져도 되는 날은 없다.

우리의 삶은 축제의 날을 위해 준비해가는 평범한 날의 연속이다. 그러므로 그것을 향해 준비하는 일상의 매일도 행복해야 특별한 단 하루도 진정한 의미를 가질 수 있다.

내가 생각하는 꿈은 '꿈을 이뤄내는 특별한 단 하루'도 행복하겠지만 그 길을 향해 가는 반복되는 매일도 즐겁고 행복해야 진짜 꿈이다. 우리의 일상은 특별한 단 하루를 위해 준비하는 날이 아니기 때문이다. 우리의 일상, 하루하루도 축제이고 즐거운 날들의 연속이어야 한다.

사람들이 나에게 묻는다. 늘 에너지 넘치고 열정 넘치는 것 같다고. 매일을 지치지 않고 열심히 살 수 있는 비결이 뭐냐고. '보통 사람들과는 좀 다르다'고 이야기 하는 사람들까지 생겨났다.

평범에 평범을 더한 내가, 그래서 학창시절을 스스로 병풍이라고 부르던 내가 조금씩 성장하는 중인가보다 생각했다.

나의 대답은 간단했다. 꿈이 많아서 그렇다고.

가슴의 간절한 소리를 듣고 많은 꿈을 품은 이후로는 일상에서의 일어나는 사소한 일들이 더 이상 사소하게 느껴지지 않는다. 무의미한 일상이 없다. 매일 만나게 되는 사람들이나 길에서 마주치는 사소한 것들조차 거미줄처럼 얼기설기 엮여 나의 꿈에 닿아 있다. 모든 것들이 내 꿈을 위해 응원하고 도와주기 위해 기다리고 있는 것만 같다. 그래서 매일 눈 뜨는 것이 기다려지고 또 어떤 응원을 받고 어떤 배움을 얻게 될 것인지 기대된다. 좋은 일은 좋은 일이기에 그걸로 충분히 행복하고 나쁜 일도 분노의 마음은 잠시 이내 기쁨으로 변해버린다. 실수나 어려운 일은 나의 가장 부족한 부분들을 깨닫게 하고 성장시킬 기회를 준다. 나의 부족한 부분은 부족함으로 끝나는 것이 아니라 내가 가장 크게 성장할 수 있는 잠재된 나의 가장 강력한 힘이다. 이것을 성장시킴으로 나는 또 한발 내 꿈에 다가 선다. 이렇게 모든 일들은 나의 꿈을 향해있고 난 그저 그것을 향해 걸어갈 뿐이다. 저기 나의 꿈이 나를 기다리고 있고 난 그저 거기까지 걸어갈 뿐인데 발밑의 작은 돌부리가 무슨 대수이겠는가. 이젠 발밑의 돌부리도 꿈까지 가기 위해, 더 빠르게 가기위해 잠시 쉬어 가라는 의미로 받아들일 수 있다. 그러니 돌부리도 그저 감사하고, 잠시 쉬어 주위를 둘러보는 그 시간도 즐겁고 신이 난다. 그러니 매일이 즐겁고 행복할 수밖에. 이렇게 매일이 즐겁고 행복한데 내 안의 열정과 에너지가 잠자고 있을 수 없다.

예전엔 나도 다른 사람들의 시선 속에서 나를 찾으려 애썼다. 타인이 인정하지 않는 나는 의미 없는 것 같았고, 세상은 함께 사는 사회이기에 타인의 눈 속에서의 내 모습이 너무 중요하다 생각했다. 하지만 문제는 사람들이 제각각 다른 시선을 가진다는 것이다. 직장, 친구, 가족, 사회 등 각각의 공간에서 원하는 내 모습이 달랐고 그 모습을 맞추기 위해 부단히 노력했다. 그렇게 모두의 시선을 맞추면 그들도 나도 행복하고 바람직한 내 모습을 찾을 수 있지 않을까 생각한 적도 있었다. 하지만 같은 공간 안에서도 원하는 모습은 달랐고 매번 이리저리 변해야 하는 내 모습에 나도 혼란스러웠다. 열심히 노력해도 모두의 시선을 만족시킬 수는 없다. 그렇게 많은 이의 시선을 의식할수록 '나다움'이란 것을 찾기는 점점 더 어려워졌다. 그런 생활이 반복되다 보니 나도 지쳤었나보다. 어느새 나는 사람을 가려가며 만나고 있었다. 입으로는 사람의 다름을 인정해야 한다 하면서 나와 다른 사람들을 피하고 있었고 나와 다른 사람들을 나와 맞지 않다는 이유로 배척하고 있었다. 내가 원치 않는 나다움을 가지려고 노력했기 때문이리라. 하지만 이제는 모든 사람이 좋다. 처음 다가설 때 편안한 사람이 있고 조심스러운 사람이 있기는 하지만 결국에는 모두가 좋아 진다. 비슷한 성향의 사람을 만나면 대화가 잘 통하고 마음이 편안해져 좋고 다른 성향의 사람은 내가 미처 생각지 못한 부분들을 깨우쳐 주니 좋다. 그들을 통해 나는 또 다른 성장의 기회를 가질 수 있다.

이런 날들의 반복은 나의 꿈을 위해 준비하는 날들이 되어 또 다시 나의 꿈에 다가서게 한다. 꿈이 저기에 있고 오늘은 그곳에 가기 위한 준비의 날들임

일 알기에 어떠한 일이 일어나는 날이라도 매일이 즐겁고 행복하다. 이런 신나는 날의 반복은 노력해도 채워지지 않던 열정을 마구 채워준다. 아침에 눈을 뜨는 순간부터 오늘은 또 어떤 즐거운 일이 나를 기다릴까 즐거운 상상을 통해 차곡차곡 채워진다. 열정을 채우고 에너지를 충전하기 위해 어떠한 노력을 할 필요도 없다. 이제는 무조건적 반사처럼 눈을 뜨면 가슴이 뜨겁고 하루가 기대된다. 그리고 알아버렸다. 열정과 에너지는 즐겁게 나눌수록 배가되어 다시 채워진다는 것을.

일을 쉬고 다른 일을 준비하며 한동안 만나지 못했던 사람들을 최근 다시 만나는 경우가 종종 있다. 오랜 만에 만나는 사람들은 약속이나 한 듯 같은 질문을 한다. 요즘 어떻게 지내냐고. 뭘 하고 있냐고. 그들의 질문은 단순한 안부를 묻는 질문 그 이상이다.

휴직을 하고 그 짧은 시간 동안 변해 있는 모습이 신기하기도 하고, 그들도 꿈꾸는 '퇴사'의 방법을 알고 싶은 보통 직장인들의 마음이리라.

뭔가 들떠있고 즐거워 보이며 원래도 컸던 목소리가 더 커지고 살짝 신나있는 모습이 뭔가 특별한 이유가 있다고 생각하는 것 같다. 돈을 벌어야만 하는 상황에서 돈을 벌기위한 경제 활동을 거의 하지 않는 내가 불안하기는커녕 일할 때 보다 더 바빠 보이고 즐거워하는 내 모습이 신기한 모양이다.

이런 비슷한 의도적인 질문을 하는 사람들에게 내가 하는 대답은 한결같다. 나의 요즘을 한마디로 말해준다. 나의 요즘은 '좋거나 아주 좋거나'라고. 그리고 그 이유는 꿈이 많기 때문이라고. 뭔가 특별한 대답을 기대하거나 대단한 무언가를 준비 중 일거라 기대하는 사람들은 약간은 어이없다는 반응이다.

꿈이 많아 하고 싶은 게 많고 그래서 할 수 있는 게 많다. 그렇기에 어디에서도 에너지를 쉽게 얻을 수 있고, 어떤 상황이라도 모두가 그 꿈을 향하는 길이라는 확신이 생기면서 모든 것이 즐거워진 것 같다고 말해준다.

예전엔 '삶이 지치고 힘들다'며 불공평한 세상을 비난하고 부정적인 피드백을 주는 사람들을 피해 다녔다. 부정적인 말을 내뱉는 사람들 곁에 있으면 나도 그들의 이야기에 쉽게 동화되고 어두운 기운에 전염되는 것만 같았다. 그런 사람들과 함께 있으면 나의 에너지는 어느새 고갈되어 방전된 배터리가 되곤 했다. 바닥을 알 수 없는 깊은 늪에 함께 빠져 허우적대는 나약한 내 모습이 싫어 긍정적이고 밝은 에너지의 사람들을 골라 만나곤 했다.

에너지 철철 넘치는 요즘이라고 해서 '다크포스' 풀풀 풍겨내는 사람들을 애써 찾아 만나는 것은 아니다. 사람을 피하고 고를 이유가 없어졌다. 내가 만나는 사람들마저 요즘의 내 생활과 닮아가고 있다. 내가 만났거나 만날 사람들은 '좋은 사람이거나 매우 좋은 사람'이다. 그래서 이제 피하거나 골라내야 할 사람이 없어 졌다. 가끔 어두운 이야기들에 긴 시간 깊숙이 빠졌다 나오면 잠시 허우적대기도 하지만 사소한 것들로 인해 쉽게 내 페이스를 찾는다. 내 왼쪽 손목에 늘 함께 있는 팔찌, 지갑 속 2달러 지폐, 가방 속 사탕, 핸드폰 속 각종 화면들, 에너지 넘치는 사람들과의 대화창, 심지어 지나는 길에 만나는 사람, 사물, 음악, 바람 등 사소한 것들로도 나의 방전된 에너지는 금세 회복된다. 그래서 이젠 '다크포스' 풍기는 그들과 만남도 피할 이유가 없다. 그들이 변한건지, 내가 변한건지 확실치 않다. 다만 확실한 하나는 그저 어두운 사람, 부정적인 사람이기만 한 것은 아니라는 점이다. 긍정적인 시간으로 그들을 보자면 매우 비판적이고 이성적인 사람들로 세상의 발전에 꼭 필요한 사람들 중 하나이다.

이제 그들은 대책 없는 긍정에 빠지려는 나를 이성적인 긍정으로 끌어주는 필요한 사람들이 되었다.

이렇게 다름을 인정하고 마음을 나누니 만남도 기다려진다. 만나면 반갑고 그들과의 시간은 끊임없는 배움의 시간이 된다. 함께 하는 시간을 통해 나는 대책 없는 단순, 무식의 에너지와 열정을 주고 그들은 나에게 무언가를 배워간다 말한다. 그 한 마디가 또 다시 나의 귀한 배움의 시간이 된다.

그렇게 마음을 통한 나눔은 서로의 삶에 긍정적인 영향을 끼치기도 한다. 나는 그저 내가 좋아 열심히 떠들었을 뿐인데 그들에게는 삶의 전환점이 되는 순간이라 말하기도 한다. 그들은 전환점이라고 거창하게 표현해주지만, 내가 보기엔 언제나 다른 세상을 받아들일 마음의 준비가 된 사람들이다.

편견으로 세상을 보는 사람들은 다른 사람들의 이야기에 귀 기울이지 않는다. 누군가의 말 한마디로 '변해야지' 생각하지 않는다. 하지만 전환점이라 말하는 그들은 작은 비판에 쉽게 순응하고 변하기를 다짐한다. 내가 대단한 무언가를 던져 준 것이 아니라 무엇이든 받아들일 준비가 된 열린 마음의 사람들이었다.

사소한 작은 계기로 숨어있는 밝음을 깨우고 그들의 하루에 작은 씨앗이 될수 있다 생각하니 대책 없는 긍정이 다시 기쁨이 되어 온 몸에 에너지로 꽉 찬 기분이었다. '선한 나눔을 외치고 행하는 사람들의 마음이 이럴까?' 잠시 생각해보는 순간이었다. 누구도 손해 보는 것 없는 너도 좋고 나도 좋은 이런 나눔은 나의 행복이 되었고 또 하나의 꿈이 되었다.

그렇게 나누는 열정과 에너지는 나누고 나면 더 많은 열정과 에너지로 돌아온다. 매일이 '좋거나 매우 좋거나'여서 인지 내가 만나는 사람들이 '좋거나 매우 좋은 사람'이어서 인지는 나도 모른다. 하나 확실한건 이런 것들이 자꾸만 시너지 효과를 일으켜 좋은 사람과 이야기를 나누는 그곳은 어디든 모두의 '열정충전소'가 된다는 것이다.

꿈을 향해 가는 길에 만나게 되는 모든 것들에 이유가 있고 그 이유는 나의 꿈을 위한 것임을 믿어보자. 그 순간 벌어지는 모든 일, 어떤 사람도 나를 응원하고 있음을 발견하게 될 것이다.

가슴이 떨리는 나의 꿈을 찾고 그곳을 향하고 있는가? 그렇다면 그 모든 과정은 반드시 즐거울 것이다.

▶ 꿈을 꾸고 행동하세요. 매일 매일이 반드시 즐겁고 행복합니다.

드림메이트를 만들자

작심삼일. 학창시절부터 꾸준히 들어왔던 너무나 익숙한 말이다. 의지력이 부족하고 끈기가 없을 때 쉽게 하는 표현이지만 하지 않았던 일을 계획하고 3일간 실천한다는 것 또한 쉽지 않음을 해 본 사람이라면 알 것이다. 요즘은 작심삼일을 꾸준히 하면 된다고 말하는 책들도 나오고 작심삼일 열 번이면 습관화 할 수 있다는 말이 나오기도 한다. 그것조차 끈기를 요하는 실천이 필요한 일이다. 작심삼일을 반복할 수 있을 정도의 의지와 꾸준함이 있는 사람이라면 애초에 작심삼일이 될 만한 일을 계획하지도 않았을 것이라 생각한다.

나 같은 보통의 사람들은 계획을 짜는 그 순간을 즐기고, '해보자' 하는 마음을 가진 것만으로도 뿌듯하고 가슴이 설렌다. 그리고 열심히 사진을 찍고 여기저기에 올려둔다. '역시...'라는 주위 사람들의 반응에 또 한 번 흡족해하며 새로운 삶을 살아보겠노라 짧은 다짐을 하지만 대게는 단 하루의 계획으로 끝나는 경우가 많다. 가끔은 그 다음날정도까지 계획을 실천하고자 노력하는 사람들이 있긴 하지만 보통의 사람들이 단 하루, 계획표를 위한 계획을 짜고 단 하루의 밤을 통해 모든 것을 잠재우곤 했다. 내일은 그저 또 다른 날의 시작일 뿐이다.

끈기, 노력, 꾸준함, 실행 등 세상 많은 책들이 나오고 출간된다. 그래서 많이 볼 수 있고 읽을 수 있다. 하지만 읽기는 쉬워도 지속적인 실천으로 옮기기는 어렵다. 그래서 자꾸 반복되는 책들이 나오는 지도 모르겠다. 일단 무언가를 하기 위해선 앞서 말했듯 즐거워야 한다. 하지만 인간이기에 반복되는 즐거움은 즐거움의 역치를 올린다. 그러다 보면 어느새 즐거움이 일상이 되고 어느 순간 행동하기를 멈추는 경우가 많이 있다. 이럴 때 내가 사람들에게 권하는 방법이 '드림메이트'를 만들라는 것이다.

같은 꿈을 꾸고 성향이 비슷한 사람이라면 편하겠지만 전혀 다른 캐릭터의 사람이라도 상관없다. 지속적으로 나의 성장에 관심 보여주고 응원해줄 수 있는 사람이라면 누구든 상관없다는 말이다. 내 아이여도 좋고 친구여도 좋고 선후배여도 상관없다. 함께 '꿈지도'를 만들고 지속적인 만남을 유지할 사람이면 된다. 너무 많지 않은 인원이라면 몇 명의 인원도 상관없다. 함께 '꿈지도'를 만들어 그것을 발표하고 자신이 하고 싶은 것, 할 것들을 선언하는 시간을 가지면 발표하는 그 순간 나와의 약속이 하나 만들어지고, 선언의 시간을 통해 '드림메이트'와의 약속이 생기게 된다. 일단 내가 실천해야만 하는 스스로에 대한 작은 강제성이 생기며 스스로가 실천해야 할 이유를 하나 더 만들게 되는 것이다.

그리고 그들과 지속적인 만남의 시간을 가져라. 선언했던 계획들에 대해 중간 평가의 시간을 주기적으로 가지며 발표하는 시간을 가져보자. 성공담이나 긍정적인 면을 서로 공유하며 배우고, 부족했던 부분과 실패했던 이유를 발표하는 시간을 마련함으로 인해 스스로에 대해 객관적으로 되돌아 볼 수 있다. 그리고 함께 하는 '드림메이트'를 통해 내가 미처 생각지 못한 부분의 의견들도 수렴하여 '꿈지도'의 부족한 부분을 수정하고 보완하며 다시 선언하자. 이런 과정을 되풀이 하다보면 혼자 할 때보다 더 나은 방향으로 나아갈 수 있고, 지속성을 유지 할 수 있다. 이런 작은 반복이 나도 모르는 어느 날, 나를 꿈의 곁으로 데려다 줄 것이다.

　독서모임이 시작된 꽤 오래전부터 꿈에 관한 이야기를 주위 사람들과 나누기 시작한 것 같다. 하지만 책을 읽고 좋은 이야기를 나눠도 몇 년 째 내 계획은 크게 달라지지 않았다. 그저 하고 싶은 것들만 늘어나고 '꿈지도'가 복잡해지기만 했었다. 그러다 어느 날 '보물지도'라는 책을 만났고 그 책을 통해 처음으로 시각화된 나만의 '꿈지도'를 만들어 보았다. 하지만 정성을 들여 사진을 모으고 오려붙인 멋들어진 보물지도도 생각만큼 오래가지 않았다. 보물지도를 만들기만 하면 되는 것이 아니라 최대한 눈에 자주 띌 수 있게 나의 생활 동선과 겹치는 곳에 많이 붙여놓고 자주 보라고 했다.

　시각화된 보물지도를 보이는 곳곳에 붙여두면 그 꿈이 이뤄진다고 하는데 손해볼 것이 무엇이랴. 그때부터 내 책상 앞에 가장 큰 보물지도가 붙었고 사진으로 찍어 출력한 많은 보물지도가 회사의 책상과 집안 곳곳, 그리고 내 핸드폰의 바탕화면으로도 깔렸다. 그냥 말로만 했던 꿈 보다는 나를 움직이게 만들었다. 그래서 작심삼일을 넘어 몇 주는 지속되었던 것 같다.

　말보다는 글이, 글보다는 시각화된 '꿈지도'가 효과 있다는 것을 확인하는 시간이었다. '꿈지도'에 만들어 둔 작은 꿈들을 하나하나 체크하고 지워내는 과정이 즐거웠다. 책에선 이런 작은 성공의 누적이 나를 꿈으로 이끌고 큰 성공이 만들어 진다고 했다. 하지만 나에게 작은 성공의 누적은 그저 작은 성공으로 끝이 났다. 작은 노력으로 이룬 성공들이 끝이 나고 진짜 나의 꿈을 마주하면서 나는 용기 결여로 작심삼일을 반복하고 있었다. 그렇게 실패를 반복하다보니 이내 나의 보물지도는 큰 성공을 위한 동기부여의 밑거름이 아니라 벽지가 되어가고 있었다. 생각해보라. 지금 눈을 감고 집안의 벽지를 상상해보라. 정확히 어떤 색, 어떤 그림이 그려졌는지 기억할 수 있는가. 이사를 하고 도배를 할 때는 그렇게 정성을 들여 여러 가지를 골라 비교했던 것이 익숙한 것이 되는 순간 관심을 가지고 다시 보는 일이 없어진다. 작은 성공을 지워내 버린 보물지도가 나에게 그랬다. 남은 진짜 내 꿈이라는 것은 너무나 멀리 있었고, 내가 할 수 없는 대단한 노력을 요구하는 것 같았다. 그런 마음을 가졌기 때문일까? 어느새 보물지도는 나에게 벽지가 되었고 그 벽지에는 글자와 그림이 있을 뿐이었다. 그리고 이내 글자와 그림마저 사라졌다. 나의 관심이 완전하게 꺼져버린 순간이다.

그렇게 시간을 보내고 해가 바뀌면서 다시 보물지도가 눈에 들어왔다. 해가 바뀌었으니 새로운 보물지도가 필요했다. 비슷한 사이즈에 종이를 구하고 비슷한 구조의 보물지도를 만들었다. 그 순간만큼은 또 가슴이 벅차고 뭔가 이룰 수 있을 것만 같다. 하지만 이쯤 되면 말로 했던 꿈과 글로 썼던 목표들이 크게 다를 바 없다. 그저 예쁜 사진이나 그럴듯한 지도를 만들기 위한 노력이 더 들어갈 뿐이다. 이렇게 또 그렇게 한해를 보내버렸다. 결국 나에겐 그럴 듯한 말이나 글, 시각화된 지도 한 장으로는 부족하다는 것을 알게 되었다. 이때 처음으로 애써 모른 척 했던 나를 인정했던 것 같다. 주위 사람들이 부지런하다고 열심히 산다고 입 모아 얘기 해주었기에 애써 부정하지 않았다. 그리고 내가 변하고 있는 중이라고 믿고 싶었다. 하지만 결국 나는 게으르고 끈기가 많이 부족한 사람이었다. 이렇게 인정하고 나니 오히려 행동하기 더 쉬웠다.

나는 혼자서 '할 수 있다'를 반복하지만 계속해서 실패한다. 나는 끈기가 없고 게으른 사람이다. 어떻게 해야 내 꿈에 조금 더 다가갈 수 있을까 하며 생각하다 보니 매년 나와 같이 계획을 짰던 몇몇의 친구들이 떠올랐다. 그들도 나와 크게 다르지 않으리라.

이때부터 친구, 후배, 직장동료들과 꿈을 공유하기 시작했다.

같이 꿈을 그렸고 서로 발표했고 다음 만날 날을 약속하고 헤어졌다. 다시 만나 한 달간의 스스로의 변화, 성공에 대해 이야기 하고 박수 쳐주고 박수 받다보니 한 달간 무언가를 꾸준히 한 서로의 모습만으로도 뿌듯했다. 그때부터는 성공의 여부가 중요치 않았다. 무언가를 꾸준히 하는 우리의 모습에 감동하고 대견스러워 스스로에게 그리고 친구에게 박수를 보냈다. 그런 모습들을 직접 보고 살아있는 생생한 이야기를 나누다 보니 자발적으로 다음 모임까지 자신이 하고 싶은 것, 해야 할 것들을 이야기하고 선포하는 시간들이 생겨났다.

계획을 위한 모임으로 한 달에 한번 모임을 가졌지만 이미 가까운 사람들이고 좋아하는 사람들이었기에 전화나 다른 자리를 통해 꾸준한 만남이 이어지고 있는 사람들이었다. 친구들과는 잦은 전화통화로, 동료들과는 점심이나 회식 등을 통해 인사처럼 묻곤 했다. 선언했던 일들이 어떻게 되고 있는지, 시작은 했는지, 아직 시작하지 못했다면 어떤 이유가 있는 건지 자꾸만 묻게 되었다. 각자의 방법으로 연락하고 응원하고 서로에 대해 기대감을 가진다는 것을 알게 되면 아무리 게으른 나라도 무언가를 해야만 한다. 그리고 그들이 선언했던 것들을 하나씩 실천하고 이뤄가는 모습을 지켜보면 긍정적인 자극제가 되어 잠시 주춤거린 나를 움직이게 만들었다.

그렇게 조금은 투박하지만 다듬어지지 않은 우리들만의 방법으로 끌어갔던 꿈 모임이었기에 돌이켜 보는 이 시간마저도 즐겁고 행복하다. 어디서 보고 배운 것도 아니었다. 끈기 부족한 나를 인정했고, 마음 맞는 사람들이 모였을 뿐이었다. 정해놓은 규칙이 없었기에 그때그때 좋은 방법들로 채우고 성장시켜 나갔다. 누군가의 강요에 의해 끌고 간 것이 아니기에 서로가 원하는 대로, 마음 가는 대로, 신나게 더 좋은 방향으로 이끌 수 있었다. 그렇게 함께 만들고 찾은 길이었기에 그동안의 시간들이 즐거운 추억으로 남을 수 있으리라.

돌이켜 생각해보니 아쉬운 단 한 가지는 왜 그때 '내 인생을 위한 커다란 꿈을 그려보지 않았을까?'하는 생각이다. 1년의 계획, 그리고 한 달의 실천의지를 다지며 모임을 끌어나갔다. 아마도 그때 우리는 그 모임이 꽤나 오래 유지 될 수 있을 줄 알았다. 그리고 천천히 제대로 된 그림을 그리려 했던 것 같다. 하지만 여의치 않는 상황들이 발생하며 긴 시간을 끌고 가지는 못했다. 하지만 지금 우리는 우리만의 방법으로 각자 자리에서 서로를 응원하고 있다. 그리고 안다. 그 1년, 한 달간의 짧은 계획들이 있었기에 지금의 내가 있다는 것을.

이렇게 꿈은 혼자 가슴에 품는 것만으로도 행복하지만 곁에서 함께 응원하고 지지해 줄 사람이 있을 때 더 즐겁고 행복하다. 서로의 열정이 합쳐서 내가 가진 에너지 보다 더 큰 에너지를 품을 수 있다.

유명한 사람이 커다란 고난을 딛고 일어나는 모습은 감동적이다. 하지만 늘 함께하고 같이 꿈을 그렸던 나와 같은 평범한 사람이 무언가를 이뤄내는 모습은 멀리 있는 유명인과의 감동과는 다르다. 유명인의 감동은 짧은 감동으로 끝이 난다. 나도 그 사람처럼 할 수 있다 마음먹기는 어렵다. 하지만 내 곁에서 꿈을 향해 달리던 사람의 성공은 '나도 할 수 있다'는 자신감을 심어주고 좋은 동기부여의 계기가 된다. 또한 성공의 좋은 기운도 받을 수 있다.

누군가는 말한다. 달라지고 싶고 변하고 싶어 목표를 세우는데 꿈을 그리기만 하고 변하지 않는 자들은 간절하지 않아서라고. 나는 이 '간절함'이란 단어가 사람을 왠지 모를 극한의 상황으로 몰고 가는 것만 같아 안타깝다. 과연 보통의 사람들이 평범한 삶을 살아가며 발견할 수 있는 간절함은 무엇일까? 스스로를 극한의 상황으로 몰아놓고 만나게 되는 '간절함'만이 진짜 나를 알게 하는 유일한 방법은 아니라고 믿고 싶다.

꿈을 꾸는 것만으로 행복하듯, 꿈을 찾는 길도, 꿈을 향해 나아가는 길도 즐겁게 춤을 추는 길이었으면 한다.

▶ 오늘이 행복하고 싶으신가요? 꿈을 찾고 '드림메이트'를 만들어 보세요.

또 다른 나의 꿈,
꿈을 찾아 주는 나
소리울림

꿈만큼 사람을 행복하게 하는 단어가 있을까? 꿈이라는 단어만 봐도 가슴이 뛰고 행복한 기분에 흠뻑 젖을 수 있는 나, 이제야 진짜 나의 꿈을 찾았나보다. 나에게 꿈은 세상을 살아가는 이유이고 매일이 행복해지는 방법이다.

어릴 때부터 수없이 변했던 나의 많은 꿈들이 대학을 가고 사회생활을 하며 점점 희미해져갔다. 나이를 먹으며 꿈과는 점점 멀어졌고 꿈이라는 단어조차 생소하여 꿈을 이야기 하는 사람들이 조차 낯설게 느껴질 때도 있었다. 하지만 배우기를 즐기고 새로운 것에 도전하는 삶이 내 마음의 소리를 듣게 했다.

내 마음이 떨림으로 신호를 주는 그것이 바로 꿈이다. 마음이 움직이고 내 심장이 반응하는 것은 내 영혼의 신호이다. 머리로 계산해서 얻어지는 논리 정연한 답이 아니라 내 마음 깊은 곳에서 심장의 떨림을 통해 신호를 보내는 내 영혼의 소리에 귀 기울이자.

이제는 꿈이 많아 일상의 모든 것들이 꿈을 향하는 길이 되었고 그로인해 매일이 즐거운 나에게 내 영혼은 심장의 떨림으로 계속해서 나에게 꿈 신호를 보내준다. 누군가는 말한다. 이제까지 품어온 꿈만을 이루기도 바쁠 것 같은데 새로운 꿈을 꾸는 것은 이전의 꿈을 포기하는 것이 아니냐고.

내 꿈에 포기란 없다. 세상을 살며 누적되는 경험과 배움으로 꿈이 다듬어질 수는 있다. 누군가에게는 전혀 새로운 꿈처럼 보일 수 있지만 나에겐 꿈의 연장선이다. 또한 어떤 꿈은 다른 꿈을 위한 튼튼한 징검다리가 되어주기도 한다. 이렇게 꿈들이 서로를 끌고 밀어주고 있고, 가슴 떨림을 통해 계속해서 보내는 내 영혼의 신호를 어떻게 모른 척 할 수가 있겠는가.

내 꿈은 언제나 나를 향해 있었다.

사람들과 이야기 나누는 것이 즐거워 강의를 하고 싶었고 그 수단으로 책 쓰기를 꿈꿨다. 아이를 낳고 내 아이와 좀 더 의미 있고 즐거운 여행을 위해 역사를 배우며 말하는 역사가를 꿈꿨다. 우연히 접했던 교육연극이 재미있고 아이들이 잘 따라주기에 교육연극 연출가를 꿈꿨다.

이런 식으로 나의 꿈들은 온전히 나만을 향해 있었다. 일단은 '내가 즐겁고 행복해야한다.' 생각 했다. 지금도 그 생각에는 변함없다. 가장 먼저는 나이다. 나라는 세상 속에서 나를 위한 꿈이기에 꿈을 향하는 길이 즐겁고 행복하지 않다면 진짜 내 꿈이 아니라 생각한다. 내 꿈이 온전히 나만을 위한 꿈이어도 좋다. 무엇이든 꾸고 다가가면 되니까. 그렇게 나도 온전히 나만이 즐겁고 행복한 길을 가고 있었다. 그 덕분에 늦더라도 꾸준히 갈 수 있었으리라.

아이를 낳고 아이와의 알차고 즐거운 여행을 위해 한국사를 다시 배우기 시작했다. 단순한 이유에서 출발했지만 배우고 알아가며 내 꿈은 성장했다.

　대한민국의 교육 현실에서 역사는 중요도 떨어지는 외울 것만 많은 귀찮은 과목일 뿐이다. 나에게도 역사는 그랬다. 하지만 아이와 여행을 다니며 '나무가 예쁘다, 하늘이 예쁘다'로만 여행을 끝내기 싫어, 똑똑한 엄마가 되고 싶어 배우기 시작한 역사에서 왜곡된 세상을 바라보고 있는 나를 보았다. 그리고 왜 역사를 제대로 배워야 하는지에 대해서도 다시 생각할 수 있었다. 단 시간에 수업으로 배운 역사가 머리에서 날아가기 전에 나에게 계기가 필요했다. 그렇게 한국사 스터디를 시작했고, 스터디를 하며 교육봉사자를 모집하는 공고를 보게 되었다. 아직 배움이 부족했기에 선뜻 지원할 수 없었다. 잘 아는 분들이 지원할 것 같아 지나쳤던 그 공고가 며칠이 지나도 계속 생각이 났다. 봉사자가 뽑혔다는 소식만 들어도 마음이 편할 것 같아 공고가 뜨고 한참의 시간이 지난 후 전화를 걸어보았다. 하지만 그때까지 사람을 구하지 못했다고 했다. 내 전화에 너무나 반가움을 표했고 일단 만나자고 하셨다. 내 머리의 얕은 지식으로 나눔을 하기엔 부족하다는 것을 알았다. 하지만 너무나 간곡히 한번만 만나자고 하셨다. 사람 만나는 것이 새로운 배움이라 생각하는 나이기에 흔쾌히 약속을 잡았다. 마침 시간도 맞았고 좋은 일 하시는 분이니 '한번 만나나 보자'. 그렇게 다음날 그 분을 만났고 그 자리에서 알게 되었다. 그 수업이 고등 검정고시 준비반이라는 것을. '고등'이라는 말에 덜컥 겁이 났다. 초등학생 가르치기도 버거울 것만 같은 얕은 지식. 이제 막 배운 얕은 지식으로 누군가를 가르칠 수 있는 입장이 아니었다. 하지만 어렵지 않다고 공부하며 가르칠 수 있을 정도의 난이도라며, 선생님이 없을 땐 본인이 6~7과목도 가르치신다고 하셨다. 전공자도 아니고 공부한 적도 없는데 문제와 답지를 보며 그렇게 가르치고 있다고 하셨다. 그렇게 노력하시는 분 앞에서 더 이상 거절할 수도 없었다. 한번 해보겠다고 말하고 나니 기막힌 일이 또 생겼다. 최소 얼마간의 준비기간은 있을 줄 알았는데 책 세 권을 그 자리에서 밀어주시며 바로 이틀 뒤부터 수업을 해달라고 하셨다. 난감하고 당황스러웠지만 내가 하지 않으면 그 분이 해야 했다. 일단 '알겠다' 하고 책을 안고 나왔다. 그 짧은 순간 무슨 일이 일어난 건지. 뭔가에 홀린 기분이었다. 그렇게 나의 한국사 교육봉사가 시작되었다. 첫 수업 전, 수업에 대한 긴장감 보다 아이들에 대한 긴장감이 더 있었던 것 같다. 학창 시절 시키는 것만 하고 집과 학교만 반복했던 나에게 학교를 자퇴한 아이들은 두려움의 대상이었다. 아이들을 만나기 전 절대 가져서는 안 될 편견을 마음에 품고 있었다. 학교를 자퇴하고 나올 정도의 아이들이라면 얼마나 거칠까? 이 아이들을 어떻게 가르쳐야 하나?

아이들을 만나고 채 몇 초가 되지도 않아서 쓸데없는 걱정임을 알게 되었다. 내가 만든 편견임을 금세 알아차렸다. 아이들의 깊은 사연을 알 수는 없지만 그저 평범하고 예쁜 고등학생들이었다. 그저 각자의 사정으로 학교 밖에서 배우고 있을 뿐이었다. 사람에 대한 나의 편협한 생각이 완전히 깨지는 시간이었다. 뜬금없는 질문에 당황하기도 했지만 생각보다 수업도 곧잘 따라왔다. 그렇게 아이들과 시간을 보내며 아이들이 꿈을 향해 나아가는 모습을 보니 아이들보다 내 가슴이 더 뜨거워졌다.

수업을 듣는 아이들도 감사하다 인사하지만 배우고 꿈을 키워가는 그 아이들을 보는 내가 더 감사했다. 돈 주고도 살 수 없는 귀한 시간이었고 나와는 다른 새로운 열정을 배울 수 있었다. 내가 내 꿈을 향해 가는 것도 너무나 행복한 시간이지만 아이들이 각자의 꿈을 향하는 시간 속에 짧지만 함께 한다는 사실에 내 심장이 강하게 떨려왔다.

아이를 잘 키워보겠다며 배우기 시작한 '하브루타'를 통해 내가 성장했고 끝없는 배움의 길로 들어섰다. 거기에서 만난 선생님의 추천으로 우연히 알게 된 '동화작가지도사'의 길이 나를 새로운 삶으로 인도했다. 뭐든 보통 이상은 한다는 내가 가장 자신 없어 하는 부분이 그림이었는데 그런 내가 '동화작가지도사'가 되겠다니, 지금 생각해도 어이없는 일이었지만 책을 내고 싶다는 꿈에 조금은 가까워지는 느낌이었고, 동화책을 디딤돌처럼 이용할 수 있을 것 같았다. 일종의 예행연습 같은 기분이라고 해야 할까? 책을 위해 써야만 하는 수 십장의 글은 힘들지만 짧은 동화는 할 수 있을 것 같았다. 조금은 가벼운 마음으로 시작했던 '동화작가지도사'라는 길이 그 동안 확실치 않았던 내 마음을 다시 확인시켜 주는 계기가 되었다. 나에게 또 다른 세상을 열어 준 것이다. 그저 동화책을 만들어내는 동화작가가 아닌, 사람들이 자신의 동화책을 만들어 낼 수 있도록 도와주는 '동화작가지도사'의 길은 책을 만들어내는 그 이상의 무언가가 있었다.

나보다 나이 어린 스승을 만났다. 나는 돈과 시간을 들여 애써 공부하고 배웠던 것들을 스승은 경험을 통해 이미 실천하고 계셨다. 다만 그것이 '하브루타'로 불리고 '버츄'라고 불린다는 것을 몰랐을 뿐, 이지 이미 자신의 삶속에서 자신만의 방법으로 충분히 녹아 내고 계셨다. 이런 스승은 만난 것만으로도 축복이다. 이런 스승의 영향력 아래에서 만들어지는 수업들이라 그런 것일까? 수업을 나가보면 더 많은 축복들을 만나게 된다. 고사리 같은 손으로 아름다운 세상을 그려내고, 꿈이라는 단어조차 생소한 어린 아이들이 자기가 원하는 것, 스스로의 미래들을 당당히 말하고 그리며 웃고 즐거워한다. 어렵고 모르겠다며 아무것도 하지 못하던 친구들도 곁에서 잠시 이야기 나누면 금세 무언가를 끄집어낸다. 다만 스스로의 이야기를 매끄럽게 정리하지 못할 뿐이다. 옆에서 잠시 대화 나누고, 그 생각에 대해 긍정적으로 지지하고 응원해주는 것만으로도 어느새 아이들은 즐거운 마음으로 글과 그림에 몰입한다. 가끔 몰입으로 들어가지 못하고 나를 다시 부르는 아이들도 있지만 잘하고 있다는 말 한마디면 어느새 글과 그림 속으로 다시 빠져든다. 그렇게 나의 작은 도움으로 각자의 꿈을 끄집어내고 그려내는 아이들을 보고 있으면 아이들보다 내가 더 즐겁고 행복해진다. 책을 만들며 그 순간에 온전히 집중하고 즐기는 아이들의 모습이 예쁘고 신기하기도 하지만 누군가의 역사가 될 수 있다는 나만의 기분 좋은 믿음 때문에 그 시간은 더 없이 귀한 시간이 된다. 어떤 아이들에게는 순간의 꿈으로 지나치며 흘러가는 시간일 수 있지만 어떤 누군가에게는 평생의 꿈이 될 수도 있다. 그런 꿈을 기록하는 첫 순간이 될 지도 모르는 시간이다. 나는 내가 만나는 아이들이 미래의 주인공임을 믿는다. 미래의 선한 지도자들이 되리라 믿는다. 그런 믿음이 있기에 수업을 통해 꿈을 함께 찾아가는 그 순간도 가치 있고 역사의 한 페이지를 함께 하는 기분이 들기도 한다. 그럴 때면 글로 설명할 수 없는 행복과 즐거움 그 이상의 짜릿한 무언가가 있다.

　나의 꿈을 위해 배우고 시작했던 일들이 나를 행복하게 만들었다. 내가 행복하고자 시작했던 일을 통해 누군가는 꿈을 찾았다 말하고 누군가는 꿈을 향하는 길 위에 있다고 한다. 나의 꿈에 다가가기 위해 걸었을 뿐인데 다른 이들의 꿈이 만나지는 그 순간, 내 꿈의 진짜 가치를 발견하게 되었다. 심장의 강한 떨림으로 영혼의 소리를 듣는 순간이다. 내가 나의 일을 하면서도 행복하지만 누군가가 꿈을 향하는 길에 작은 디딤돌이 되어주는 것도 너무나 가치 있고 행복한 일임을 알게 되었다. 몇 번의 떨림을 통해 신호를 보내왔지만 나의 꿈을 이유로 인정하지 않았다. 나의 꿈을 두고 멀리 돌아가는 것 같았다. 하지만 다시 시작한 나의 일들로 내 영혼은 더욱 강력하게 신호를 보내왔다. 그리고 선한 나눔을 행하고 있는 스승들과의 만남을 통해 내 꿈에 의미와 가치를 담기 시작했다. 그리고 알았다. 이것이 돌아가는 지름길임을. 그렇게 내 꿈과 다른 이의 꿈이 서로 시너지 효과를 일으키는 그 순간 나는 글로 표현할 수 없는 행복 그 이상의 무엇을 느낀다. 기분 좋은 열정이 폭발한다. 그렇게 나는 새롭지만, 새롭지 않은 또 하나의 꿈이 생겼다.

나는 대단한 사람이 아니다. 수억의 돈을 들여 기부할 수 있는 사람도 아니고, 내 인생을 통째로 바쳐 다른 사람을 도울 수 있는 희생정신 강한 사람도 아니다. 다만 내가 꿈을 향하며 행복한 매일을 보내고 있고, 그로 인해 흘러넘치는 행복을 나누면 나에게는 사소할 수 있는 나눔이 누군가에게는 꿈을 향하는 한 걸음이 될 수 있다는 것을 알았다. 나는 그렇게 나만의 방법으로 소소한 나눔을 행하며 내 꿈에 향해 걸어갈 것이다. 나에게 차고 넘치는 행복과 열정을 나누어 누군가의 한 걸음이 되고, 삶의 이유를 찾는 작은 실마리가 될 수 있다면 나는 내 꿈을 향해 열심히 걷고 있다는 증거 일 것이다.

▶ 내 영혼의 소리에 귀 기울이고 열정이 폭발하는 순간을 만나보세요. 꿈의 지름길로 안내합니다.

제4장
함께 하는 삶

나에겐 어디를 가고, 무엇을 하고, 무엇을 먹느냐 보다 중요한 것이 있다. 바로 '누구와 함께 하느냐'이다.

나는 하늘로부터 두 개의 선물을 받았다. 하나는 '건강'이고 다른 하나는 바로 '사람'이다. 오랫동안 입버릇처럼 말해왔기 때문일까? 선물 같은 사람들과 끊임없는 만남이 나를 성장시키고 내 꿈을 키운다. 기적을 경험하곤 한다.

또한 내 삶은 하늘에서 내려준 그들로 인해 더 풍요롭고 풍성해진다. 습관처럼 뱉은 말의 힘과 오랫동안 믿어왔던 나의 믿음에 대한 하늘의 응답이리라.

무엇을 하든 믿고 지지해주는 사람, 너라서 할 수 있다 말하며 응원해주는 사람 하나 곁에 있다면 천군만마를 가진 왕도 부럽지 않다.

길을 잃고 헤맬 땐 커다란 지도가 되어주고, 지쳤을 땐 편안한 쉼터가 되어주기도 한다. 내 길이 아닌 것 같다며 포기하려 할 때 손을 잡고 끌어주는 든든한 조력자의 역할도 흔쾌히 자처해주는 이 사람들 곁에선 가슴 아플 수 있는 충고마저 감사하다.

언제나 사람들과 더불어 살아왔다 생각하는 나이지만 진심을 다해 응원해주고 슬픔도 기쁨도 마음으로 나눠주는 사람들로 인해 '함께'의 의미도 새롭게 쓰여 지고 있다. 나에게 끊임없이 자극을 주고 깨달음을 던지는 그들과 함께라면 두려울 것이 없다. 사람이 답이다.

▶ 혼자 가면 빨리 가고, 함께 가면 멀리 갑니다.

스스로 만드는 외로움

사람의 모든 고민은 인간관계에서 비롯된다. 정확히 말하면 인간의 고민은 사람과의 끊임없는 비교에서 시작된다고 할 수 있다. 인간으로서의 부족함을 느끼는 것도 과거 또는 현재의 인물이나 이상적인 나의 모습을 정해놓고 끊임없는 비교를 통해 얻게 되는 결과물이다. 그리고 그 비교를 통해 스스로의 부족함을 알게 된다.

어린 아이들의 경우 절대적 존재인 부모를 통해 스스로의 부족함을 발견한다. 그리고 자라면서 주위의 친구들이나 선생님 등 동경의 대상들로 비교 대상이 옮겨지곤 하지만 여전히 '비교진행중'이다. 성인의 경우 주위 사람들과의 단순한 물질적 부의 비교는 물론 인문고전등을 통해 과거의 사람들과 비교하며 스로의 부족함을 깨닫고 배워간다. 후자의 경우 '바른 성인'의 모습이라 불려지기도 하는데 이런 비교는 건전하게 작동될 경우 나와 주변을 성장하고 발전시키는 원동력이 된다. 하지만 비정상적인 비교는 스스로를 나약하고 모자란 존재로 만들어 자존감을 한없이 떨어뜨리게 한다.

외로움 또한 마찬가지이다. 외로움은 건강하지 못한 나의 비교 결과이다.

내가 외로움을 느낀다는 건 혼자 있어서가 아니라 혼자 있는 상태에서 남들과 비교하며 초라함을 느끼는 것이다. 애초에 나 혼자 있다면 외로움을 느낄수도 없고, 혼자만 있는 세상이라면 외로움이라는 단어 자체가 생겨날 수도 없다. 외로움은 나 이외 무언가를 내포하고 있는 단어이다.

단순하게 외로움 하면 가장 쉽게 떠올리는 것이 사랑하는 사람의 이별일 것이다. 늘 받던 관심과 사랑이 사라지며 '지금의 나'와 '관심과 사랑 속에 있던 나'를 비교하며 만들어내는 감정이다.

사람들은 생각한다. 외로움은 누군가가 나에게 주는 거라고. 하지만 이별을하며 외로움을 주고자 하는 사람은 없다. 그저 이별을 경험하고 내가 외로움을만들어 내고 느끼는 것이다.

아침 6시 반이면 눈을 뜬다. 아이가 일어나기 전에 얼른 씻고 준비를 해야 한다. 아이가 눈을 뜨는 순간 나의 일은 모두 일시 정지 상태가 된다. 얼른 씻고나와 어지러운 부엌과 거실을 못 본 척 방으로 들어가 화장을 한다. 소리 내지않으려 조심 했음에도 방문을 여는 순간 뒤척거리던 아이가 이내 나를 찾는다. 아직 눈을 뜨지도 않았다. 눈을 뜨지 않은 채 나를 찾으면 곧 울음과 짜증이 몰려온다는 신호이다. 웃은커녕 눈썹도 한쪽밖에 그리지 못했는데 큰일이다. 평소에는 엄마를 잘 도와주고 혼자서도 곧잘 놀기도 하는 아주 예쁜 아이인데 눈뜨는 아침 시간만큼은 영락없는 아기이다. 칭얼거리기 전에 얼른 안고 바깥으로 나갔다. 시원한 아침공기도 마시며 정신도 빠르게 차릴 수 있는 가장 좋은방법이다. 바깥을 워낙 좋아하는 아이인지라 대문만 열고 나가면 울던 울음도 그치곤 했다. 오늘도 문을 열고 나가자 금세 기분이 좋아졌다. 모닝 인사가 쏟아진다.

"나무야, 안녕. 꽃밭아, 안녕. 헬로, 굿모닝."

인사하는 대상도, 인사하는 방법도 예측할 수 없다.

"엄마, 짹짹이야. 짹짹아 안녕."

"어, 고양이네. 고양아, 안녕."

날아가는 새부터 지나가는 자동차, 구석의 거미줄부터 지나가는 사람까지 인사가 끊이지 않는다. 이럴 땐 옆에서 같이 안녕을 외쳐주고 인사가 끝나기를 기다리는 게 최선의 방법이다. 한동안 쏟아지던 인사는 자기가 아는 단어들을 모두 쏟아내고서야 끝이 났다.

문을 열고 들어서는데 어질러진 거실에 자꾸 눈에 들어온다. 어제도 정리하지 못한 거실, 오늘도 안 될 것 같다. 다시 못 본 척 부엌으로가 아이의 아침을 차린다. 주섬주섬 있는 것들을 꺼내놓고 직접 먹어보라며 숟가락을 손에 쥐어주고 나는 얼른 화장대에 앉았다. 몇 숟갈이나 먹었을까. 아이의 호출이다.

"엄마가 주세요."

크게 한 숨을 쉬고는 의자를 끌어다 앉는다. 밥 한 숟갈이 아이의 목으로 넘어가는 시간이 왜 이렇게 길기만 한 건지. 국물과 물을 번갈아 가며 먹이며 밀어 넣듯 아침을 먹이곤 욕실로 간다. 말이 세수이지 가벼운 물 칠정도로 아침 세수를 마치고 옷을 찾아 입힌다. 양말을 신기는데 알람이 울린다. 집을 나서야 하는 시간에 맞춰놓은 알람이다. 아직 아이 가방도 못 챙겼고 내 짐도 못 챙겼는데 벌써 알람이 울리다니. 나는 애가 타는데 딸아이는 기분이 좋다. 기다렸다는 듯 뛰어가며 외친다.

"엄마 내가 도와줄게. 내가 끌게."

평소에 핸드폰을 만지지 못하게 하다 보니 아침 알람을 끌 수 있는 기회를 놓치지 않는다. 그렇게 아이는 기분이 좋은데 나는 슬슬 긴장되기 시작한다. 여기서 10분 이내에 출발하지 못하면 늦는다. 아이 등원 가방부터 챙기고 현관 문 옆에 놓으며 아이를 불렀다.

"이제 언니니까 신발은 직접 신는 거야."

요즘 '제가 할게요' 병에 걸린 딸은 뭐든 제 손으로 하려고 한다. 오늘처럼 밥도 옷도 입혀 달라 해놓고 신발 앞에서 '제가 할게요' 외치면 그 때의 몇 분은 나를 몇 년씩 늙게 한다. 현관 앞에 아이를 불러 앉히곤 물었다.

"신발 직접 신을 거야?"

역시나, '제가 할게요'를 외친다. 스스로 뭔가를 하는 몇 분은 고도의 집중력을 보이며 나를 찾지 않는 시간이기에 신기 가장 불편한 신발을 꺼내 주고는 안방으로 뛰어 들어간다. 옷장 문을 열고 가장 먼저 눈에 띈 옷을 꺼내 입었다. 아이를 낳기 전엔 옷 하나 고르는데 상당한 시간이 필요했고, 옷을 고르고 나면 가방, 악세서리, 신발, 화장까지 모두가 갖춰져야 했다. 패션에 대한 나만의 개똥철학이 있었나 보다. 그때의 나는 어디로 가고 가장 먼저 보이는 옷을 입고 양말과 화장품은 가방에 쓸어 담으며 자동차 열쇠와 짐을 들고 현관 앞에서 엄마를 애타게 불러대는 아이에게로 달려간다.

아이에게는 '달리기 해보자'는 말을 던지며 반강제로 뛰어나간다. 그렇게 아이는 어린이집 등원.

여러 가지의 일을 하고 있는 나는 매일 아침마다 다른 곳을 간다. 매일이 새롭고 재미있는 이유 중 하나이리라. 대신 매일이 바쁘다. 사실 바쁘다는 말보단 정신없다는 말이 좀 더 정확하다. 누군가는 우선순위, 중요순위를 말하며 정리를 이야기 하는 사람도 있지만 이게 나다. 난 이제 나답게 살기로 했다.

휴직 전 하나의 일을 가지고 직장을 다닐 때라고 덜 바쁘지 않았다. 일을 하며 아침, 저녁으로 뭔가를 저질렀고 그래서 언제나 정신없이 바빴다. 그렇게 바쁜 시간들이 좋았다. 십년이 넘는 시간동안 직장생활하며 바쁘게 지낸 것이 습관이 된 것인지 휴직 후에도 휴직이라는 말이 어울리지 않을 만큼 바쁜 나날이 계속 되고 있다.

다른 단 하나가 있다면 아이를 낳기 전에는 바쁜 와중이라도 아주 잠깐씩은 온전히 나를 위해 쓸 수 있는 시간들이 있었다. 하지만 이렇게 바쁜 듯 치열하게 살다 아이까지 낳고 나니 나를 위한 시간은 완전히 사라졌다. 오롯이 사회와 가정을 위해 존재해야하는 사람인 것만 같았다. 나라는 존재를 놓아버리고 쫓기듯 살아가다 보니 외로움이라는 단어가 무엇인지 느낄 여유조차 없었나 보다. 외로움이라는 단어를 목차에 넣고 난 후에야 외로움이라는 단어를 떠올리게 된 것이다. 최근 몇 년간 나에게서 완전히 지워져버린 단어였다. 시간에 쫓기고 일에 쫓기는 나에게 외로움이라는 단어는 여유 있는 자들의 사치라고 느껴질 정도였다.

'외로움은커녕 잠이라도 실컷 자봤으면 좋겠네.'

외로움이라는 단어를 써놓고 가장 먼저 떠오른 생각이다.

사람이 고파 하루에도 몇 개씩 약속을 잡던 나였다. 어쩌다 약속이 없는 날이 허전하고 불편하게 느껴지던 나였다.

나에게 가장 큰 보물이 뭐냐고 물으면 망설임 없이 '내 주위에 있는 사람들'이라고 이야기 할 만큼 사람 좋아하는 나였다. 그런 주위의 사람들로 울고 웃었고, 그들로 인해 꿈도 꾸고 행복했으며 즐겁다 생각하던 나였다. 그런 사람들 때문에 한없이 울어보고 고민하고 아파하던 나였다. 사람들 속에서도 문득 외로움이 느껴질 만큼 사람 고픈 나였다. 끊임없는 만남 속에서도 외로움이 느껴질 때면 외로움은 언제나 나와 함께 하는 거라고 생각했던 내가 이제는 외로움이라는 단어가 낯설게 느껴진다.

평생 내 뒤를 따라 다닐 것 같은 외로움이 이제 뭔지 모르겠다. 뭐라 설명하고 어떻게 이겨내라 말해야 할지 모르겠다.

'함께'하는 기쁨을 이야기 하고 싶기에 외로움도 반드시 써야만 했다.

그래서 생각해 낸 유치한 방법이 자꾸만 나를 웃게 한다. 나도 이렇게 아이같을 수 있구나.

'순수했다'라고 나를 포장하고 싶다.

단 하루도 다른 사람과의 소통 없이 지낼 수 없는 나라고 생각했기에 가장 빠른 방법으로 외로움을 느껴보기로 한 것이다. 하늘이 나에게 주신 선물, '인복' 덕에 사람들과 거리를 두고 소통 하지 않으면 외로움을 느껴 볼 수 있지 않을까 생각했던 것이다. 언제나 사람들 속에서 있어서 외로움을 알 수가 없었으니 '외로움을 만들어 보자' 생각했다.

예전 같으면 단 하루만 사람들과의 소통(직접적인 만남 뿐 아니라 전화, TV, 책 등 넓은 의미의 사람들과의 소통을 의미한다.)하지 않아도 내 마음에서 허전함부터 꺼내어 봤을 나였다. 하지만 며칠을 그렇게 지내도 외로움이란 것이 느껴지지 않았다. 외로움을 느껴보고자 생각하면 할수록 이 상황이 웃기고 재미있기만 했다. 이렇게 더 시간을 보낼 수도 없다. 경험에 의한 나만의 외로움을 정의할 수가 없었다. 그래서 아주 오랜만에 사전을 열었다.

외로움. 홀로 되어 쓸쓸한 마음이나 느낌.

사전을 멍하니 보고 있자니 머릿속에서 수 십장의 사진이 지나간다.

가족들부터 시작하여 친구, 지인, 스승님들과 여러 주변인들까지. 그리고 그들과 만들어진 즐거운 경험. 외로움을 찾아보고자 펼쳤던 사전을 보며 오히려 행복한 기억들만 떠올리고 있었다.

그때야 비로소 내게서 외로움이 사라진 이유를 알 것만 같았다.

세상에 태어난 이상 '온전한 혼자'란 없다.

피치 못할 사정으로 부모님이 계시지 않을 수도 있고 잠시 이별을 경험해야 하는 힘겨운 상황에 놓일 수는 있다. 그로 인해 마음아파 하지 말라는 이야기가 아니다. 이것이 홀로 있음을 뜻하진 않는다는 말이다. 세상을 등지고 산으로 들어간다 하더라고 그 곁에는 반드시 벗이 있다. 아무것도 존재하지 않는 '완전한 무'의 존재가 있지 않는 한 '온전한 홀로'라는 말은 세상에 존재할 수 없다.

외로움 대신 고독을 택하라.

그래도 외로운가? 외롭기를 스스로 선택한 것이다.

▶ 이 세상에 온전한 외로움은 없습니다. 외로움을 택한 '사람'이 있을 뿐입니다.

인간은 혼자서 살아갈 수 없다

'외로움'을 느껴보고자 무식했던 방법을 택하고야 알아버렸다. 세상은 혼자 살아갈 수 없다는 것을.

세상에 오롯이 홀로 존재한다는 것은 불가능하다. 자의든 타의든 우리는 먼저 산 사람들이 만들어놓은 세상에서 그들이 베풀어 놓은 결과물을 통해 세상을 살아가고 있다(나는 그것이 앞서 산 사람들의 선함이고 나눔이라 믿는다). 고로 인간이 온전히 혼자 세상을 살아간다는 것은 불가능한 세상이 되어버렸다. 결국 사람은 사람 안에서 존재한다. 고로 인간관계 안에서 감정을 교류하는 시간들을 통해 인간은 더 나은 삶을 추구할 수 있다. 사람을 통해 더 행복하고 즐거운 삶을 살 수 있다는 말이다.

우리는 좋든 싫든 사회 안에 존재하고 사람과의 직/간접적 관계를 맺으며 살아가고 있다. 나의 삶에서 잠시만 제3자가 될 수 있다면, 육체에서 영혼을 분리

하듯 한발만 떨어져 우리의 삶을 객관적으로 들여다 볼 수 있다면 우리 일생의 대부분은 사람과의 관계에서 오는 일들로 시작하고 끝이 난다는 것을 알 수 있을 것이다. 내 의지로 맺어지는 관계들은 말할 것도 없고 잠시 스쳐 지나는 사람들도 결국엔 지금의 나를 있게 하는 하나의 이유이다.

관계라는 것은 눈에는 보이지 않는 실타래가 거미줄처럼 엮여 내 의지로 끊을 수도 없고 끊기지도 않는 '무언가'이다. 어디가 시작이고 어디가 끝인지 알 수 없다. 어디를 끊어내야 하는지도 모른다. 우리는 이미 태어난 순간 보이지 않는 어지럽게 얽힌 끈끈한 거미줄을 가지고 태어난 것이다. 이미 가졌고 내 의지로 버릴 수 없는 것이라면 어떻게 안고 살아가야 할지 고민해봐야 할 문제다. 사람과의 관계를 조금만 더 행복한 눈으로 바라 볼 수 있다면 내 삶도 훨씬 즐겁고 풍요로워 질 것이다.

사람들을 만나보면 사람들의 고민은 크게 두 가지로 나뉘는 것 같다. 하나는 취업이나 더 나은 미래를 위한 경제적인 고민들, 즉 '부'에 관련된 고민이고 다른 하나가 바로 '관계'의 고민이다.

부의 문제는 당장 해결할 수는 없다 하더라도 학벌, 능력, 부의 되물림 등 무엇이 원인이 되어 내가 현재 이 자리에서 불만을 토로하고 있는지 짐작할 수 있다. 하지만 관계의 문제는 부와는 언제나 예상했던 것과는 다른 방향으로 진행되는 경우가 많다. 수십 개의 길이 얽힌 세상 가장 복잡한 로터리와 같은 것이다. 누군가의 일방적인 희생이 뒤따르지 않는 한 지속적인 암묵적 합의를 필요로 한다. 그러다보니 잠재적으로 문제를 발생시킬 요소를 가지고 있다. 세상에서 가장 친절하고 헌신적인 부모라 하더라도 무조건적 완벽한 희생은 불가능하다. 그렇다면 우리는 관계 속에서 끊임없는 합의 또는 협의의 과정을 거

처야만 하고, 우리는 그러한 관계 속에서 존중받고 인정받기를 희망한다.

존중받고 인정받기 위해 우리가 할 수 있는 일은 무엇일까? 단순하지만 가장 빠른 방법은 세상 누구나 알만한, 존경받기 충분한 이름 있는 명인이 되는 것이다. 누구나 알만한 이름 있는 사람이 되면 특별히 합의의 과정을 거치지 않는다 하더라도 상당수의 사람들이 나의 의견에 동조하며 인정하고 따라 오는 경우가 많다. 아이러니 하게도 온전히 스스로의 감정으로 봐야하는 그림이나 음악과 같은 예술적인 부분에서 조차도 불확실한 내 느낌은 살며시 뒤로 밀어두고 타인의 느낌과 감정을 들으며 '감정 따라가기'를 하려는 경우가 많이 있다. 시나 글도 마찬가지 이다. 누가 이야기 하느냐에 따라 내 감정을 누르고 내가 인정하는 사람의 느낌을 따르는 경우가 많다.

하지만 보통 사람이 보통의 삶속에서 세상의 1%가 되어 존경받는 인물이 되기란 로또를 맞을 확률보다 낮다. 우리는 평범한 일상 속에서 보통의 방법으로 서로를 존중하고 인정받아야 한다. 모두들 존중받기를 원하고 인정받기를 원한다. 하지만 존중이나 인정은 일방통행이 될 수 없다. 함께 해야 한다.

나와 상대를 존중하고 인정하는 가장 쉬운 방법은 내가 대접 받고 싶은 데로 상대를 대접하는 것이다. 내가 귀하게 대접받기를 원한다면 상대를 정성껏 대하면 된다. 내가 대접받기 원하는 모습으로 누군가를 만나고 대할 수 있다면 어떤 특별한 노력을 기울이지 않고도 서로 존중받고 인정받을 수 있다.

대접 받기를 바라는 모습 그 아래에 '있는 그대로의 모습'을 추춧돌로 삼을 수 있다면 튼튼하고 건강한 인간관계가 시작될 수 있다.

하지만 물질적으로 풍요롭고 살만한 세상이 되어갈수록 '우리', '함께' 라는 단어는 멀어져 가고 있는 것 같다. 나를 세상의 중심에 놓고 나만을 우선시 하는 삶을 유행처럼 쫓아가고 있다. 점차 혼자라는 것에 익숙함과 편안함을 느끼며 홀로 지내는 생활이 요즘 세상의 트랜디한 멋이 되어 나 홀로 사는 삶을 추구하는 사람이 늘고 있는 요즘이다. 유행처럼 번져가는 혼자의 삶이 일상이 되어 갈수록 함께 하는 관계에서 불편함을 느끼며 함께 하기를 거부하는 사람이 늘어나고 있다. 원치 않는 나의 감정들을 인정하느니 혼자 사는 것이 편하다고 생각하는 것 같다. 불필요한 감정노동이라 생각하고 감정을 소비하여 에너지를 낭비한다고 생각한다. 물론 나와 다른 타인을 있는 그대로 인정하고 받아들이는 것이 마음먹는 것만으로는 되지 않는 일임을 알고 있다. 특히 내가 선의로 행한 행동에 다름을 이유로 불합리한 피드백을 받게 된다면 함께하며 소비되는 에너지가 낭비로 와 닿을 수 있다.

이렇듯 감정 소비, 시간 낭비, 혼자 하는 편안함, 의식하지 않아도 되는 타인의 시선 등 다양한 이유로 관계 맺기를 포기하며 혼자 사는 사람들이 늘고 있다. 혼자 살 수 없는 세상이라고 생각하는 나이지만 혼자만의 시간을 보내겠다고 해서 말릴 이유는 없다. 잠시 내 영혼에 휴식을 주고, 혼자만의 시간을 통해 건강한 나를 찾고 나를 건강하게 세울 시간을 가진다는 뜻이기에, 결국 더 나은 관계를 위한 준비의 시간임을 알기에 말릴 이유가 없다. 다만 안타까운 점은 혼자만의 편안함을 이유로 보내는 시간들이 상당수 사람들과의 관계 속에 있다는 점이다. 혼자서 보내는 시간들을 들여다보면 책이나 영화, 게임이나 TV 등 사람 관계의 이야기가 얽힌 무언가를 하거나 보면서 시간을 보낸다. 관계의 발생, 갈등으로 시작해서 훈훈하게 끝맺어 지는 이야기들을 통해 만족감을 느낀다는 것은 영화 같은 관계를 원하나 짧은 시간의 한계로 영화 속에 생략되어진 수많은 갈등과 협의의 시간은 원치 않는다는 뜻일 것이다. 그러면서 그 속에 존재하는 행복과 기쁨, 희열 등은 또 희망한다. 극 속에서 발생하는 기쁨과 행복은 동경하고 있다는 뜻이다. 어떤 노력도 없이 달콤한 결과물만을 바라는 것은 길가다 주운 종이 한 장이 로또 1등이 되는 것만큼 말도 되지 않는 일이다. 쓰디쓴 노력 뒤에 얻은 열매에서 달콤함을 느낄 수 있듯 사람과의 관계도 나만의 노력이 필요하다. 정성을 들여야 한다는 말이다. 씨앗을 심어놓고 다음날 꽃이 피기를 바랄 수 없지 않은가? 적당한 햇빛과 물을 주고 관심을 가지고 시간을 들여 기다려 주어야 비로소 꽃이 핀다. 이렇듯 사람과의 관계도 정성들여 지켜봐주고 들어주며 존중하고 소통하는 방법으로 노력을 다하면 아름다운 꽃을 피워낼 수 있다. 가끔은 소통의 시행착오로 쓴 실패를 맛보는 경우도 있겠지만 이런 경험들이 한 사람을 더 깊이 알아가는 시간이라 생각한다면 관계 맺음에서 실패는 없다.

책이나 영화 등을 통해 시간을 보내는 사람들은 좀 나은 편이다. 혼자만의 시간이 좋다고 떠들면서 핸드폰을 손에서 놓지 못하는 사람들이 많은 요즘이다. 사람과의 대화는 어렵다며 핸드폰을 통한 대화는 끊임없이 원하고 있다. 과연 진정으로 혼자만의 시간을 원하는 사람들일까? 사람 고픈 마음을 들키고 싶지 않아서 일까? 아니면 나도 다른 사람들처럼 혼자서 멋지게 살 수 있다는 것을 보여주고 싶어서 일까? 혼자만의 시간이 좋다고 말하면서 핸드폰을 손에 쥐고 게임으로, SNS로 끊임없이 세상과 소통하는 사람들을 보곤 한다. 하루 종일 울려대는 핸드폰 소리에 투덜거리면서도 알림 소리를 꺼 놓지 못하는 사람들을 안다. 가는 곳, 보는 것, 먹는 것 등 일상의 모든 것들을 쉼 없이 찍어대며 자신의 흔적을 여기저기 올려놓는다. 그리고 방문자 수나 댓글 등으로 사람들의 피드백을 기다린다. 이런 사람들을 보면 '나 여기 이렇게 있으니 나 좀 봐 주세요'라고 각자의 방법으로 소리 내고 있는 것 같아 안타깝다. 방법은 모르겠는데 사람이 고프다고 외치고 있는 것 같아 세상 속으로 나가 사람들과 부딪혀 보라고 말해주고 싶다. 사람이 고프지만 사람을 피하고 싶은 요즘 사람들의 이상한 딜레마. 부딪히고 나가면 깨지고 소리가 날 수는 있지만 길을 찾을 방법이 생긴다. 사람 사이의 묘한 에너지, 긴장감이 싫어 피하기보다 그것들을 충분히 느끼고 즐겨보라 말해주고 싶다. 진짜 자신의 마음을 들여다보라고 이야기 하고 싶다.

책으로, 영화로, 핸드폰으로 편안히 자신의 시간을 보낸다 생각할 수 있지만 그 모든 것들은 사람이 관계를 통해 배운 지식과 경험을 바탕으로 만들어진 것이고, 그 목적 또한 사람을 향해있다. 혼자 있고 싶어 혼자만의 시간을 가진다 하더라고 결국 온전히 혼자 일 수는 없다는 말이다. 혼자 있는 시간 동안에도 사람 안에서 시간을 보내고 있는 것이다.

너무 많은 일을 벌여놓으며 일이 조금씩 밀리고 있었다. 피곤하기도 했고 나에게도 시간이 필요하다 생각했다. 모처럼 아무 계획도 없는 날, 평소 같았음 책이나 노트북을 들고 동네 커피숍으로 갔을 나지만 오늘 만큼은 온전히 나만의 시간을 보내고 싶었다. 무엇을 할까, 어디로 갈까 잠시 고민을 했지만 집 밖을 나가는 순간 온전한 나만의 시간이 사라질 것만 같았다.

'오늘은 집에서 시간을 보내보자. 몇 달간 쉼 없이 달렸으니 하루쯤 나만의 시간을 보내며 쉬어도 괜찮아.' 나에게 쉬는 시간을 허락하며 편안한 옷으로 갈아입었다.

그리곤 거실로 나와 소파위에 벌러덩 드러누워 버렸다. 아무것도 하지 않고 멍하니 있는 시간이 좋았다. 바쁜 생활 안에서도 나만의 시간을 가져보려 노력했지만 온전히 나를 위해 보내려 마음먹은 오늘은 느낌이 달랐다. 그렇게 몇 분이나 흘렀을까. 멍한 시간도 아주 잠시 이내 주위로 눈이 돌아갔다. 어질러진 딸아이의 장난감부터 읽지 못해 쌓아 두기만한 책이 탑처럼 쌓여 있었다.

딸이 자주 보는 책 몇 권이 책장을 탈출해 바닥에 누워있었고 날이 더워지기를 기다리는 에어컨도 눈에 들어왔다. 얼마 전 딸과의 대화를 통해 만나게 된 우리 집 햇님 전등도 눈에 들어온다.

이내 핸드폰에서 새로운 소식을 알리는 소리가 들려왔다.

몸을 일으켜 라디오를 켜고 핸드폰이 전해주는 세상 소식을 보기 시작했다.

혼자 있다고 해서 온전히 혼자만의 시간을 가질 수 있는 것이 아님을 알게 되었다.

높이 쌓여진 책은 작가 자신과 독자를 위한 글일 것이고 라디오에서 흘러나오는 음악 역시 누군가와 함께 듣기 위해 세상에 발표된 곡이다. 에어컨도, 딸아이의 장난감도 비슷한 이유들을 가진 사람들이 만들어낸, 사람을 위해 존재하는 것이다. 그리고 집안을 돌아보니 많은 사람들의 선함과 노력과 배려가 느껴졌다. 세상에 있는 모든 것은 누군가에 의해 만들어졌고, 세상에서 사라지지 않고 존재한다는 것은 그것을 필요로 하는 사람이 있다는 것이다.

혼자 사는 삶이 편안하다고 외치며 다른 사람과의 관계를 거부하더라고 우리는 사람 안에 존재한다.

의도하든 의도치 않든 우린 세상을 살며 많은 사람의 선한 의지와 배려 안에서 살고 있다.

▶ 이 세상의 모든 것은 사람으로부터 시작하고 사람으로 향합니다.

끼리끼리 논다
닮고 싶은 사람 곁으로 가라

모임 두 시간 삼십분 전. 모임장소와 가까운 커피숍에 들어가 이쪽저쪽을 둘러보곤 가장 넓은 테이블을 찾아 자리를 잡는다. 책, 노트북, 색지, 색연필, 가방……. 짐이 한 가득이다.

모임 시간이 한참이나 남았는데 너무 일찍 도착해버렸다. 그런데 기다리는 시간도 즐겁다. 시원한 까페라떼를 시켜놓고 알아들을 수 없는 팝송에 귀를 기울인다. 무슨 뜻인지 알아듣지도 못하지만, 꽤나 크게 틀어놓은 소리 때문이었는지 심장도 비트에 맞춰 춤을 춘다. 신이 난다. 커피는 시원하고, 조명도 적당하고... 모든 것이 딱 이다. 모든 것이 나를 위해 준비한 듯 완벽한 이 시간, 훤칠한 청년이 들어오고 곧 수다마저 예쁜 그녀도 등장했다.

커피숍이 환해진다. 그리고 이내 커피숍이 시끄러워진다. 그녀가 거침없이 장기를 발휘하기 시작했다. 만남의 기쁨도 잠시 우리들은 이내 우리의 이야기에 빠져들었고 대화에 집중하는 순간 영화 같은 일이 일어났다. 옆 사람들과 모든 배경들이 사라지고 꽤나 크게 들렸던 음악도 지워진다. 모든 것이 알맞게 준비된 그 곳에는 우리만 남는다. 어지러운 무대 위의 모든 불이 꺼지고 주인 공이 스포트라이트를 홀로 받듯 그 곳은 온전히 우리를 위해 준비된 공간인 것 만 같았다.

옆 사람들의 눈치는 아랑곳 하지 않고 우리의 수다 꽃은 피어오른다. 부끄러 운 것도 없다. 우리가 앉은 테이블 이외의 공간은 다 지워진 배경에 불과했다.

'내가 제일 잘나가~' 즐거운 요즘의 일상에 '배틀'이 붙었다. 듣고만 있어도 신 이 난다.

몸을 뒤로 제쳐가며 넘어갈 듯 웃다보니 그제야 다시 주위의 소음과 배경들 이 살아난다. 눈앞에 앉은 귀여운 꼬맹이가 그제야 보였다. 함께 웃고 떠드는 내 앞의 멋쟁이들 눈꼬리, 입꼬리에도 행복함이 솟아나는 것만 같다. 10분 같 은 한 시간의 '행복 배틀' 수다에 우리의 계획은 온데간데없다.

"그래, 드림보드를 만드는 중요한 일을 한 시간 안에 끝낼 순 없지. 그리고 이 런 좋은 계획을 우리끼리 할 수도 없고. 좋은 건 같이 해야지. 다시 날을 잡고 더 많은 '드림메이트'를 만들어 보자."

우리의 폭풍 수다를 이렇게 합리화 하며 자리에서 일어섰다. 그리고 엘리베 이터를 탔다.

모임 시작 한 시간 삼십분 전. 엘리베이터에서 내리니 꽤나 높은 줄 알았던 주위의 빌딩도, 자동차들도 장난감처럼 보인다. 통유리에 클래식 음악까지... '와, 이런 장소에서 모임을 하다니..'. 우아해 보이는 공간을 보니 덩달아 나도 백조가 된 것만 같다. '멋진 사람들과 근사한 모임을 하기에 좋은 장소이다.'

멋진 사람, 우아한 장소, 내가 이곳에서 무언가를 할 수 있다는 것만으로도 이미 에너지 풀 충전이다.

'스태프'라고 쓰인 나만의 훈장을 목에 걸고 테이블과 의자들을 옮긴다. 누군가 여기에 앉아 에너지를 받고 꿈을 키워가겠구나 생각하니 더 없이 뿌듯하다. 테이블 정리를 마치고 포스터를 찾았다. 포스터를 옆구리에 끼고 테이프를 입에 물고 엘리베이터에 올라탔다. 행복한 에너지를 마구 뿜어내는 하늘색 포스터를 엘리베이터 안에, 입구에, 여기저기 뛰어다니며 붙였다.

'좋은 기운아, 마구마구 퍼져라~'

준비를 하고 있자니 하나 둘 낯익은 얼굴들이 들어온다. 반가운 마음에 나도 모르게 소리 질렀다.

"꺄~"

반가운 얼굴을 보면 나도 모르게 나오는 본능적인 반응. 강아지도 아니고 훈련을 받은 것도 아닌데 기쁜 마음에 내 입에서 반응하는 무조건적 반사이다. 생각할 틈이 없다. 그냥 소리먼저 나온다. 질러놓고 주위의 눈치를 살핀다. '선소리, 후 부끄러움'.

내가 눈치를 살피며 민망해할 틈도 없다. 반대편에선 더 큰소리로 답을 준다. 모임이 시작되기도 전에 이미 이곳은 열정, 행복에너지 가득한 흥분의 도가니이다.

'누구든, 뭐든 말만해라. 함성 준비 완료. 구구단을 외워도 감동받아 기절 해 버릴 테다.'

내 모자란 글로 차마 담아 낼 수 없는 3인 3색의 명 강연 시간. 듣다보면 옆에서 쳐다보는지도 모른다. 울고, 웃고, 소리 지르고 또 웃는다. 세상 어떤 명강사가 이런 감동을 주겠는가. 최고의 작가가 써낸 베스트셀러보다 더 진한 감동이 되어 내 가슴에, 내 머리에 담긴다. 앞에서 자신의 이야기를 말해주는 사람도, 그 이야기를 최선을 다해 정성껏 듣는 청중도 이미 명품이다. 어디에서 이런 분들과 이야기하고 함께 소리 지를 수 있으랴. 끝나지 않는 시간이 되길 바랄만큼 약간은 부족한 듯 아쉬워서 더 완벽한 강연들이 내 마음을 흔들어 놓는다.

이렇게 끝낼 수 없다. 이미 가슴은 뜨겁게 타 올랐다. 1층으로 장소로 이동하고 강연 후반전이 시작된다. 못다한 이야기들이 펼쳐지고, 저마다의 감동을 서로 공유하며 우린 다시 한 번 감동의 물결로 빠져든다. 이런 날은 모두 명언 제조기이다. 한마디 한마디에 전문 방청객 같은 반응이 쏟아진다.

밤새 떠들어도 지칠 것 같지 않은 그곳이지만 일어나야 했다. 나에겐 또 내일 아침이 기다리니까. 아쉬워서 순간순간이 더 즐거운 우리들만의 시간이었다. 뒷풀이의 아쉬움을 뒤로하고 차를 탔다. 운전을 하며 혼자서 중얼중얼. 내가 나에게 이야기한다. 나의 넘치는 에너지를 나와 나누어본다. 가슴에 날아와 꽂힌 이야기를 듣고 나면 혼자 있을 때 그 이야기를 따라 해 본다. 언제 생겼는지 모르는 나의 습관이다.

"나는 될 수밖에 없다. 될 때까지 할 거니까. 나는 될 수밖에 없다. 될 때까지 할 거니까."

돌아오는 길이 신난다. 벌써 뭔가 이루어 낸 것 같은 느낌이다. 중얼중얼 주문을 외우듯 나와 대화하며 운전하다 보니 어느새 집이었다. 캄캄한 어둠속에서도 바람은 상쾌했고 계단을 오르는 발걸음도 가벼웠다. 현관문을 여니 우리 집에서 늦게 잠을 자는 TV도 숙면모드.

'얼른 씻고 자면 내일 글쓰기 강의 참석에는 문제없을 거야.' 후다닥 욕실로 뛰어 들어갔다.

거울 속 깨끗한 얼굴의 나에게 말을 걸어본다. 오글거려도 기분은 좋다.

"박 작가님, 오늘도 즐겁게 글 씁시다."

사람 만나길 좋아하고, 떠드는 것을 좋아하는 나이지만 거울 속에 비친 내 얼굴을 보며 떠드는 것은 아직 어색하다. 대단한 사람들이 책에서 글에서 해보라고 권했다.

'시간도, 돈도 들지 않는 건데 한번 해보지 뭐.' 라며 시작한 거울 속 나와의 대화. 아직은 손가락을 접게 된다. '하다보면 괜찮은 날 오겠지' 하며 주먹 꽉 쥐고 웃으며 나온다.

스킨, 에센스, 로션 등 화장대 위에 화장품들을 잔뜩 늘어놓고 차례로 바르고 있자니 방금 헤어졌던 사람들의 얼굴이 하나, 둘 떠오른다. 안정을 되찾았던 심장이 다시 뛰기 시작했다.

얼른 자야한다. 나는 잠자기의 여왕이다. 특히나 아침잠 많은 나에게 늦은 취침은 답이 없다. 세상 모두가 잠들었을 것만 같은 고요한 이 시간에 내 핸드폰만은 아직 퇴근 전이다.

핸드폰에 요란하게 울리기 시작했다. 여기저기에서 사진과 글들이 올라온다. 다들 나와 같은 마음이었나 보다. 아직 그 강연 속에 함께 하고 싶은 것이다. 오늘의 여운에서 헤어 나오기를 거부하고 있다. 불과 몇 시간 전의 일들이 영상과 작품사진이 되어 올라온다. 그것들을 보고 있자니 나는 어느새 강연장 안으로 다시 돌아와 있었다. 사진 하나에 울고, 영상하나 웃고, 한 줄 글에 박수쳤다.

사진과 글에서 음성지원서비스가 되는 것만 같았다. 겨우 진정시켜놨던 내 심장이 허락도 없이 다시 질주를 시작한다. 내 별명은 누워 옆 사람에게 질문 던져놓고 답하는 사이 잠이 드는 '베개 쿵 3초'.

그런 내가 밤새 핸드폰을 부여잡고 사진과 글들을 뒤적이며 내 심장의 소리에 응답했다. 기다리면 진정되겠지 하는 마음으로 심장의 소리에 반응해주었더니 창밖으로 해가 뜨고 있다.

잠시 눈을 감고 뒤척이다 보니 핸드폰이 일어나야 한다며 소리내기 시작했다. 야근에 철야까지 했다고 더 시끄럽게 떠드는 것만 같았다. 그렇게 꼴딱 밤을 새고 오전 일정에 맞춰 집을 나섰다.

차에 앉았는데 피곤함 제로. 어제보다 공기는 더 상쾌했고 날씨마저 적당히 딱 좋다. 이렇게 밤을 새운 날이면 며칠은 피곤해 했을 나이다. 하지만 오늘은 쾌적한 곳에서 숙면을 취한 것 같다. 그저 좋은 사람들과 꿈과 행복을 이야기하며 함께 시간을 보낸 것뿐인데. 내 생활이 크게 달라진 건 없다. 그런데 내가 변하고 있다. 아니 세상이 변하고 있다.

주위엔 온통 드라마에 나오는 배우들 같은 사람들 투성이고, 지나가는 사람들마저 모델이다. 나무도 그려놓은 듯 딱 좋은 위치에 서 있고, 날씨도 에어컨으로 숫자를 눌러 맞춘 듯 기막히게 준비된다. 시동을 켜면 들리는 라디오에서는 이 배경에 꼭 들어맞는 음악이 흘러나온다. 그렇게 모든 것이 완벽히 준비된 오늘 같은 날이면 신나게 노래 부르며 달리면 된다. 걱정 제로. 설레임 가득. 무엇을 하든 즐거울 수밖에 없는 하루일 테니 난 그냥 준비된 것을 즐기면 된다. 오늘 하루 시작도 하지 않았는데 벌써 가슴이 떨리고 설렌다. 오늘은 또 나에게 어떤 선물을 준비했을까?

삶에 대한 태도와 생각은 누구도 대신 해 줄 수 없다. 내 삶이고 내 마음이고 내 머릿속이다. 비슷비슷한 일상이 대단한 오늘이 되는 이유. 바로 함께 하는 사람들 때문이다. 그들은 작은 것에 감사하고 선한 나눔을 외치며 실천한다.

좋은 것은 좋다고 표현할 줄 알고 나이와 상관없이 꿈 이야기를 할 때면 세상 가장 예쁜 모습이 된다. 그런 사람들 곁에서 부지런히 배우고 닮고 싶다 생각했다. 그들을 만나면 똑같던 나의 하루도 가치 있는 하루가 되고 행복한 날이 된다.

모임이 기다려지고 그들을 위해 무언가를 할 수 있음에 감사하게 된다. 내가 준비한 의자에서 오바마나 스티브 잡스 같은 사람이 앉았다고 생각해보자. 두고두고 자랑거리가 되지 않을까? 내가 만나는 이 사람들이 사회 어디서든 선한 나눔을 실천하는 영향력 있는 사람들이 되리라 믿는다. 그래서 그런 사람들과 함께 하면 행복하고 그들을 따라가고 배워가기만 하면 될 것 같다.

사람을 만날 때 '잘생겼다, 멋지다'를 외치다 보니 정말 그런 사람만 내 눈앞에 나타난다. 이렇게 설레는 마음을 활짝 열어 놓고 나면 어떤 이야기를 나누어도 새롭고 즐겁다. 늘 들어왔던 이야기들이지만 내가 미처 깨닫지 못한 무언가를 깨우는 시간들이 많아진다. 내 이야기를 해도 즐겁고 듣고만 있어도 행복하다. 이렇게 기분 좋은 감정들을 쏟아내니 이야기 하는 사람도 신이 난다. 신이 나서 열정적으로 쏟아내는 이야기를 듣고 있으면 나는 즐거움과 열정과 행복을 한 번에 다 얻는다. 이런 마음 가득 채워 집으로 돌아오는 길은 어떤 풍경이 펼쳐져도 핑크빛이다. 집에 있는 TV와 냉장고마저 사랑스럽다.

끼리끼리 만난다고 했던가? 즐겁고 행복한 일만 쫓다보니 즐거움과 행복이 더 큰 아이들을 몰고 온다. 변하고 성장하고 싶은가? 행복 하고 싶은가? 닮고 싶은 사람들을 찾아 그 곁에 머물러 보자.

▶ 닮고 싶은 사람 곁으로가 행복을 배우세요. 닮아가며 행복을 담아보세요.

틀린 사람?
다른 사람

나는 사람 대한 욕심이 많았다. 많은 사람을 알기 원했고, 다양한 사람을 만나기를 좋아했다.

하지만 내가 만나는 사람에는 부류가 있었다. 긍정적인 사람, 밝은 사람, 에너지가 좋은 사람 등 대체로 '좋은 사람'의 느낌을 가진 사람이 전부였다.

'성격 좋다, 대인관계 좋다.'는 사람들의 말에 다시 만나고 싶지 않은 사람도 다시 만나야 하는 경우가 있었고, 내 능력 밖의 부탁을 받고도 거절하지 못해 참고 버티며 일을 처리하는 경우도 생겨났다. 이런 일이 반복적으로 발생하다 보니 이런 일을 원천적으로 막아내고자 나도 모르는 사이 사람을 골라가며 만나고 있었던 것이다.

부정적인 사람을 만나 어두운 에너지에 영향을 받아 어두운 바닥으로 가라앉기 싫어서, 부정적인 기운에 물들기 싫어서라고 스스로를 합리화 했지만 결국엔 나만의 잣대로 사람을 골라 만났다.

'말투가 건전하지 못해서, 혼자 사는 세상 마냥 다른 사람을 배려하지 못해서, 스스로의 생활을 컨트롤 하지 못해서' 이유도 다양했다. 오롯이 나만을 위한, 나에 의한 선택이었다.

만나는 사람을 내 기준에 올려놓고 골라내는 나는 과연 다른 누군가에게 완벽한 사람이었을까? 이 세상에 절대 완벽한 사람이 존재할까? 답은 너무나 뻔하다.

그럴듯한 핑계들을 걷어내고 진짜 내 속을 들여다보고야 알았다. 결국 난 내 마음에 드는 사람, 나와 생각이 비슷하고 말이 통하는 사람, 내가 배울 것이 하나라도 있는 사람을 내 마음대로 분류해서 사람을 골라 만난 것이다. 내 멋대로 나와 다른 사람들을 '틀린 사람'으로 규정하고 내 마음속에서 조용히 밀어내고 있었다.

아침 일찍 알람 여러 개가 울려댄다. 개인적인 스케줄 외에도 일이 많은 날이다. 얼른 씻고 '하브루타' 수업 지원을 나가기로 한 학교로 향했다. 이미 선생님들이 와 계셨고 수업 진행 방식에 관해 이야기 해 주셨다. 불과 며칠 전 들었던 강의 내용까지 정리해서서 수업에 반영하고 계셨다. 나는 강의 다녀 온 후 미처 노트도 열어보지 못했는데 선생님은 주말의 시간을 이용해 다른 친구들에게 활용해보시고 수업 계획안에 접목하신 것이다. 그리고 내가 미처 생각하지 못한 부분까지 챙겨 오셨다. 선생님의 부지런함과 꼼꼼함에 놀라는 순간이었다.

선생님의 부지런하고 열정적인 수업준비에 감동한 나였지만 초등학생을 대상으로 한 '역사하브루타' 수업이 만만치 않을 것 같았다. 아직 역사를 배우지 않은 학생들이 여러 명 함께 하는 수업인데다, 배경지식이 하나도 없는 아이들을 상대로 역사 수업을 진행한다는 것이 어쩐지 무리하게 느껴졌다.

준비한 자료를 보며 생각했다.

'어려운 단어도 꽤 있는데 과연 아이들이 고조선의 건국 이야기를 온전히 받아들일 수 있을까?

선생님의 자료 준비에 감탄한 나였지만 아이들을 믿지 못하고 있었다. 이내 수업 종이 울렸고 내심 걱정했던 수업이 시작되었다. 환웅과 단군왕검 이야기를 보여주고 '질문만들기'를 시작했다.

과연 아이들이 이것으로 어떤 질문들을 만들 수 있을까? 아이들이 스스로의 시간을 가진 그제야 나는 교실을 둘러보았다. 교실 뒤 벽에 삐뚤빼뚤 아이들의 글이 한가득 붙어 있었다. 큰 기대 없이 다가선 나에게 아이들의 글은 놀라움 그 자체였다.

'한국은 꿀벌이다. 왜냐하면 쉬지 않고 일을 하는데 얻는 건 조금 밖에 없어서.' 라고 시작된 글에는 아이들만의 눈으로 이 세상을 정확히 읽어내고 있었다. '인재등용, 외모지상주의, 자살률과 비교된 국민행복도' 등 초등학생이 써놓은 글이라고 믿기 힘들만큼 꽤나 정확한 눈으로 대한민국을 말하고 있었다.

고사리 같은 손으로 삐뚤빼뚤 써놓은 그 글이 신문이나 뉴스가 아닌 초등학교 교실 뒤의 한켠에 붙어 있다는 것이 놀라울 따름이었다. 다른 글들을 마저 읽으며 아이들이 세상을 어둡게만 보고 있는 것은 아닐까 걱정했지만 그 속엔 희망도 있었다. '한국은 바다이다. 왜냐하면 나쁜 사람도 많지만 못지않게 바다처럼 많은 위대한 사람이 있기 때문이다.'

한 아이를 키우는 엄마로 그저 어리게만 보이던 철없는 아이들이 제법 어른스러워 보였다. 아무것도 쓰지 못하고 끙끙대기만 할 것 같은 아이들이 각자의 질문들을 만들며 집중하고 있었다. 큰 기대 없던 아이들의 질문에 눈을 돌리게 한 순간이었다. 잠시의 충격을 뒤로하고 다시 아이들에게로 집중했다. 교실을 돌아보며 아이들이 열심히 쓰고 있는 질문들을 다시 보았다. 하나라도 제대로 했을까 하며 쳐다본 아이들의 노트에는 질문이 빼곡했다. 각자의 호기심을 다양한 관점에서 질문으로 써 놓았다. 교실을 들어섰을 때 보았던 시끄럽고 철없던 초등학생이 아니었다.

질문 만들기 시간이 끝이 나고 질문을 공유하는 시간이 왔다. 한참을 웃으면서도 다시 생각해보게 했던 질문들이 며칠이 지난 오늘까지도 머리에 남아 있다.

"단군은 엄마가 곰인 것을 알게 되었을 때 어떤 느낌이었을까?"

"사람이 사는 세상인데 왜 이 세상을 사람이 다스리지 않았을까?"

"호랑이와 곰이 쑥과 마늘이 아닌 인진쑥과 흙마늘을 먹었다면 더 빨리 인간이 될 수 있었을까?"

"환웅은 어떻게 곰과 결혼을 할 수 있었을까?"

아이들의 질문은 기발하면서 깊이가 있었다. 마지막 질문에 대해선 그 짝이 큰 소리로 대답해주었다.

"곰으로 변한 여자가 예쁘고 착하고 요리도 잘했을 거야."

한바탕 웃으며 지난 이야기지만 지금 아이들의 눈에 가장 이상적인 여성의 모습인가보다 생각했다.

이렇게 다양한 질문과 대답들을 들으며 아이들의 눈으로 세상을 다시 보는 시간이었다. 어쩌면 '이런 저런 이유들로 합리화하는 어른들보다 보이는 대로 볼 수 있는 아이들이 나을 수 있겠다'라는 생각이 들었다.

그렇게 아이들에게 한수 배우고 서둘러 차를 타고 이동했다.

오후에는 인터넷 공간을 통해 알게 된 분들과의 독서모임이 기다리고 있었다. 늘 다른 책을 읽고 각자의 이야기를 하다 보니 책 소개에 그치는 경우가 많아 처음으로 같은 그림책을 보고 이야기를 나누기로 했다. 가볍게 그려놓은 그림에 짧은 글로 이루어진 그림책이라 가볍게 끝이 날 줄 알았다.

하지만 그림하나 글 한 줄에 각자의 생각이 덧붙여지며 얇기만 했던 책이 꽤나 묵직한 느낌을 주었다. 그 짧은 그림책 안에서도 각자의 감동 포인트가 달랐다. 각자의 생활과 생각이 투영되어 글을 읽다 보니 육아이야기부터 꿈 이야기까지, 얇은 책 한권으로 우리가 나눌 수 있는 이야기는 무궁무진했다. 그림책 한권으로도 삶을 이야기하고 미래를 그려보며 나를 되돌아 볼 수 있었다.

얇고 가벼운, 5분이면 읽을 수 있는 그냥 그런 그림책이 귀한 인문학 서적으로 변신하는 순간이었다.

예전의 나라면 내 생각을 말하고 내 주장을 설득시키기에 바빴을 테지만 틀림과 다름을 인정하고부터 다른 사람들의 이야기를 듣는 것만으로도 충분히 즐겁고 감사한 시간이 되고 있다. 내가 간과하고 가볍게 지나쳤던 부분이 누군가에게는 가슴을 떨리게 하고 인생을 바꾸는 순간이 될 수 있다는 것을 다시 한 번 알게 한 순간이었다.

세상을 틀림의 기준으로 본다면 세상은 온통 불만족스러운 것들과 고쳐야 할 것들 투성이다. 틀림의 기준을 나에게 두고 나의 경험만을 바탕으로 색안경을 쓰고 나면 이 세상은 더 이상 '살만한 세상'이 아니다. 나의 기준에서 벗어나는 것들은 모두 틀림으로 규정되어져 설득이라는 포장지를 씌워 끝없는 잔소리만 하게 된다. 그렇게 나도 누군가에게 필요치 않은 친절을 베푼 적이 있었다. 내가 만든 안경을 쓰고 바라본 그들은 나의 도움이 필요하다 생각했다. 더 나은 삶으로 나아가도록 방향을 바꾸는데 도움을 주어야 한다고 생각했다. 최초의 나의 마음은 선했다. 그들이 더 나은 삶을 살기를 바랐기에 온전히 그들을 위한 도움이라 생각했으니까. 하지만 그들의 생각이나 마음은 고려되지 않았다. 나의 행동이 목적 없는 선함이었기에 그것을 무기삼아 '존재 자체의 귀함'을 간과해버린 것이다. 나의 선함이 누군가에게는 독이 되고 불편함이 될 수도 있다. 틀림이라는 프레임을 써 버리는 순간 세상은 '맞음'으로 교화시켜야 할 것 대상이 될 뿐이다. 다이아몬드가 귀하게 여겨지는 것은 희소성에 의한 '가치' 때문이다.

인간은 태어나면 죽어야 하는 삶을 산다. 단 하나 뿐인 생명을 가지고 살아간다는 것만으로도 귀하고 귀하다. 그리고 똑같은 것이 존재하지 않는, 세상에 단 하나 뿐인 희소성의 가치로도 유일무이하다.

존재 자체로서의 귀함을 인정받아 마땅한 것이 바로 '사람'이다.

'틀림'에서 '다름'으로 내 시각을 바꾸면 그 순간 어두웠던 세상은 아름다운 핑크빛이 된다. 다름을 인정하고 세상을 바라보니 어찌도 이리 귀하고 소중한 것들이 많이 있는지. 다시 만난 세상은 울타리가 없는 세상 가장 큰 학교였다. 스승도 있고 친구도 있으며, 배움도 있고 추억도 있다. 내 인생 가장 중요한 학교가 바로 이 세상이다.

다름을 인정하고 사람들을 만나면서 알았다. 아직 성장할 기회가 많은 사람들이 있을지언정 본성이 악하거나 부족한 사람은 없다는 것을. 존재 자체로서의 귀함을 알고, 그들이 가진 성장 잠재력을 믿고 정성껏 대접하면 그렇게 성장하는 것이 사람이다. 요즘 내가 이런 귀한 사람들을 만나는데 어느 한 사람 소중하지 않을 수 없다. 누구를 만나든, 어떤 대화를 나누든 배울 것이 있다. 언제나 책을 통해 성인을 쫓았던 나였지만 이제는 안다. 책을 통해서만 배우고 성장할 수 있는 것이 아니라는 것을. 바로 내 곁에 있는 사람 하나하나가 살아 있는 성인이고 또 하나의 책이라는 것을. 그런 사람들과 늘 함께 하는 이 세상이 어찌 핑크빛이 아닐 수 있을까?

살아 있는 성인들에게 배움을 얻겠다고 마음먹는 것은 나의 몫이다. 타인의 행동을 비판하고 비난하지말자. 내가 비교해야 할 수 있는 대상은 단 하나이다. '성장을 통해 만날 내일의 나, 좀 더 멋진 미래의 나' 이어야 한다.

'틀림'이 아닌 '다름'을 인정하자. 다양성을 인정하고 나에게 배움이 되는 성장의 기회로 삼아보자.

머리가 아닌 가슴으로 사람의 다양성을 인정한 후로는 어떤 사람을 만나든 즐겁다. 비슷하면 설명하지 않아도 되는, 통하는 것이 있어 좋고, 다르면 배울 것이 많아 더 좋다.

나에게 세상은 많은 것들을 즐겁게 배울 수 있는 가장 신나는 놀이터이다. 앞으로도 이 신나는 공간에서 재미있게 사는 일만 기대할 뿐이다.

▶ 다름을 인정하면 내가 사는 이 세상이 최고의 학교가 됩니다. 삶을 통해 배우세요.

개떡같이 말하면 개떡같이 듣는다
함께 하기의 기본 '소통'

사람이 살아가며 가장 많은 위로를 얻기도 하지만 가장 어려워하는 부분이
바로 '말'이다. 처음 만난 사람과는 어떻게 대화를 시작하고 끝어가야할지 몰라
어색하고, 오랜 시간을 보내며 서로를 제법 안다고 생각하는 사람 사이에서는
해야 할 말을 생략해버리며 소통에 문제가 발생한다.

'개떡같이 말해도 찰떡같이 알아 들어주는 사람'들만 이 세상에 존재한다면
문제될 것 없겠지만 대부분의 사람들은 개떡같이 이야기 하면 개떡같이 알아
듣는다. 내가 확실하지 않은 부분들은 질문을 하고 대화를 하며 서로의 생각이
일치되고 있는지, 내가 전하고자 하는 말이 제대로 전달이 되었는지 확인하는
과정이 필요하다. 하지만 대부분의 사람들은 내 머릿속으로 그려놓은 이야기
들의 일부만을 던져놓고 알아들었을 거라 믿어버린다. 이런 과정이 반복이 되
면 대화가 안 되는 사람, 자기만을 아는 개인주의자 등의 별명들이 붙으며 소

통이 잘 안 되는 사람으로 간주된다. 회사나 군대에서의 고문관들 뿐 아니라 한 집에서 함께 살고 있는 가족들이나 아주 가까운 사람들과의 관계일수록 말하지 않아도 알아 줄 거란 말도 안 되는 믿음이 강해지며 더 큰 소통의 문제가 발생한다.

개떡같이 말해도 찰떡같이 알아들어 줄 사람은 없다. 심지어 수십년을 함께 산 부모와 자녀 사이에도 소통의 문제는 발생한다. 가까우면 가까울수록 '말하지 않아도 안다'는 이상한 믿음을 가지고 스스로도 모르는 사이 자꾸만 말을 생략하게 된다.

'말하지 않아도 아는 것'은 군인들이 사랑하는 초코과자 뿐이다. 전하고자 하는 바를 정확히 전달하자.

얼마 전 친구와 스타벅스에서 만나기로 했다. 오랫동안 만나지 못했던 친구와의 만남이기도 했고 혼자만의 시간이 오랜만이라 일찍 집을 나섰다. 꽉 막힌 출퇴근 시간의 도로가 아니라 창문을 열어놓고 바람을 맞으며 여유 있는 길을 운전하는 것만으로 이미 기분이 좋았다. 일찍 출발한 탓에 일찍 커피숍에 도착했다. 먼저 커피를 주문하고 창가에 앉아 책을 펼쳤다. 대낮에 스타벅스에서 커피를 마시며 책을 본다는 사실에 여유 있는 사람이 된 것 같았고, 바쁘게 시간 보냈던 나를 위한 적당한 보상인 것 같아 흐뭇했다. 오랜만에 친구와의 만남도 기대가 되었다. 최근 나에게 일어났던 변화와 만남 등 할 이야기가 너무나 많았다. 창밖과 책을 번갈아 보며 나만의 시간을 즐겼다. 제법 시간이 흐른 것 같아 폰을 열어 확인하니 약속시간이 살짝 지난 시간이었다. 바로 친구에게 전화를 걸었다. 버스를 타고 오느라 조금 늦어졌다며 10분만 기다려 달라고 했다.

"세 정거장 남았어. 10분도 채 안 걸릴 것 같아."

"나왔네. 음료 주문 해 놓을께. 뭐 마실 거야? 점심은 먹었어?"

"점심은 아직 못 먹었어. 나중에 먹지 뭐. 나 시원한 아메리카노 한잔만 주문해줘."

전화를 끊고 5분을 기다렸다 친구가 주문한 아메리카노 한잔과 샌드위치 하나를 주문했다. 내 계산으로는 커피가 만들어질 시간까지 계산한 적당한 주문이었다. 도착해서 시원하고 맛있게 먹기 딱 좋은, 적당한 타임이라 생각했다. 곧 커피와 샌드위치가 나왔고 내 앞자리에 예쁘게 놓았다.

'도착할 때가 됐는데'라고 생각할 때 쯤 친구에게 전화가 왔다.

"어디야?"

"3층이야. 올라와."

"3층? 너 어디야?"

그제야 우리는 서로 다른 장소에 도착해 있음을 알았다. 내가 사는 지역에서 스타벅스 매장은 손에 꼽힐 정도의 숫자밖에 되지 않았고 친구와 자주 갔던 곳이라 장소에 대한 설명이 필요 없었다. 내가 스타벅스라고 말했을 때 친구도 바로 오케이를 외쳤던 상태라 장소에 대한 부가 설명이 필요치 않다 생각했다. 다행이 가까운 위치의 장소라 조금만 기다리라 달라 말하고 주문했던 커피와 샌드위치를 포장해서 친구가 기다리고 있는 곳으로 향했다. 도착하자마자 물었다. '왜 이곳에 와 있냐고?' 친구가 말했다.

"호수 앞의 스타벅스는 결혼 전 우리가 갔던 장소이고, 결혼 후 몇 번을 여기서 만났잖아. 지난번에도 여기서 봐서 난 당연히 여긴 줄 알았지."

나는 결혼 후에도 다른 사람들과 계속 이용을 했던 곳이었기에 나는 나의 최근 경험만을 떠올렸던 것이다. 동행했던 사람이 달랐다는 것을 미처 생각하지 못했다. 돌이켜 보니 친구와 호수 앞 스타벅스를 간 것은 벌써 5년 전 이야기였다. 다행이도 가까운 거리에 위치한 곳이었기에 다시 만나는 것에 어려움이 없었지만 다른 공간에서 만남을 약속하고 먼 거리에 위치했다면 오랜만에 만나기로 했던 친구와의 만남이 불발로 끝이 날 뻔 했다. 서로의 안부를 묻기도 전에 대화와 소통이 우리 이야기의 화두가 되었다. 우리의 일상을 생각하며 이야기 하다 보니 우리 일상에 이런 경우가 참 많이도 존재했다.

모두가 내 마음, 내 기준일 뿐이었다.

자동차 뒷자리에 앉아 언제 도착하냐 묻는 아이에게 우리는 곧잘 대답한다. 다 왔다고. 우리의 '다와감'은 10분 일 수도 있고 30분 일수도 있다. 인내심을 발휘하여 참고 앉아 있다 물어본 아이에게는 5분도 5시간처럼 느껴질 수 있다. 하지만 우리는 되묻지 않는다. 화장실이 가고 싶은지, 어디가 불편한지 묻지 않은 채 그냥 대답한다. '다왔어'라고.

아침마다 가방을 메고 현관 앞에 서서 엄마를 부르는 아이에게 말한다.

"잠깐만, 다했어."

스타킹을 신고 가방을 챙기는 그 시간이 나에게는 순간일지라도 준비를 마치고 현관 앞에 아이에게는 엄마의 3분이 30분처럼 느껴질 수 있다. 하지만 우리는 가족, 친구, 지인이라는 이유로 설명을 생략한다. 이렇게 사소한 일들로 시작된 말의 생략들이 약속장소를 다르게 잡기도 하고 일에 지장을 주는 경우도 발생한다.

작년의 일이다. 식품회사에 다니며 학교를 상대로 한 일들을 주로 하다 보니 학교를 대상으로 한 이벤트 행사들도 종종 있었다. 학교에 납품되는 후식들을 몇 가지 묶어 예쁘게 포장을 하고 포장지 앞면에 이벤트에 맞는 다양한 그림과 문구들을 넣어 아이들의 후식에 정성을 담아주는 이벤트를 진행한 적이 있다.

꽤나 반응이 좋았고 소문이 났는지 문의 전화도 많았다. 그러다 한 학교 영양사의 전화를 받았다. 다른 학교들을 통해 '이벤트 소문을 들었다'며 전화로 주문을 주었다. 주문에 대한 감사 인사를 먼저 전했고 납품 날짜와 수량을 확인했다. 그렇게 구두 계약이 이루어졌고 난 바로 준비에 들어갔다. 제품들을 주문했고 몇 가지 제품이 가장 예쁘게 담길 봉투를 찾았고 포장했다. 고급스럽게 포장된 꾸러미 위에 붙여질 그림과 문구를 골라 스티커를 만들었고 하나하나 손으로 스티커를 붙이는 수고를 마다하지 않았다. 특별히 학교 이름까지 넣은 그야말로 '단 하나뿐인 그 학교만의 후식'이었다. 대리점에 부탁해 세금계산서와 기타 서류도 준비 됐으니 모든 것이 완벽했다. 준비하며 들였던 시간이나 노력이 아깝지 않을 만큼 예쁘게 잘 만들어진 후식 꾸러미였다. 받아들고 기뻐할 학생들을 생각하니 혼자 들뜨기 까지 했다. 하지만 약속한 날짜가 되어 학교에 납품이 되던 날 박스 포장을 뜯고야 알았다. 나의 노력이 쓸데없는 짓이었다는 것을. 그 제품들은 학교에서 사용될 것이 아니라 영양사의 아이가 다니는 유치원에 보낼 제품이었다. 다른 학교들에서의 사용 후기도 좋았고, 직접 제품을 사서 포장을 할 시간도 없었고, 가격도 시중보다 저렴해 여러모로 괜찮다 싶어 유치원의 어린이날 선물로 보낼 계획이었던 것이다. 개인적으로 사용하려 주문했던 포장에 학교의 이름이 쓰여 있었으니 고급스러운 포장이며 귀여운 라벨은 아무 쓸모가 없었다. 포장을 다 뜯어내고 나니 박스에 수북히 쌓인 음료와 빵, 쿠키들이 포장전의 제품들 보다 더 보잘 것 없어 보였다. 제품 준비를 하고 포장의 앞면에 붙일 그림과 글들을 고르고 만들었으며 대리점에 부탁해 서류까지 준비하며 꼬박 이틀의 시간을 보냈는데 쓸 수 있는 것이라곤 포장을 뜯어낸, 아무 곳에서나 돈 내면 어디서나 살 수 있는 그냥 후식들 뿐 이었다. 제품을 주문한 고객의 입장에서도 박스에 아무렇게나 쌓여있는 모습이 쓰고 남은 재고를 받은 기분 일 것 같았다. 나에게는 이틀이라는 시간이 허비되었고 고객에게는 보잘것없이 쌓인 엉망진창의 제품들만 남았을 뿐이었다.

학교에 있는 영양사의 주문이었기에 학교에서 사용할거란 생각은 어쩌면 너무나 당연하다. 하지만 너무나 당연한 그것을 나는 물어야했다. '어디에서 사용할거냐'는 단 하나의 질문이 빠지면서 나의 시간과 노력은 헛된 일이 되어 버렸고 고객에게도 쓰고 남은 물건을 받은 것 같은, 유쾌하지 않은 기분만이 남았을 뿐이었다. 다행히 다음날 유치원에 보내질 것이었기에 다시 가져와 포장을 하고 다음날 유치원까지 직접 배송을 하면서 고객과의 관계는 큰 문제없이 마무리 되었지만 반나절이면 끝낼 수 있는 일을 질문하나 생략하며 삼일이라는 시간을 사용했다. 뒷감당이 가능했던 일이었기에 잘 무마 되고 문제가 되지 않았을 뿐이었다. 사소하고 당연한 질문 하나를 놓치며 감당할 수 없는 일들이 벌어진다는 것을 일을 하며 여러 차례 경험했으면서도 난 종종 그 당연한 질문 하나를 놓치곤 했다.

소통이란 말을 통해 대화를 하는 것이라고 생각하기 쉽지만 사실 소통의 가장 중요한 부분은 제대로 듣기, 즉 '경청'이 가장 중요하다. 그렇다면 '경청'은 무엇일까?

사전적 의미의 경청은 '남의 말에 귀 기울이며 공경하는 태도로 듣는 것'이다. 모두가 아는 당연한 내용이지만 경청의 구체적인 방법이 궁금했다. 나의 계속된 궁금증은 그 답을 '하브루타'를 통해 찾게 했다.

'들을 청(聽) 자세히 보기'를 통해 만난 제대로 듣기를 통해 경청을 이해할 수 있었다. '들을 청(聽)'에는 제일 중요한 귀(耳)가 가장 크게 쓰여 있다. 귀를 크게 열어 들어야 한다는 뜻이다. 그리고 '눈 목(目)'이 옆으로 누워있다. '눈 목

(目)' 위에는 '열 십(十)'이 있다. 눈을 크게 뜨고 눈이 열 개 인 것처럼 열심히 이야기하는 사람을 바라봐야 한다. 그 아래 '한 일(一)'과 '마음 심(心)'이 있다. 마음이 하나이다. 둘이서 대화를 하며 두 마음이 하나가 되도록 하라는 말이다. 듣는 사람 마음의 마음이 두 개인데 말하는 사람과 듣는 사람이 하나의 마음이 되는 것이다. 그리고 '귀 이(耳)'밑에 글자 하나가 더 들어가 있다는 것을 알 수 있다. 바로 '왕(王.)'이다. 말하는 사람이 마치 왕인 것처럼 귀하게 여기라는 말이다. 존중하여 귀를 크게 열고 눈이 열 개 인 것처럼 집중해서 말하는 상대를 보며 두 마음이 하나가 되도록 하는 것이 내가 '하브루타'를 통해 새롭게 배운 '경청'이었다. 그저 열심히 듣기만 하면 되는 줄 알았다. 고개 끄덕이고 호응하며 상대의 이야기를 집중해서 듣고, 적당한 리액션을 통해 말하는 사람이 더 말하고 싶게 만들고, 상대가 하는 말을 잘 이해하면 그것이 경청인 줄 알았다. 왕을 대하듯 존중하는 마음을 가지고 두 마음을 하나로 만드는 중요한 과정을 놓치고 있던 나였다. 반쪽짜리 경청을 하며 제법 잘 듣는 편이라고 말했던 것이다. 하지만 다시 배운 경청을 통해 '제대로 듣기'를 알게 되었고 '제대로 듣기'를 배우게 되며 말 이상의 중요한 것들, 비언어적 요소(눈빛, 표정, 몸짓 등)까지 알게 되었다. 말로 표현할 수 없지만 전하고 싶은 그 묘한 감정들이 통하는 날이면 상대를 향한 질문들이 쏟아진다. 질문은 관심과 사랑의 증거이다. 제대로 듣고 온전히 이해하고 상대를 더 알고 싶은 마음이 생겨야만 가능하다.

다시 배운 경청을 통해 마음이 통하는 소통을 알게 되었고 사람들과 만남은 더 의미 있어 졌다.

경청과 소통은 삶속에서 만나는 모든 이들을 '내 삶의 멘토'로 만들어주었다.

▶ '경청'을 통해 세상 속의 멘토들을 찾아보세요. 그리고 질문하세요.

나를 응원하는 사람들

알람소리에 눈을 떴다. 평소보다 몸이 더 무겁게 느껴졌다. 유레카를 더 크게 외치며 몸을 일으켰다.

침대에서 몸을 일으키자마자 오늘 수업 재료 준비를 하지 않은 채 잠이 들었다는 것을 알았다. 이렇게 빨리 알아챘다는 것이 얼마나 다행인가. 얼른 재료들을 펼쳐놓고 준비를 했다. 빠르게 손을 놀려서인지 생각보다 시간은 오래 걸리지 않았다. 가벼운 맘으로 욕실로 들어섰다. 아침의 수업준비 때문에 늦을까 긴장하며 빠르게 일처리를 해서인지 집을 나서는 시간이 평소보다 일렀다. 생각지 않았던 여유시간이 생겼다. 어린이집 앞에 차를 세워두고 아이와 어린이집 근처 탐방을 시작했다. 딸은 꽃과 나무, 길고양이, 새들을 보며 인사하기 바빴다. 그리고 나를 소개해주었다.

"야옹아, 안녕. 잘났니? 우리 엄마야. 인사해."

아이의 소개에 나는 야옹이, 짹짹이 등에게 모닝인사를 하며 어린이집 근처를 걸고 있었다.

부쩍 말이 많아진 딸을 보며 '언제 이렇게 많이 컸나?' 하는 생각이 들었다. 휴직을 하면 아이와 보낼 시간이 더 많을 줄 알았는데, 이직을 생각한 순간부터 워킹맘일 때보다 더 분주한 하루를 보내고 있는 나였다. 일을 할 때에는 아이에 대한 미안함에 퇴근 후와 주말 시간을 온전히 아이를 위해 보냈고 함께 열심히 놀았다. 하지만 휴직을 하면서 어떻게 된 일인지 직장인일 때보다 아이와 보내는 시간이 줄어들었고 같이 있을 때조차 아이에게 집중하지 못하고 일을 위한 준비라는 핑계로 방임하는 날이 늘고 있는 요즘이었다. 생각지 못했던 아침의 짧은 여유시간으로 오랜만에 아이와 데이트 하는 기분이 들었다. 짧은 시간이라도 함께 할 수 있음에 그 짧은 시간마저 좋았다. 나비를 향해 뛰어가는 아이를 뒤에서 바라보자니 엄마를 언제나 이해해주고 응원해주는 딸이 부쩍 크게 보였다. '엄마가 바쁘다는 걸 알아서 일까?' 아프기는커녕 반찬투정 한번 하지 않고, 무엇이든 주는 대로 맛있게 먹어주며 엄지손가락 치켜세우는 딸이 존경스럽기까지 했다. 그렇게 동네 한 바퀴를 돌며 나도 딸도 나도 평소보다 더 많은 에너지를 충전했다. 딸도 기분이 좋았는지 평소보다 더 큰 목소리로 '오늘도 신나는 하루를 보내자'를 외쳤고 두 손을 번쩍 들며 폴짝 폴짝 뛰기까지 했다. 아이의 목소리와 행동에 나도 행복에너지 가득 충전되었다. 기분 좋게 아이를 등원시키고 난 '활동극' 수업을 위해 차에 올랐다. 창문을 활짝 열고 며칠 전 구매했던 동기부여 CD를 크게 틀었다. 에너지 가득 찬 오늘은 뭘 해도 될 것만 같은 '매우 좋은 날(앞서 말했지만 나의 요즘은 '좋거나, 매우 좋거나'이다.)'이었다. 이런 날은 길가의 가로수도 더 초록초록해 보이고 바람은 더 시원한, 한마디로 '딱 좋은 날'이다. CD에서 나오는 이야기에 '맞아, 맞아.'하며 연신 고개를 끄덕이고 리액션하며 이야기에 푹 빠져 길을 가던 중이었다. 앞 차가 옆길로 빠지려고 했었는지 오른쪽 방향지시등에 불이 들어오자마자 급하게 멈춰 섰다. 나도 서둘러 브레이크를 밟았다. 옆자리, 뒷자리에서 가방과 책, 수업 준비물 등 가득 실어놓은 물건들이 바닥으로 떨어졌다. 그래도 무사히 잘 세웠다 싶었다. '역시 난 베스트 드라이버'라며 잘 세웠다고 안도하던 그 순간 '쾅'하며 차가 심하게 흔들렸고 내 차는 뒷 차에 밀려 앞차까지 들이 받는 사고가 발생했다. 그리고 뒤이어 들리는 충격음. 뒷자리부터 확인했다. 순간 아이가 타고 있다고 생각했었나 보다. 뒷자리에 아무도 없다는 것을 확인하고 나서야 심장이 빠르게 뛰기 시작했다. 손도 파르르 떨리고 뒷목이 뻐근해졌다. 그제야 사고가 났음을 알아차렸다. 사고처리를 위해 빨리 돌아야 할 머리가 생각을 멈췄고 멍해져버렸다. 그렇게 아무것도 하지 못하고 한참을 가만히 앉아 있자니 누군가 내 차의 창을 두드렸다.

"괜찮으세요? 보험사에 전화는 하셨어요?"

그제야 정신을 차리고 보험사에 전화를 했다. 위치를 설명하고 빨리 누구든 보내달라며 부탁하고 전화를 끊었다. 전화를 끊고 나니 한 시간 후의 수업 생각이 났다. 연극수업이라 대타가 불가능한 수업이었다. 수업 전 배경 천막 등 준비해야 할 것도 많아 수업시간 보다 최소 30분 전에는 도착을 해야만 하는 수업이다. 그런데 수업에 필요한 도구와 재료가 모두 내 차에 실려 있었다. 고민할 시간이 없었다. 그 곳에서 가장 가까이 사는 선생님께 전화를 드렸다. 자초지종을 설명하고 사고 장소로 와 달라 부탁했다. 그제야 정신이 돌아오는 듯 했고 차에서 내릴 수 있었다. 앞 범퍼가 심하게 부서진 커다란 관광버스가 내 차 바로 뒤에 붙어 서 있었다. 내 차의 트렁크는 한참 밀려 뒷 자석과 가깝게 붙어 있었고 뒷 유리창까지 깨져버린 상태였다. 앞바퀴는 뒷 차와 부딪히며 뒤쪽으로 밀려나 있었다. 내려서 차를 보고서야 생각했던 것 보다 훨씬 큰 사고임을 알았다. 갑자기 온몸이 부들부들 떨려왔다. 털썩 땅바닥에 주저앉았다. 4중 추돌사고로 구경꾼들이 모여들었고 주위에 있던 아저씨들이 말했다.

"작은 차였으면 걸어 나오지도 못했을 텐데 천만 다행이네."

작년까지 10년이 넘게 경차를 탔던 나였기에 그 이야기가 예사로 들리지 않았다. 뒷자리에 아무도 없음에 감사했고 올해 차를 바꿔 지금 무사히 내 발로 걸어 내림에 감사했다.

곧이어 보험사 직원들이 속속 도착했다. 운전자들의 상태를 확인 후 큰 외상이 없음을 확인하고는 보험사 직원들끼리의 '길 위에서의 미팅'이 시작되었다. 사고 났던 도로 바로 옆, 주차 되어 있던 차량의 블랙박스에 사고 내용이 고스란히 담겨 있었다.

그 사이 전화를 했던 선생님이 사고 장소에 도착했고 내 차와 버스의 상태를 보고는 수업을 할 수 있겠냐며 물으셨다. 그때는 아픔보다 대타를 구할 수 없는 수업이니 병원을 가더라고 오전 수업은 하고 가자 마음먹은 상태였다. 찌그러진 트렁크와 뒷문을 겨우 열어 선생님 차로 모든 짐을 옮겨 실었다. 수업 시간 전까지는 어떻게든 갈 테니 먼저 가서 준비만 해달라고 부탁하고 선생님을 보냈다.

곧 이어 블랙박스 확인과 '길 위에서의 미팅' 끝낸 보험사 직원이 와서는 버스의 잘못을 확인했다며 병원에 가라고 말해주었다. 사정 이야기를 하고 오후에 병원에 가겠다 말하고 차를 한 대 렌트했다. 내 차는 견인차에 끌려 공업사 어딘가로 향했고 난 그 길로 새 차를 타고 수업이 있는 유치원으로 향했다. 사고의 크기보다 멀쩡하다 생각했었는데 차를 타고 운전대를 잡고서야 알았다. 운전할 수 있는 상태가 아니라는 것을. 어디가 많이 아픈 것 보다 몸이 너무 떨려 운전대를 잡을 수가 없었다. 시계를 보았다. 수업까지 약간의 여유는 되는 것 같았다. 차를 길가에 세워놓고 숨을 크게 쉬어가며 양손을 번갈아 주무르며 긴장을 풀고 있었다. 그때 전화벨이 울렸다.

"선생님? 괜찮으세요? 오실 수 있겠어요?"

"지금 출발했어요. 수업 전에는 도착할 수 있어요."

그렇게 출발하여 시속 4~50km의 속도로 달리다 보니 내 차를 앞지르는 차들이 많았다. 그때마다 몸이 움찔움찔 반응했다. 속도는 더 느려졌다. 아슬아슬 했지만 시작 시간 전에 도착할 수 있었다. 시간에 쫓겨 뛰듯 들어서니 아프고 떨린 것도 생각나지 않았다. 극을 보기 위해 둘러앉은 아이들만 눈에 들어왔다. 급하게 소품들을 챙기고 한숨을 크게 쉬고는 바로 활동극을 시작했다. 목소리가 크고 동작이 큰 역할이었기에 단어 하나, 문장 하나에 힘을 주어가며 소리를 내뱉고 있었다. 그 순간만큼은 놀람도 아픔도 잊어버렸다. 아이들의 환호와 함성에 어떻게 시간이 지났는지도 모르겠다. 소위 정신줄이라는 것을 놓은 것 같은 기분이었다. 그동안의 극이 몸에 연습처럼 붙어있었던 모양이다. 정신을 놓고 한 극이었지만 아이들은 소리 지르며 좋아했다. '활동극' 후 체험수업까지 마치고서야 조금씩 정신이 돌아오는 것 같았다. 차 상태를 이미 보고 간 선생님께서 병원에 입원하는 게 좋을 것 같다고 말해주셨다. 그제야 내 몸을 느껴보았다. 몸의 떨림은 극을 하는 동안 나아버렸고, 목부터 허리까지 약간의 통증이 있기는 했지만 나쁘지 않았다. 역시 하늘에서 내려 받은 나의 복. 내 건강. 내 몸뚱아리. 스스로를 토닥거리며 선생님들과 헤어졌다. 모두 같이 걱정의 말을 해주며 병원가라고, 교통사고는 후유증이 무서운 거라고 너무 자신의 몸만 믿지 말고 병원에 가보길 권해주셨다. 걱정하는 마음이 고스란히 느껴졌다. 그러겠노라, 감사하다 말하고 우리는 헤어졌다. 차를 타고 안전벨트를 채우고 핸드폰을 켰다. 부재중 전화부터 문자, 카톡이 많이 들어와 있었다.

사고가 나고 보험사를 기다리며 주저앉아 있는 동안 한 카톡방에 올려놓은 사진과 약간의 글 때문 이었나보다. 늘 아침시간에 서로를 응원하며 짧은 대화가 오가는 방이었기에 별 생각 없이 올려놓았는데 전화로 문자로 카톡으로 '괜찮냐'며 안부를 묻는 글들이 쏟아졌다. '걱정하고 마음 써주는 사람들이 이렇게 많으니 내 몸도 크게 다치지 않았고, 아프지도 않는 모양이다' 생각했다. 슬픔은 나눈다 했던가? 육체의 아픔도 이런 걱정 어린 마음들과 함께 조금씩 나눠가지는 기분이었다. 아픈 몸이었다 하더라도 괜찮아 질 것만 같았다. '활동극'만 마치고 병원으로 가려던 마음이 순간 바뀌었다. 이런 응원과 힘이라면 몸이 금새 나을 것 같았다. 그렇게 바로 오후 수업을 향해 출발했다. 검정고시를 준비하는 아이들과의 수업이었고, 시험이 채 두 달도 남지 않은 시점이었다. 잠시 고민했던 부분에 답을 주는 것 같았다. 내 핸드폰으로 쏟아진 걱정 어린 폭탄 덕에 고민할 필요가 없어졌다. '일단 수업하고 생각하자.'

아플 것 같다는 나의 생각을 털어내고 나니 오후의 일정도 큰 무리 없이 마무리할 수 있었다. 수업을 마치고 다시 잡은 핸드폰에서는 의외의 사람들에게까지 연락이 닿아있었다. '나를 생각하고 걱정해주는 사람이 이렇게 많았나?'

새삼 사고로 인해 감사와 감동을 선물 받고 있었다.

그렇게 무사히 하루를 마치고 병원 생각은 완전히 잊어버린 채 집으로 향했다. 하루 종일 걱정 어린 전화와 문자는 끊이지 않았고 '함께해서 든든하다는 것이 이런 것이구나.' 몸소 느껴본 하루였다.

그렇게 진심어린 걱정 속에 하루가 지나고 다음날이 되었다. 아침에 눈을 뜨니 '앗뿔싸' 몸의 뒤쪽 전체가 뻣뻣해진 느낌이었다. 교통사고는 자고 일어나봐야 한다더니. 오전에는 '활동극' 수업이 있었기에 '일단 오전 수업만 하고 병원

가자' 다시 마음먹었다. 조심조심 몸을 움직여 씻고 수업을 향했다. 수업에 집중하고 역할에 빠져서 였을까? 아이들 앞에선 또 통증을 잊었다. 수업을 끝내놓고 나니 그제야 다시 몸 뒤쪽의 뻣뻣함이 느껴졌다. 정리는 다른 선생님들께 부탁드리고 도우는 시늉만을 한 채 마무리를 하고 나왔다. 차에 앉아 처음 당해본 큰 사고에 어떻게 대응해야할지 몰라 고민하며 인터넷을 뒤적이고 있는데 버스의 보험사에서 전화가 왔다. '괜찮냐'는 질문도 없었다. 오전에 차를 보고 왔는데 수리는 안 될 것 같고 폐차해야겠다며 다짜고짜 합의를 요청해왔다. 난감했다. 잠시 전화를 끊어보라고 말해놓고 조언을 얻을 수 있을 것 같은 분에게 전화를 드렸다. 설명을 듣더니 직접 통화해보겠다며 전화를 끊었다. 얼마 지나지 않아 모임을 함께 하는 다른 분에게 전화가 왔다. '소식 들었다'며 병원을 소개해주셨다. 병원에 도착해서 긴 대기시간 없이 엑스레이를 찍고 물리치료를 받을 수 있었다. 사무장이라는 분과의 친절한 상담도 이루어졌다. 이미 부탁 전화를 넣어두신 모양이었다. 사고의 크기로 봤을 때 며칠이라도 입원을 하는 것이 좋을 것 같다고 말해주셨지만 수업과 아이 생각이 먼저 났다. 그리고 최근 알게 된 모임의 여러분들과 어제 오늘 나를 걱정하고 도와주신 분들이 생각났다. 모두 따뜻하고 긍정적인 마음으로 선한 나눔을 행동으로 보여주시는 분들이다. 그런 분들의 얼굴이 하나 둘 떠오르고, 아이의 얼굴이 떠오르고 나니 움직이는데 큰 지장이 있는 것도 아닌데 아프다며 입원하기엔 마음이 너무 무거웠다. '며칠 입원해서 밀린 책도 읽고 글도 쓰면서 쉬어 볼까?' 생각도 잠시 들었지만 먼저 말이 튀어 나왔다.

"며칠간 통원하며 물리치료 좀 받아보고 몸 상태를 지켜볼께요."

처방전을 받아들고 약국으로 가는 길에도 계속해서 전화가 이어졌다. 걱정의 전화부터 일 처리 방법까지, 마치 내 마음을 읽고 자기네들 끼리 말을 맞춘 듯 다음 할 일들을 차례로 알려주었다. 그저 전화를 받고 알려 주는 대로 따르다 보니 어느새 차량 합의는 끝이 나 있었고 병원과 한의원을 다니며 맘 편히 치료를 병행할 수 있었다. 그리고 사고로 인한 대차기간이 채 끝나기도 전에 착한 가격의 중고차까지 집 앞에서 받을 수 있었다.

사고로 아프고 놀란 건 아주 잠시였다. 사고로 인해 어제와 같은 오늘에 감사할 수 있게 되었고, 나를 응원하고 지지해주는 사람이 많이 있음에 오히려 힘을 얻는 며칠이었다.

정신없이 지나간 며칠을 돌이켜 보며 알았다. 이 분들은 내가 육체적으로 아플 때 만 나를 도운 것이 아니었다. 꿈을 꾸며 자꾸만 의심하는 나를 향해 '나라서 할 수 있다' 용기주고 응원해 준 것도 그들이었고, 나의 꿈을 구체화 시키고 앞으로 나아 갈 수 있도록 나를 일으켜준 것도 그들이었다.

그들의 끊임없는 지지와 응원이 결국 퇴사를 결심하게 했고 책 쓰기에 도전하게 했다. 늘 나를 응원하고 꿈꾸게 하는 이들이 곁에 있어 든든하다. 행복하다. 감사하다. 나도 그들을 배우고 닮아 선한 나눔을 행하는 사람이 되리라 다짐해 보는 오늘이다.

▶ 무한지지, 무한응원, 무한긍정에너지를 나눌 수 있는 '가족'을 만들어보세요.

나를 홀로 서게 하는 힘
'함께'

  '함께'라는 두 글자를 써놓고 자리에서 일어났다. 최근 '함께'의 기쁨을 충분이 느끼고 누리고 있는 나이기에 글로 더 잘 전달하고 싶은 욕심이 났나보다. 글쓰기 전 먼저 머릿속으로 정리해보겠다는 생각에 자리에서 일어나 커피숍 창밖을 쳐다보며 한참을 서성였다. 기쁠 때 나보다 더 큰 소리로 기뻐하며 축하해주던 사람들이 떠올랐고, 갈팡질팡 헤맬 때 '너라서 할 수 있다' '너니까 할 수 있다' 라고 말해주던 사람들이 떠올랐다. 무엇을 하든 열정적으로 지지하고 응원해주는 사람, 좋은 것엔 최선을 다해 소리 질러 주고 슬픈 일엔 제 일 마냥 같이 슬픔을 나누며 끊임없이 나를 믿어주는 사람들의 얼굴이 떠오르니 더 이상 커피숍을 서성이며 서 있을 필요가 없었다. '그들의 얼굴이 머릿속에서 지워지기 전에 써야 겠다' 생각하며 자리에 앉았다.

  자리에 앉자마자 그 얼굴들을 글로 옮겨내고, 떠오른 얼굴과 경험들로 들뜨고 기쁘고 감사한 내 마음을 글로 써 내려갔어야 했는데, 왜 갑자기 인터넷에 접속을 했을까? 사람들의 이야기가 궁금했던 걸까?

컴퓨터 앞에 앉아 인터넷에 접속했다. 검색창에 '기쁨을 나누면'이라고 쓰고 'Enter' 키를 눌렀다. '기쁨을 나누면 배가 되고 슬픔을 나누면 반이 된다'라고 글을 생각하며 쓴 글이었던 것 같다. 그 뻔한 글이 왜 보고 싶었는지는 모르겠다. 너무나 당연한 글이 주는 감사와 행복을 다른 사람의 글을 통해 느끼고 싶었나 보다. 너무나 당연한 글을 기다리던 순간도 잠시 나의 생각과는 전혀 다른, 의외의 글이 떴다. 다시 생각해도 어이없는, 상상치도 못했던 글. 세상이 그렇게 변해 있었다.

'기쁨을 나누면 질투가 되고 슬픔을 나누면 약점이 된다.'

멍하게 앉은 나에게 정신 차리라며 얼음물 한바가지 퍼 부어주는 느낌이었다. 가슴 한쪽을 누군가 바늘로 콕콕 찌르는 것만 같았다. 지금 세상을 살아가는 이들의 가슴 아픈 성토의 글이었다.

나의 기쁨을 함께 살아가는 내 곁의 사람들과 온전히 나눌 수 없다고 한다. 나의 부족하고 모자란 부분을 키우고 채워 성장의 기회로 보아 주는 것이 아니라 밟고 올라 설 디딤돌로 바라보는 것이 세상이라고 말하고 있었다. 잘못된 경쟁을 부추기는 세상을 향해 소리치는 누군가의 외침 같았다. 역설적으로 '사람이 고프다, 함께 하고 싶다' 이야기하는 절규의 외침 같기도 했다.

질투는 타인과 하는 것이 아니다. 질투는 나와 해야 한다. '미래의 나'를 건강하게 질투해야 나도, 세상도 살만해진다. 약점 또한 나에게서 찾아야 한다. 약점을 약점으로 단정 짓지 말고 나의 가치를 긍정하는 '가치전환'의 태도로 나를 마주하자. 나의 가치는 누군가 부여해주는 것이 아니다. 나의 가치는 내가 나에게 부여해야 한다. 인간은 스스로 가치 있다고 느낄 때 용기를 낼 수 있다. 나에겐 부족한 약점이 누군가에게는 '나도 저 정도는 할 수 있다' 마음먹으며 시작 할 수 있게 하는 동기부여의 계기가 될 수도 있고, 사람에 대한 경계를 풀게 하는 편안함으로 느껴질 수도 있다. 긍정의 눈으로 나 자신을 바라보고 긍정의 모습으로 이 세상에 서자.

　　내가 생각하고 말하고 선택하고 행하고 고민할 수 있게 하는 모든 것들은 사람으로부터 비롯된다. 최근에 나를 알게 된 사람들은 나를 보는 시각이 비슷하다. 각자 다른 방법으로 나를 말해주지만 결론은 '자존감이 높은 사람' 이라는 말로 정리되곤 한다.

　　흔히 말하는 자존감 높은 사람은 스스로를 믿고 사랑할 줄 안다. 타인의 반대에 연연하지 않고 스스로 가치 판단을 하고 행동한다. 꿈을 향해 전진하고 꿈을 이룬다는 강인한 믿음을 가진 사람들이기에 꿈을 향한 집중도가 높아 꿈을 이뤄낼 가능성도 높다. 또한 꿈으로 향하는 길을 기쁘게 즐길 줄 알기에 지치지 않는 에너지와 열정이 넘쳐난다. 혹여 질투 섞인 비난과 비판의 소리에도 흔들리지 않고 다양한 감정을 이성적으로 수용할 줄 안다. 나아가 그들을 안아줄 수 있는 사람이다. 자신을 향한 무한한 믿음과 스스로를 존중할 줄 아는 마음이 스스로를 사랑하게 만드는 것이다.

　　오늘의 나는 자존감이 높은 사람이다. 나를 믿고 사랑할 줄 알며, 많은 꿈으로 넘치는 열정과 에너지로 매일 매일이 즐겁고 행복한, 이보다 더 좋은 날이 없을 정도의 매일의 리즈 시절을 경신해 나가고 있다. 만약 시간을 되돌려 몇 년 전의 나를 만날 수 있다면 같은 사람이 아니라 생각할 만큼 다른 모습을 한 나를 만나게 될 것이다. 입만 살아있던 나, 자존감이 높다 스스로 떠들면서 마음속에는 이성적 인거라 말하며 부정적인 생각을 하는 거인을 품고 살았던 겁쟁이였다. 새로운 것을 도전하고 시도하기보다 되지 않는 이유만을 찾아 그럴 듯한 말로 포장하여 현재의 삶을 합리화하는 아주 작은 내가 과거 속에 있다. 나를 향한 온전한 믿음이 부족했던 나날의 연속이었다. 그랬던 내가 스스로를 믿고 미래를 향해 거침없이 나아갈 수 있는 '자존감 높은 나'로 변할 수 있었던 것은 무엇 때문이었을까?

물론 내가 나의 세계를 바꿨다. 나의 세계는 다른 누군가가 바꿔줄 수 있는 것이 아니다. 오로지 나의 힘으로만 바꿀 수 있다. '나를 믿고 사랑하며 스스로 삶을 개척 하겠다' 결심하며 삶에 대한 태도를 바꿨다. 하지만 겁 많았던 과거의 내가 지금의 나로 한순간에 변할 순 없다. 내가 만들어내는 불안함이 크고 스스로 만들어내는 불신들이 많아질수록 삶에 대한 태도를 한 순간에, 스스로의 힘으로 바꾸기는 불가능했다. 그럼에도 불구하고 내가 변할 수 있었던 이유는 바로 '건강한 함께'에 있다. 긍정적이고 지속적인 '함께'를 통해 삶에 대한 태도를 선택하는 내 자세가 중요하다는 것을 알게 되었다. 흔들릴 때 마다 변함 없는 지지와 응원을 보내주었던 사람들이 곁에 있어 가능했다. 어떤 상황에서도 무조건적으로 믿어주고 나라서 할 수 있고, 나이기에 할 수 있다 말해주는 사람들이 있었기에 가능했다. 작은 성공에도 큰 소리로 기뻐하고 축하하여 성공하는 즐거움을 알게 해주었고 스스로 내 가치를 찾게 도운 그들이 있어 가능했다.

걱정과 슬픔은 기꺼이 나누어 반으로 만들어주었던 내 삶속에 함께 했던 이들, 어떤 일이 닥쳐도 나의 어려움을 나눠 줄 사람이 있다는 든든한 믿음 덕에 나는 배우고 변하며 성장할 수 있었다. 이런 꾸준한 응원과 지지, 믿음과 사랑이 불안과 불신 속에서 허우적대는 나를 다독여 일으켜 세웠다.

사람에 대한 선한 마음을 내 마음속에서 스스로 발견하여 믿게 했고 어느 누구를 만나도 스승이 있고 닮고 배울 점이 있다는 것을 알게 하며 어색하고 불편한 사람들과의 만남마저 행복으로 만들어 놓았다. '좋거나 매우 좋거나'로 표현되는 요즘의 내 삶은 바로 '함께 하는 삶'을 통해 비로소 가능해졌다.

요즘 나를 만나는 사람들은 나는 무엇이든 할 수 있을 꺼라 생각한다. 그리고 그들 자신이 아닌 나에 대한 신뢰를 가지고 다양한 조언을 구해온다. 당장 부딪힌 현재의 작은 문제부터 앞으로의 미래를 결정하는 삶의 방향까지. 대단 사람도 아닌 내게 물어온다는 것만으로도 감사하다. 하지만 그들의 삶을 내가 선택하고 결정해 줄 수 없다. 내가 그들을 위해 할 수 있는 것이라곤 도전하고 행동하라는 말뿐이다. 당신에 대한 확실한 믿음이 나에게 있다고, 내가 끝없이 응원하고 있다고 말해주는 것뿐이다. 아마도 스스로에 대한 불안감을 덜어내고 자신의 생각에 대한 확신과 믿음을 다른 사람을 통해 확인받고 싶은 과거의 내 모습과 비슷해 보이기도 했다. 신뢰할 만한 누군가가 응원하고 지지할 때의 힘을 나는 안다. 나 또한 내 문제를 타인을 통해 해결하려고 했었다. 갈팡질팡하는 상황에서 내가 믿는 그 누군가의 한마디가 폭발적인 힘을 발휘하는 순간을 경험했다. 나에게 그런 힘을 주었던 사람들은 그들이 무슨 일을 했는지 아마도 모르고 있을 것이다. 하지만 흔들리고 불안했던 나에겐 말 한마디와 나를 향한 믿음이 절대적인 힘이 되어 주었다. 그것이 지금의 나를 만들었다.

꿈을 아껴두고 '나중에'를 외치며 꿈을 미루는 사람들을 보면 대개 지금 가진 것을 내려놓기를 두려워한다. 아이러니 하게도 내려놓기를 주저하는 사람일수록 크게 잃을 것도 없는 사람들인 경우가 많다. 많은 것을 가지지 않았기에 지금가진 것 마저 잃는다 생각하니 두려움이 더 크게 느껴지는 모양이다.

비우지 않으면 새로운 것을 채울 수 없고, 손에 든 것을 놓지 않으면 새로운 것을 쥘 수 없다. 비우고 내려놓으면 반드시 새로운 것으로 채우고 쥐게 될 것이다. 내려놓고 도전하라. 더 큰 것을 얻기 위한 당연한 순서이다. 당장 눈에 보이는 물질적 보상이 따르지 않는다 하더라도 분명 그보다 더 큰 무언가를 가지게 될 것이다. 혹여나 스스로에 대한 불신으로 습관적으로 주저하고 고민하는 예전의 나와 같은 사람이라면 '함께'의 힘에 기대어 보길 바란다. 혼자가면 빨리 가지만 함께 가면 멀리 간다. 삶속에 많은 스승과 멘토를 만들고 기꺼이 기대어 보라. 나를 믿고 응원해주는 사람을 지속적으로 만나다 보면 그들의 생각이 전염된다. 휘청거리고 불안할 때마다 '열정주사' 맞는다는 생각으로 사람들에게 기대었다. 그렇게 나에 대한 믿음을 나에게 전염시켰고 이제는 혼자서 무엇을 해도 두렵지 않은 힘이 생겨났다. 그리고 내 뒤에는 언제나 '함께'가 있음을 안다.

혼자 서지 못한다며 스스로를 향해 끈기가 부족하다며 비난하고 있지는 않은가? 나는 예전부터 우유부단하고 성실하지 못하다며 스스로를 질책하곤 했다. 그럴수록 나에 대한 믿음과 확신만 날려버릴 뿐이라는 것을 그때는 몰랐다.

제도화된 교육과 사회 속에 누군가의 지시 받고 행동하도록 학습되어진 우리의 모습은 어쩌면 당연하다. 당연한 나의 모습을 인정하고, 변화하며 성찰할 수 있는 기회를 나에게도 주어야 하지 않을까?

사람은 홀로 살 수 없다. 누군가의 끊임없는 도움을 받으며 살아왔다. 도움 받는 것을 부끄러워하지 말고, 힘들고 두려울 때 '함께'게 기대어 보자. 인간은 더불어 살며 서로 돕고 기대어 살 때 더 아름답다. 서로 신세를 지고 사는 것이 우리의 삶이다. 중요한 것은 당당히 신세지고 당당히 갚는 것, 갚을 때는 더 크고 값진 것으로, 더 아름다운 것으로 갚으면 된다. 그것이 진정한 '함께'의 힘이다.

힘들 때 기대고 내가 홀로 설 힘이 생겼을 때 예전의 나와 같은 사람을 위해 '함께'의 기회를 제공할 수 있는, 세상에서 받은 것을 세상으로 되돌리는 선한 나눔을 실천하는 '참된 사람'으로 성장하자.

사람이 사람에게 기대고, 사람을 향해 나아가는 것처럼 바람직하고 아름다운 것은 없다. 곁에 있는 사람에게 당당히 기대라. '함께'의 길을 기쁜 마음으로 걸어라.

'함께'라는 단어는 글자만으로도 힘이 느껴진다. 언제, 어디서든 손 내밀어 줄 사람이 기다리고 있기에 더없이 든든하고, 그들과 함께 하며 나눌 수 있는 기쁨과 즐거움이 있기에 행복하고, 함께 꾸는 꿈이 있기에 지치지 않는 열정과 기분 좋은 에너지 얻는다.

어려운 일이 닥쳤을 때 힘이 되어 줄 거란 믿음에 포근한 위로도 느끼고, 넘어졌을 때 곁에 앉아 내 일처럼 울어 줄 거란 믿음에 슬퍼도 슬프지 않다. 단어 하나가 품을 수 있는 힘은 이토록 강하다. 이런 강인한 포근함을 느끼기 위해서는 '함께'를 통해 이런 것들이 자연스럽게 내 머리에서, 내 가슴에서 피어나야 한다.

'기쁨을 나누면 질투가 되고 슬픔을 나누면 약점이 된다.' 말하지 말고, 함께하는 기쁨을 온몸으로 느끼는 나날들이 되기를 진심으로 빌어본다.

▶ 스스로에 대한 불안이 있다면 나를 굳건히 홀로 세울 수 있는 힘, '함께'에서 답을 찾아보세요.

제5장
유쾌한 인생이 최고

어지럽고 복잡한 사회 속에서 어렵고 머리 아픈 일들이 자꾸만 일어났다. 세상을 탓했고, 세상의 작은 바람에도 쉽게 휘둘리는 나의 연약함을 탓했다. '왜 이렇게 자꾸 꼬이고 복잡해지는 걸까?' 아마도 내 머릿속은 나도 모르는 사이 그렇게 프로그래밍 되어 가고 있었나 보다. 습관적으로 뱉는 말들, 행동들이 나의 무의식에 켜켜이 쌓이고 잠재되어 나의 삶을 그렇게 만들어 가고 있었다. 나에게 일어나는 일들, 만나는 사람들, 읽게 되는 책 등 모든 것들이 내가 감당하기에 무거운 것들 뿐 이었다. 쓸데없는 진지함에 빠진 줄도 모르고 글 한 줄을 붙들고, 말 한 마디를 붙들고 끊임없이 나를 괴롭혔다. 그것이 나를 위한 제대로 된 성장이라 생각했다. 하지만 우연히 접한 한 작가님의 이야기를 통해 알았다. 난 그저 쓸데없는 '진지병'에 빠져 내가 나를 무거운 길로 밀어내고 있었다는 것을.

세상을 향한 태도나 자세, 나의 꿈을 향해 나아가는 방향이나 속도, 이 모든 것들은 내 의지로 내가 선택할 수 있다. 난 그날부터 내가 이겨낼 수 없는 멋져 보이는 갑옷을 벗어버리고 유쾌하고 즐거운 옷으로 갈아입었다. 그리고 그 후로 기적 같은 일들을 만나고 있다. 나에게 일어나는 모든 유쾌한 일들, 만나면 행복바이러스 넘치는 사람들, 나의 꿈을 즐기는 지금의 내 모습까지. 하루하루가 신비롭고 즐겁다.

여행 중의 일상이 평범한 일상과 크게 다르지 않다. 사람 사는 곳이 무엇이 그리 다르겠는가? 아침이 되면 눈을 뜨고, 밤이 되면 잠을 잔다. 끼니에 맞춰 밥을 먹고, 차를 마신다. 낯선 사람들을 만나고 여행지를 둘러보며 그렇게 하루를 보낸다. 비슷한 하루 속에 메뉴가 달라지고 만나는 사람이 조금 달라질 뿐이다. 다른 하나를 꼽으라면 그것은 바로 나의 마음이다.

지금 내가 있는 이곳이 간절히 원하던 여행지의 숙소라고 생각해보자. 그리고 매일 아침 문을 나서기 전 나에게 주문을 걸어보자. 문을 열고 나가면 영화의 한 장면처럼 내가 원하는 세상이 기다린 믿어보자. 그리고 최고의 오늘로 여행을 떠나보자. 이런 사소한 습관이 여행 같은 삶을 살게 한다.

삶에 대한 작은 생각, 사소한 행동을 바꾸어 평범했던 일상을 여행 같은 하루하루로 만들어보자.

▶ 여행 같은 삶을 꿈꾸는 당신이라면 유쾌한 습관들로 내 삶을 채워보세요.

웃음은 만병통치약

'세상에서 가장 아름다운 것이 무엇이냐?' 묻는다면 나는 한 치의 망설임도 없이 대답할 것이다. 그것은 '사람'이라고. 사람이 가장 아름다울 수 있는 이유는 같은 일에도 각자 반응을 할 수 있는 마음, 바로 다양한 '감정'을 가졌기 때문이다. 기쁜 일에 기쁨을 표할 줄 알고 슬픈 일에 눈물 흘릴 줄 알며 괴로운 일에 힘들어 하고 행복한 일에 크게 웃을 수 있는, 인간을 가장 인간답게 하는 '감정'을 가진 동물이라는 점이 사람을 더 없이 매력적으로 느끼게 한다. 비약적인 표현이겠지만 세상의 발전도 '이성'이 아닌 '감정'을 통해서 가능했을 것이다.

저마다의 상황에 각자의 감정이 생겨나고, 같은 상황에서도 다른 감정을 표현하는 능력을 통해 지금의 세상이 존재하는 것은 아닐까 생각해 보았다. '지성의 사람'이라면 이성의 테두리 안에서 감정을 다스려야 한다고들 말한다. 하지만 감정의 테두리 안에서 이성을 컨트롤 하며 사는 것이 인간을 더욱 인간답게 하는 것이라 생각한다. 솔직한 감정의 결과물이 오늘날의 문화와 예술을 만들고 발전시켰을 테니까.

　인간과 동물을 나누는 큰 기준점 중 하나도 바로 '감정'이다. 나의 기쁨을 타인과 나눌 줄 알고, 타인의 기쁨을 내 일처럼 기뻐해 줄 수 있는, 슬픔을 나누어 위로하고 위로 받을 수 있는 '공감능력'이 있는 인간이기에 더 없이 아름답고 귀한 존재이다.

　감정은 이성으로 눌러 조절해야 할 부분이 아니다. 하지만 우리 사회는 성인이라는 이유로, 남자라는 이유로 혹은 부모라는 이유로 감정을 조절해야한다고 한다. 그것이 성숙한 어른이라고 배웠다. 감정을 충분히 표현하며 성숙할 기회 주어야 하는데 나쁜 감정, 슬픈 감정은 무조건 조절하고 누르며 살다보니 자신의 감정도 알아채지 못하거나 감정 조절이 불가능한 사람이 늘어나는 것이 요즘의 현실이다.

　감정은 이성의 영역으로 컨트롤해야 할 부분이 아니다. 감정은 인격적인 부분이다. 그래서 더 없이 자신에게 솔직해져야 한다. 자신의 감정을 포장하고 덮으면 성장할 수 없다. 솔직한 감정표현을 통해 부족함을 알고 모자람을 발견할 때야 진짜 성숙으로 나아갈 수 있다.

　내 감정의 소리에 귀를 닫고 밝은 마음만을 강요하여 어두운 마음을 억지로 밀어내면 어두운 마음은 사라지는 것이 아니라 내 마음을 깊은 곳으로 숨어버린다. 거센 바람으로 지나가는 나그네의 옷을 벗기려 하면 나그네는 옷을 더 움켜쥐듯 어두운 마음을 억지로 밀어내려 노력할수록 어두운 마음은 슬픔과 화, 우울과 실패 등의 감정들을 껴안고 내 안으로 숨어버린다. 따뜻함으로 나그네의 옷을 스스로 벗게 했던 '햇님'처럼 어두운 마음을 '웃음'으로 충분히 안아주자. '햇님'의 따뜻함을 충분히 받았을 때 나쁜 감정들도 비로소 스스로 돌아앉게 된다. 그리고 넘치는 빛으로 어느새 밝은 마음으로 전염될 것이다.

'웃음'은 신이 인간에게만 허락한 축복이다. 웃음은 내 마음 뿐 아니라 함께 하는 이의 마음도 환하게 밝혀 준다. 만나면 기분 좋아지는 사람들은 공통적으로 밝은 미소를 가지고 있다. 이런 사람들과의 만남은 만남만으로 기분 좋은 에너지를 얻게 되고, 나아가 나에 대한 확신을 심어주기도 한다. 나는 이런 사람들을 '에너지 나무'라고 부른다. 보기만 해도 기분 좋고 배고플 땐 기꺼이 열매를 내어주며 힘이 들 땐 그 밑에서 기대어 쉬라며 팔을 뻗어 그늘을 만들어주는 사람.

가끔은 너무 많은 것을 나눠주기만 해 쓰러지지 않을까 불안하지만 보이지 않는 땅 밑에는 누구도 상상할 수 없는 큰 밑둥이, 크고 튼튼한 뿌리를 가진 사람. 그런 '에너지 나무' 같은 사람들과의 만남을 통해 나는 삶에 대한 태도를 바꿨고 확신을 가졌다. 바쁨이 주는 즐거움을 알았고 천천히 가는 것이 결코 늦는 것이 아님을, 그리고 세상을 살아가는 유연함과 강인함을 배웠다.

웃음의 힘은 이렇게 강인하다. 웃음의 힘에 관한 과학적 근거 자료도 넘쳐난다. 15초씩 웃으면 수명이 이틀 더 연장된다는 기사를 본 적도 있고, 하루 45분 웃으면 고혈압이나 스트레스 등 현대적인 질병도 치료가 가능하다고 소개한 기사를 본적도 있다.

또한 웃음은 세상의 가장 무서운 질병인 '암'도 물리친다고 한다. 웃음은 병균을 막는 항체의 분비를 증가시켜 바이러스에 대한 저항력을 키워주며 세포 조직의 증식에 도움을 주는 것으로도 밝혀졌다. 이는 사람이 웃을 때 통증을 진정시키는 '엔돌핀'이라는 호르몬이 분비되기 때문이라고 한다.

평생을 웃음의 의학적 효과에 관해 연구한 미국의 한 박사는 웃음을 터뜨리는 사람에게서 피를 뽑아 분석하면 암을 일으키는 종양세포를 공격하는 '킬러세포'가 많이 생성돼 있다고 밝히기도 했다.

이렇게 웃음이 인체의 면역력을 높여 감기와 같은 감염질환은 물론 암과 성인병까지도 예방해준다는 것이다. 또한 웃음요법 치료사들은 사람이 한번 웃을 때의 운동 효과는 에어로빅 5분의 운동량과 같다고 한다. 크게 웃으면 몸속의 많은 근육들을 움직이게 만들어 상당한 운동효과를 볼 수 있다는 것이다.

이런 읽기 쉬운 기사나 글을 확인하는 것은 어렵지 않다. 이런 웃음에 관련된 기사를 찾아보는데 시간도 얼마 걸리지 않았다. 미처 글로 옮기지 못한 방대한 양의 과학적 근거나 논문, 임상 실험 등에 관한 기사는 누구나 마음만 먹으면 쉽고 빠르게 찾아 볼 수 있다.

웃음의 효과가 이렇게 대단하다고 과학적으로 입증되었음에도 불구하고 우리는 잘 웃지 않는다. 세상을 살며 가장 중요한 것이 '건강'이라고 말하는 사람들조차 잘 웃지 않는다. 육체적, 정신적 건강을 위해서라도 어린아이들 보다는 어른들의 웃음이 더 많이 필요하다. 하지만 나이를 먹는 것과 비례해 웃음은 사라져 간다. 웃음을 잃어가는 속도만큼 죽음을 향해 다가가고 있다.

아이들이 하루 평균 500번을 웃는데 반해 성인은 하루 10번을 채 웃지 못한다고 한다. 10번을 웃는 사람이 있다 하더라고 그 시간이 5분이 되지 않는다고 한다. '아무 때나 웃느냐, 웃을 일이 없다' 핑계대지 말고 그냥 웃어보자. 내가 웃는 웃음으로 나도 즐겁고 나를 바라보는 그 누군가도 즐겁다. 웃음의 횟수는 삶의 질과 비례한다. 많이 웃는 사람이 웃지 않는 사람보다 훨씬 더 행복하다.

웃음은 비단 건강에만 도움을 주는 것이 아니다. 웃음은 인간관계에서도 강인한 힘을 발휘한다. 웃음은 인간관계속에서의 어려운 문제를 아주 쉽게 풀어내는 열쇠가 되기도 한다. 어려운 사람과의 관계나 다른 사람과의 묘한 감정적 대립 중에 '웃음'이 너무나 쉽게 그 상황을 해결해주는 것을 경험해 본 사람들은 알 것이다.

직장 생활을 하며 피할 수 없는 회의, 밝고 기분 좋은 회의 보다는 무거운 침묵이 흐르는 회의가 당연하다 생각한다. 회의는 진지하게 임해야 하고 진지함 속에서 더 좋은 결과를 도출할 수 있을 꺼라 생각하는 것 같다. 하지만 무거운 침묵 속에 이루어지던 회의가 뜻밖의 말이나 행동이 계기가 되어 갑자기 터진 웃음으로 부드러운 회의가 된 적이 있다. 웃음이 회의 속에 녹아든 날은 좋은 결과를 기대하며 임했던 진지한 분위기의 회의 때 보다 참신한 아이디어들이 쏟아진다. 결국 웃음이 있는 회의는 과정도 즐거울 뿐 아니라 더 좋은 성과까지 도출해 내곤 했다. 이것이 '웃음'의 힘이었다.

다가가기가 쉽지 않았던 사람의 뜻밖의 미소에 마음이 열리며 쉽게 다가선 경험은 누구나 있을 것이다. 뭔가 딱딱해 보이고 고집 셀 것 같은 사람, 겉모습으로 만들어진 편견 속에 선뜻 다가가지 못할 때 '웃음' 한방이면 상황 종료다.

일을 하며 발견한 성과 좋은 사람들의 특별한 자기 관리법에도 '시원하고 호탕한 웃음'이 존재했다. 성공한 사람들이 밝히는 '성공 법칙'속에도 '웃음'은 존재한다. 타인을 향한 미소 뿐 아니라 자신을 향해 웃어 주는 웃음은 긍정적 에너지 뿐 아니라 스스로에 대한 믿음을 갖게 한다. 어떤 상황에서도 웃을 수 있는 커다란 여유가 있었기 성공의 길로 올라 설 수 있었을 것이라 믿는다.

웃음의 힘은 아이와의 관계에서는 더 자주 경험하게 된다. 미소를 걷어낸 얼굴로 아이의 잘못을 꾸짖다가 아이의 부드러운 미소 한방에 무장해제 되는 경험은 부모라면 누구나 가지고 있다. 이처럼 '웃음'의 힘은 강인하다. 건강을 지켜주기도 하고 나빠진 건강을 회복 시켜 주기도 한다. 불편했던 인간관계를 유연하게 만들기도 하고 성공으로 이끌기도 하는 힘은 '웃음'에서 시작된다.

모든 인간관계에서 웃음이 사라졌다고 상상해보라. 웃음이 사라진 가족, 학교, 직장, 사회. 그 어떤 곳에서도 사람은 살아가기 힘들 것이다. 건강을 가지고 부를 가지고 명예를 가졌다 하더라고 '웃음' 빠진 소유 속에는 그저 삭막함이 있을 뿐이다. 이 모든 것에 완벽함을 부여하는 힘, 사람을 행복하게 살아가게 하는 힘이 바로 '웃음' 속에 있다. 이렇게 웃음의 힘은 강력하다. 다행스러운 것은 이런 웃음이 특정인에게만 허락되지 않았다는 것이다. 웃음의 힘을 이야기하면 다수의 사람들이 고개 끄덕이며 수긍한다. 웃음의 영향력과 웃음을 힘을 충분히 알고 있다고들 한다. 하지만 그들은 웃지 않는다.

신은 세상 살며 필요한, 가장 귀한 것들은 누구에게나 공평하게 허락한다. '시간'처럼 '웃음'은 누구에게나 허락되어 있다. 무언가를 포기해야하는 기회비용이 존재하지도 않는다. 웃음을 위한 특별한 노력이나 연습이 필요한 것도 아니다. 돈이 드는 것도 아니고 특별히 손해를 감내해야 하는 것도 없다. 돈, 시간, 노력 어떤 것도 필요치도 않고 손해 볼 것도 없다. 누구나 할 수 있는 쉬운 일이지만 아무나 하지 않는다. 내가 먼저 크게 한번 웃어보자. 지금의 이유 없는 시원한 웃음이 건강으로, 사람으로, 일로 녹아들어 나를 어디에다 데려다 놓을지 기대하며 기다려 보자. 기다리며 다시 크게 웃어보자. '일소일소 일노일노(一笑一少 一怒一老)'. 아무것도 얻지 못한다 하더라도 걱정하지 말라. 최소한 동안의 얼굴은 가질 수 있을 것이다.

인간과 침팬지의 유전자 차이 단 1.2%. 우리가 침팬지와 다른 1.2%의 가장 큰 힘은 '웃음'임을 잊지 말자. 감정을 표현할 수 있는 축복받은 사람임을 기억하고 시원하게 호탕하게 웃으며 살아가자. 행복을 찾기 위해 헤매지 말라. 행복은 멀리 있지 않다. 내 안의 '웃음'속에서 이미 시작되고 있다.

▶ 신이 인간에게 허락한 최고의 축복 '웃음'을 지금 나에게 선물하세요.

영혼 없는 웃음도 꾸준하면
영혼이 실린다

'행복해서 웃는 게 아니라 웃어서 행복하다'라는 윌리엄 제임스의 말이 있다. 우리나라에서는 연예인 노홍철로 인해 유명해진 말이다. 처음 노홍철의 입을 통해 이 이야기를 들었을 때 '노홍철 답다'라며 그냥 지나쳐버린 이야기다. 최근에 와서야 그 말이 가슴을 때리고 머리를 치는 이유는 그때 그 말을 듣고 크게 웃지 못했던 나를 기억하기 때문이다. 아마도 많은 사람들이 나처럼 '노홍철 답다'라며 지나쳤을 것이다. 하지만 누군가는 그 말 한마디에 한 번이라도 웃어보았을 것이고, 또 누군가는 이 글을 읽으며 또 웃었을 것이다. 지금 이 글을 읽으며 그냥 웃어 본 사람이라면 무엇을 해도 될 사람이라고 확신한다.

고민되는 일이 있다면 고민하지 말로 마음이 시키는 일을 시작하라. 아직도 웃지 않은 사람이 있다면 지금이라도 크게 소리 내어 웃어보자.

예전의 나 역시 '뭐 그런 뻔한 말을...' 이라며 지나쳤던 사람 중 하나였지만 이젠 돈 들고 시간 드는 일 아니라면 일단 다 시도해보는 사람이 되었다. 웃음 뿐 아니라 그 어떤 것이라도 크게 손해 볼 일 없다면 일단 하고보자는 '무대포 식 절대 믿음' 같은 것이 생겼다. 그 덕분인지 요즘은 무엇이든 하고자 하는 일 은 다 잘되고, 순간 나쁜 일이 생기더라도 금방 털어내고 그 속에서 감사 할 일 을 찾고 배울 점을 찾고 있는 내 모습을 발견하게 된다. 예전에는 실없다고 지 나쳤던 단어 하나, 문장하나에 크게 웃을 수 있는 사람이 된 것이다.

얼마 전 내가 변하고 있음을 확인하는 순간이 있었다. '유레카! NLP'의 저자 강범구 작가님과 함께 하는 밴드를 통해 '유행소(유레카행복충전소: 나는 감사 일기 업그레이드 버전이라 생각하다.)'라는 것을 진행 중에 있다. 잠재의식을 활용하여 더 나은 삶을 살기 위해 하루를 돌아보고 내일을 기도하는 일명 '일기 의 집합체(반성일기, 감사일기, 미래 일기를 현실감 있게 섞어 놓은 것)'라고 표 현하는 것이 이해하기 쉬울 것 같다. '유행소'의 첫 번째가 바로 나의 하루를 방 해하려 했던 일을 쓰고 그것을 나 스스로 용서하는 것인데, 처음 시작했을 때 는 용서해야 할 일이 너무나 많았다. 글을 쓰기 위해 돌아본 나의 하루는 속상 한 일, 화나는 일이 생각보다 많았다. 여러 가지 일 중에 내 마음에 가장 큰 화 를 불러 온 일을 쓰고 '나를 용서 한다'고 덧붙이곤 했다. 주로 타인에 대한 미 움마음이 생긴 것을 많이 쓰곤 했다. 예를 들어 운전을 할 때 내 차 앞으로 불쑥 끼어 들었던 차나 약속을 지키지 않은 지인을 향한 나의 미운 마음 등을 쓰고 그런 마음으로 소중한 내 하루를 방해하려 했던 누군가와 나를 용서하는 것이 다.

그렇게 하루를 방해하는 일을 용서하고 나면 '원하는 나의 모습, 감사한 일, 새롭게 알게 된 나'까지 쓰며 짧은 글로 오늘의 반성부터 감사, 나아가 미래의 바라는 모습까지 그리며 마치 일어난 일처럼 상상하곤 했다. 유행소를 쓰기 시작하며 고민 없이 가장 빠르게 써 내려 갔던 것이 바로 '나를 방해하려 했던 일', 즉 용서의 부분이었다. 하지만 날이 갈수록 시간은 많이 걸렸고 어느 날부터인가 가장 많은 시간을 투자해 생각을 하곤 했다. 도저히 아무 것도 떠오르지 않는 날은 '내 앞을 걸으며 담배를 피던 그 분, 용서하겠어.'라고 애써 몇 줄을 채우고 있었다. 그렇게 애써 기억을 더듬어 용서할 것을 억지로 찾아내던 어느 날, 나는 이렇게 쓰고 있었다.

'나를 방해하려 했던 이야기가 떠오르지 않음에도 굳이 유행소를 쓰고자 애써 나쁜 기억을 더듬는 나,

떠오르는 것이 없다면 오늘을 더 잘 보낸 것. 나쁜 기억을 애써 찾아보는 나. 용서하겠어.'

하루를 아무리 더듬어도 화나거나 기분 나쁘거나 용서할만한 무언가가 떠오르지 않은 날이었다. 그렇게 나는 나의 하루하루에서 미움이나 화, 부정적 기운을 조금씩 덜어내고 있었다. 긍정적인 사람이 되기 위해, 무의식의 세계를 믿어보기 위해 마음먹고 애썼다면 오히려 어려웠을 것이다. 그런 의지와 생각이 나를 사로잡았을 것이다. 부자연스러운 것은 더더욱 해내지 못하는 나이니까. 그냥 '용서 하겠어'라고 썼을 뿐이다. 애써 그 기억을 더듬거나 내 마음의 정성을 들여 누군가와 나를 용서하노라 빌지 않았다. 그저 '감사 일기' 쓰는 시간 동안 '감사 일기'와 '미래 일기'를 함께 쓴다는 생각했을 뿐이고, 이것을 해보자며 권했던 분에 대한 믿음으로 시작했던 일이다. 내가 손해 볼 것은 없는데 좋다고 하시니 늘 그렇듯 '그냥 한번 해보지 뭐, 좋다는데'의 마음이었다. 그렇게 무심코 행했던 일이 천천히 나를 변화시키고 있었다. 이제와 돌아보면 내가 한 것이라곤 꾸준한 '반복'이 있었을 뿐이다. 함께 시작한 이들이 있었고, 꾸준히

글을 올려주시는 분들 덕분에 긍정적인 강제성을 부여받고 있었다. 매일 올라오는 여러 개의 '유행소' 글을 보니 미룰 수가 없었다. 하루만 미뤄도 함께하신 분들에게 미안한 마음이 들어 다시 쓰며 의도치 않은 꾸준함을 가질 수 있었다. 그렇게 '유행소' 자체에 대한 믿음보다 권했던 분, 함께 시작했던 몇 몇 분들에 대한 믿음으로 가볍게 시작했던 것이 나를 그렇게 변화시키고 있었다.

처음엔 그저 글에 지나지 않았다. 하지만 시간이 지날수록 '용서 하겠어'라는 글 한 줄에 마음이 가벼워졌고 미운 마음이 사라지고 있었다. 그런 날이 반복되니 글쓰기 전 잠시 생각하는 것만으로도 마음이 편안해 짐을 느끼고 있었다. 이런 날이 늘어나면서 결국 '나를 방해 했던 일'을 애써 기억해내려 해도 도저히 기억나지 않는 그런 날들이 오고야 만 것이다. 내 마음에 큰 변화를 줄 만한 사건이나 결정적인 계기가 있었던 것이 아니다. 그저 꾸준한 반복이 나도 모르는 어느새 나를 변화 시켰다.

사람들은 누구나 행복하고 즐거운 삶을 원한다. 행복하고 즐거운 삶을 위해 가장 쉽고 빠르게 할 수 있는 일이 많이 웃는 것이다. 웃으면 행복해진다는 말은 어린 아이들도 아는 뻔한 이야기이다. 하지면 요즘 사람들은 누구나 아는 이 단순한 진리를 위해 돈을 지불하고 시간을 투자하여 배우고 책을 보며 공부한다.

'웃음 전도사', '웃음 치료사'라는 말은 내가 아주 어렸을 때부터 들어왔던 직업이다. TV에서도 한때 다양한 프로그램이 생겨날 만큼 유행이었다. 직장에서는 매년 교육을 받는데, 언젠가 회사 교육 프로그램을 통해 외부 강사로도 만나 본적 있을 만큼 인기 있는 직업이다. 이런 일을 하시는 분들은 세상에 가장 복된 일을 하는 사람들 중 하나라 생각한다. '웃음'을 세상에 나누고 이 세상 모두가 '웃음'을 통해 행복해지기를 바라는 선한 마음으로 일 하고 있을 것이라 믿는다. 하지만 이런 선한 마음에도 불구하고 안타까운 마음이 생기곤 한다. 인간이라면 누구나 할 수 있고, 태어 나 눈을 뜨면서부터 당연했던 '웃음'을 성인이 되어 누군가를 통해 배워야 한다는 사실이 너무나 씁쓸하다. '웃음'에 꼭 이유가 있어야 하는 걸까? 아이들은 누구를 봐도 웃는다. 벌레 한 마리, 과자 하나에도 웃는 것이 아이들이다. 이유가 없다. 하지만 왜 성인이 되어서는 '웃음'에 이유를 찾는 걸까?

'웃을 일이 없는데 어떻게 웃느냐고 말하는 사람들은 '지금도, 앞으로도 행복해지지 않겠다'고 결심하는 것과 같다. 잘 웃어보지 않았던 사람이라면 처음엔 누구나 어색하다. 그냥 한번 웃어보고, 심심할 때 또 웃어보고, 화나고 속상할 땐 미친 듯이 크게 웃어보자. 웃으면 복이 온다 말하듯 웃는 얼굴을 유지하고 있으면 일이 잘 풀리지 않을 때 마음의 평화라도 빨리 찾을 수 있다. 그렇게 찾은 평화는 스스로를 유연하게 만들어 일을 처리 할 수 있는 여유를 만들어 준다.

영혼 없이 시작한 얼굴의 웃음이 꾸준해지면 그 웃음에 영혼이 실린다. 슬픈 일, 어려운 일, 화나는 일이 생겨났을 때도 미소를 유지하고 있으면 그 웃음이 스스로 견뎌낼 힘을 만들어 낸다. 그렇게 웃음은 우리에게 특별한 날개를 달아 준다.

상상해보라. 늘 얼굴에서 '웃음'이 떠나지 않는 누군가를 떠올리고 그 사람이 미래를 그려보라. 누가 상상하든 웃음 가득한 사람의 미래는 비슷한 그림이 그려질 것이다. 일상이 즐거운, 웃음 가득한 사람의 미래를 어둡고 불행한 미래로 상상하지는 않았을 것이다. '웃음' 가득한 얼굴을 떠올리면 밝고 따뜻한 미래를 상상하는 것은 너무나 당연한 결과이다. 사랑스럽고 따뜻한 기운 가득한, 행복 넘치는 미래를 각자의 방법으로 그려냈을 거라 생각한다.

'웃음'의 힘은 이렇다. 내가 늘 웃고 지내면 나를 만나는 사람들이 나를 보며 웃는다. 내가 웃으니 내가 행복한 것은 당연한 것이고, 나 때문에 웃는 얼굴이라 하더라도 나는 웃는 얼굴을 마주하게 된다. 또 나를 만나는 사람들은 나를 만나면 기분 좋고 행복하다 말할 것이다.

무엇을 원하든 혼자 바라고 기도하는 것 보다 많은 사람의 힘이 모일 때 그 기도는 강력한 힘을 발휘한다. 나 혼자 상상하고 그리는 미래보다 강력한 힘은 이렇게 얻는 것이다.

웃음이 떠나지 않는 사람의 미래를 상상하면 행복한 미래가 그려지듯 내가 웃음이 떠나지 않는 사람이 되면 나 뿐 아니라 나를 만나는 많은 사람들이 나의 행복한 미래를 상상해 준다. 스스로의 바람과 타인의 '당연함' 속에서 그려지는 상상의 힘이 만나게 되면 그 바람은 더욱 강력한 힘을 얻게 된다. 강력한 상상은 현실이 된다. 행복한 미래를 바라고 원한다면 웃을 일이 생길 때까지 기다리지 말고 이 글을 보는 지금 웃어라. 글을 읽으며 '웃음', '미소'라는 단어가 나올 때마다 게임하듯 입 꼬리를 귓가까지 끌어 올려 보자. 행복한 미래는 그렇게 시작된다.

나는 웃음을 통해 사소한 것의 강력한 힘을 알았고 모든 대단한 것은 아주 사소한 것에 시작한다는 것을 알게 되었다. 감사가 더 큰 감사를 불러 오듯 웃음은 더 큰 웃음을 가져다준다. 웃음은 행복한 내 미래를 보장한다. 나 뿐 아니라 내 곁에 있는 그 누군가의 미래도 나의 미소 한번으로 바뀔 수 있다.

웃는 것이 어색해도 웃어보고 웃을 일이 없어도 웃어보자. 웃을 일이 곧 생길거란 믿음으로 더 크게 웃어보자. 미래에 있을 좋은 일을 상상하며 상상속의 그 웃음을 가불해보자. 가불이 많을수록 미래는 더 좋은 일들로 준비 될 것이다.

이유 없는 웃음이 차곡차곡 모여 임계점을 넘어서는 순간, 나도 모르는 어느새 이유 없는 웃음은 이유 있는 웃음으로 변해 있을 것이다.

영혼 없는 웃음에 꾸준함을 더해 영혼을 실어보자. 그냥 웃는 것이 힘들다면 자주 쓰는 말이나 자주 보이는 물건에 웃음을 덧붙여 시작해 보자(나도 웃는 것이 많이 어색한 사람이었다. 그래서 내가 택한 방법은 핸드폰 알람이다. 내 폰은 꿈을 위한 알람이 여러 개 맞춰져 있다. 하루에도 여러 번 '꿈 알람'이 울린다. 나는 그때 웃기로 나와 약속했다. 나의 꿈을 상상하는 시간이기에 그냥 웃는 것보다 한결 편하게 웃을 수 있다.). 특정 단어(습관적으로 자주 쓰는 단어)나 특정 물건(핸드폰이나 커피 등 일상에 자주 접하는 물건이면 더 좋다.) 이 보일 때 마다 웃기로 나와 약속해보자. 그렇게 나만의 습관을 만들어보자. 행복한 미래를 갈망하지만 말고 웃음을 통해 행복한 미래를 지금부터 만들어보자.

▶ 행복한 미래를 원한다면 '웃음'을 가불하세요. 가불이 많을수록 당신의 미래는 더욱 행복해 집니다.

오늘,
유쾌한 하루 만들기

최근 소리 내어 웃었던 게 언제인지 기억하는가? 가장 기분 좋았던 일은 어떤 일인가? 가장 행복했던 기억은 무엇인가? 이런 질문에 무엇이든 곧바로 떠올려 대답할 수 있는 사람이라면 비교적 긍정적인 생각을 가지고 살며 작은 것에도 감사할 줄 알고 생활 속에 웃음이 함께 하는 사람 일 것이다.

언제부터인가 꿈, 행복, 즐거움 등이 내 생활의 중요한 키워드가 되면서 만나는 사람들에게 자주 묻게 되는 질문인데 이 쉬운 질문에 곧장 답을 하는 사람이 생각보다 많지 않았다. 그들의 삶 속에 저장되어 있는 아주 개인적인 경험을 공유하는 것이기에 어떤 대답을 해도 상관없는, 일명 답이 없는 질문이다. 경험 속에서 내가 즐겁고 행복했던 순간이면 그걸로 충분한 답이 된다. 난 그저 그런 좋았던 순간들을 공유하여 기분 좋은 에너지를 나누고자 물었던 질문들에 의외로 고민하고 답하지 못하는 사람들이 많다는 것을 경험하며 생각

했다. '자신의 경험과 기억조차 타인의 눈에서 자유로울 수 없구나.'

사람이 많은 자리에서 같은 질문을 던졌을 때 단 한 사람의 대답으로 다른 사람의 대답을 듣지 못하는 경우도 있었다. 보통 사람들이 평범하게 경험하지 못하는 이야기를 뱉어버리는 순간 이야기는 그걸로 행복나누기는 끝이다. 예를 들어 '세계여행을 다닌 경험'이라던가 빌딩 샀거나 큰 집으로 이사한 보통 이상의 '부의 축적'에 관한 이야기, 또는 고시 같은 특별한 능력을 확인하는 순간 등 평범하지 않은 경험을 누군가 말하고 나면 더 이상 대답하기를 꺼린다.

'좋은 기억은 많지만 가장 좋았던 기억은…' 이라며 자신의 소중하고 즐거웠던 기억을 더 이상 특별하지 않은 기억으로 만들어버리며 말꼬리를 흐리곤 한다. 자신의 경험 안에서 즐거웠던 추억을 찾아내는 것은 그렇게 어려운 일이었다. 자신의 행복했던 순간을 더 이상 특별하지 않은 기억으로 만들어 버리는 것은 다른 사람이 아닌 바로 자기 자신이다. 특별한 무언가를 위해 이전의 모든 것들은 덮어 두고 더 신기하고 자극적인 무언가를 기대하며 과거에서 찾아야 할 가장 행복했던 기억은 더 이상 과거가 아닌 미래의 숙제가 된다. 행복하고 즐거운 기억이 왜 평범하면 안 되는 걸까? 평범한 일상이 나의 행복의 기억이 되는 순간 우리는 매일이 행복해 질 수 있다. 평범한 일상이 행복 기억으로 남게 되는 순간 나의 가장 즐거운 추억은 애써 과거를 회상할 필요 없이 오늘이 되고 바로 이 순간이 되는 것이다. 평생 동안 한번 있을지 없을지도 모르는 특별한 경험을 기다리며 행복을 미루기보다 당장 오늘을 즐겁게 만드는 방법을 찾아서 일상의 행복과 즐거움의 빈도를 늘려 가보자.

나는 스트레스라는 것을 잘 받지 않는 편이다. 그리고 나에게 불리한 것, 내 몸에 해로운 것은 빠르게 잊는 편이다. 누군가에게는 죽을 만큼 어려운 일이라도 난 신기하리만치 잘 잊는다. 누군가는 살기위해 잊는다고 말하고 누군가는 너무 괴로워 잊는다고 하는데 나는 그런 것들과는 다른 것 같다. 애써 잊고 꾹 꾹 눌러놓고 못 본 척, 기억에 없는 척 하다 힘든 어느 날 불쑥 튀어나오는 그런 괴로움과는 다르다. 정말 나를 불편하게 하고 힘들게 하는 것들조차 지나가는 자동차를 보듯 그렇게 잊어버린다. 매일 스치는 사람과 자동차, 상점의 간판이나 시시각각 변하는 하늘 등이 우리의 기억에 남아 있지 않듯, 물론 자동차가 나를 지나는 시간보다는 물리적인 시간이 더 필요하긴 하지만 그래도 잘 잊는 편이다.

극장에서 영화한편 보며 두세시간 다른 생각에 빠져 있으면 웬만한 일은 다 털어버리는 편이고, 아무리 큰일이라도 하룻밤 자고 나면 괜찮아 지곤 했다.

직장에서 고객이나 상사, 동료들로 인해 순간적으로 받는 스트레스는 인근 편의점에서 해결하곤 했다. 사람을 통해 갑작스럽게 받는 자극은 순간적으로 피어올라 부정적인 기운으로 깊이 빠뜨리곤 했다. 화가 나거나 울음이 터질 것 같은 날도 있었다. 그럴 때면 언제나 편의점으로 달려가 '바카스' 한 병을 마셨다. 그 한 병이 비워지면 나의 화는 대부분 누그러졌다. 나도 모르는 예전부터 만들어진 습관 같은 것이다. 어딘가에서 배운 것인지 책이나 TV를 통해 본 것인지 정확히 기억나지 않는다. 하지만 하나 기억나는 건 우리 뇌가 무식하다는 이야기였다. 즐거운 일에 웃기도 하지만 웃기만 해도 뇌는 즐거운 일이 발생한 것으로 인지한다는 내용이었다. 그런 이야기를 듣고 나니 '스트레스를 받을 때 반복적인 행동을 꾸준히 하면 스트레스가 풀릴 수도 있겠구나.' 생각했던 것 같다. 어떤 행위를 하고 스트레스가 풀렸다고 반복적으로 말하면 진짜 스트레스가 사라질 수도 있다 생각했다. 그리곤 그때 생각할 수 있는 가장 쉬운 방법을 택했다. 우리 몸은 무언가를 먹으면 기분이 좋아 진다고 하고, 내가 언제 어디서든 쉽게 구매할 수 있는 것이면 되겠다 싶었다. 그때 '바카스' 광고를 보았고 광고의 내용도 좋았다. 그때부터 나는 화가 나는 일이나 스트레스 받는 일이 생기면 편의점으로 달려가 '바카스'를 마시기 시작한 것 같다. 한 병을 마시고 큰 숨을 내어 쉬곤 '아, 스트레스 풀리네' 라고 외쳤던 반복적 행동이 어느 날부터인가 진짜 스트레스를 사라지게 하고 있었다. 신기한 점은 그렇게 되기까지 그렇게 오랜 시간이 걸리지 않았다는 것이다. 이후로는 '바카스' 병만 봐도 스트레스를 덜 수 있게 되었고 광고만으로도 기분 좋아 지곤 했다.

이런 '바카스'같은 존재가 내 곁에는 너무도 많다. 지갑 속의 2달러 지폐와 '꿈 약속 명함'은 지갑을 열때마다 나를 기분 좋게 하고, 가방 속 사탕과 간식거리는 가방을 열 때마다 나를 웃게 한다. 뿐만 아니라 핸드폰의 사진 속에 저장된 가슴 울리는 글귀들, 내 왼쪽 팔에 늘 함께 하는 검정색 'NLP팔찌', 내 책상과 다이어리, 노트 곳곳에 붙어 있는 꿈 목록, 나에게 용기와 희망을 주는 주옥같은 명언들, 책상위에 가방에 항상 함께하는 필사노트와 감사노트 등 눈만 돌리면 나의 기분을 환기시키고 나를 행복하게 만들어 주는 것들이 너무도 많이 있다. 단순한 스트레스를 넘어, 보기만 해도 기분 좋아지는 것들이 눈만 돌리면 어디서든 볼 수 있다 보니 나의 기분이 나빠지거나 우울해 질 겨를이 없다. 언제나 맑음, 하루하루가 좋을 수밖에 없다. 이런 '기분 좋음'의 상태를 유지하는 내가 만나게 되는 요즘 사람들은 당연 지상 최고로 멋진 사람들이다. 나의 행복한 에너지가 긍정적이고 밝은 사람들을 끌어당기는 거라 믿고 있다. 이런 아름다운 사람들과의 만남을 통해 인생의 많은 스승들을 만난다. 스승이라 표현을 하는 분들도 있고 표현을 하지 못하는 분들도 있지만 모두 마음의 스승이고 내 삶의 멘토들이다. 중요한 것은 내가 마음으로 스승으로 모시고 배우고 싶은 분들이 계속 만나지고 있다는 것이다. 이들의 가장 큰 강점은 말이 아닌 행동에 있다. 행동하는 삶을 통해 긍정적인 자극을 주어 나를 성장하게 한다. 가끔은 세상이 유혹에 편한 길로 곁눈질하기도 하지만 이내 바른 길로 돌아가게 인도해준다. 또한 나에 대한 무한 신뢰를 보여주며 나에 대한 믿음을 더욱 굳건하게 만들어 주는 것이 나에겐 큰 힘이 된다. 그런 믿음으로 나는 또 성장한다. 이런 삶 속에서 하루하루를 보내고 있는 내가 굳이 애써 즐거운 날, 행복한 날을 생각하며 과거의 기억 속으로 돌아갈 필요가 없다. 매일 매일이 즐겁고 신나는 날의 연속이다. 매일이 가장 행복하고 매일이 가장 즐겁다. 그렇게 나의 요즘이 만들어 진 것이다.

'나의 요즘은 좋거나 매우 좋거나'

그렇게 신나는 나날을 보내던 어느 날 나의 행복이 단순한 나의 맹신이 아님을 알고 더욱 기뻤다. 뇌 과학 측면에서 입증 가능한 다분히 과학적인 행동들이었다. 우연히 참석한 강연을 통해 뇌의 무의식의 힘, 무한 잠재력을 알게 되었다. 그 후로 더 이상 '바카스'를 마실 필요도 없었다. 그저 나의 언어를 바꾸면 그걸로 충분했다.

나쁜 일이 생겼을 때 '(배움의 기회를 주서)감사하다' 말하고 화가 날 때 '용서한다' 말하고 누군가 나에게 따져 물을 때 '나에게 관심을 보여주서 감사하다' 말하는 등 일상의 부정적인 언어들을 나만의 긍정 언어로 바꿔 말하기만 하면 되는 것이다. 알고 있지만 실천할 수 없었던 말도 안 되는 일들이 요즘 나에게 일어나고 있다. 그렇게 나의 언어들을 하나 둘 바꿔가다 보니 어느새 내 삶도 변해가며 '좋거나 매우 좋거나'의 요즘을 만들 수 있었던 것이다.

이 글을 쓰는 이 시간, 인터넷을 통해 알게 된 분들과 '한국사 스터디'를 하고 있어야 할 시간이다. 여느 때와 다름없이 나는 약속시간에 맞춰 약속 장소에 도착했다. 도착하고 나서야 모임이 취소되었다. 내가 사는 곳과는 꽤나 거리가 있는 장소에서의 모임이다. 오늘 스터디가 아니면 시간과 비용을 들여 굳이 이쪽까지 올 일 없는 곳의 장소이다. 예전의 나라면 괜찮다고 말해놓고 마음이 상해 나의 남은 오늘을 다 허비했을 지도 모른다. 작년의 나라면 편의점으로 뛰어가 '바카스'를 한 병 집어 들었을지 모른다. 하지만 오늘은 전혀 문제가 되지 않는다. 어떤 일어난다는 것은 다른 좋은 일을 위한 전조 현상이라는 것을 안다. 이제는 이런 일이 생기고 나면 외치는 말이 있다.

"얼마나 더 좋은 일이 있으려고."

이렇게 외치는 순간 더 이상 마음의 불편한 감정은 없다. 더 좋은 일에 대한 기대뿐이다. 그리고 거짓말 처럼 '스터디 취소'에 뒤이어 멋진 분과 식사 시간을 가질 수 있었다. 그 시간은 채 5분도 걸리지 않았다. 이렇게 나의 하루하루는 나를 위해 무언가를 준비해놓고 있다.

화를 내며 감정을 소비하여 나의 남은 하루를 소비했더라면 놓치고 보지 못했을 것들을 이제는 귀한 선물로 받고 있다. 어린 시절 '보물찾기'할 때의 설레임이 이런 느낌이었을까? 바위틈에서, 나뭇가지 사이에서 접은 종이의 작은 일부분만 보아도 심장이 뛴다. 종이를 펼치기도 전에 이미 선물을 다 가진 기분이다. 그렇게 나의 요즘은 보물찾기 놀이중이다. 그저 눈을 뜨고 하루를 시작하는 것만으로 설레임 충만하다. 오늘은 또 어떤 선물이 쏟아질까 기대하며 하루를 시작하면 준비된 선물이 나를 찾아 온다. 매일 만나는 선물도 기분 좋고, 선물을 만나지 못하는 날은 더욱 기분이 좋다. 내일 주어질 더 큰 선물을 위한 '준비의 오늘'임을 알기 때문이다. 내일은 더 큰 선물이 준비되어 있음을 믿기 때문이다.

책을 쓰기 시작하고 절반을 넘어서며 속도가 현저히 떨어졌다. 잘 쓰고 있는지, 글 자체에 고민도 있었지만 남은 내용을 어떤 이야기들로 어떻게 채워야할지 고민하는 날이 많아지고 있었다. 쓸 말이 없다, 떠오르지 않는다 생각하니 점점 더 어려워지고 글쓰기에 대한 약간의 거부감도 들었다. 일상의 생활에서 부정적 언어를 단어 놀이하듯 금방 바꿔 말하던 나인데, 나의 꿈이고 첫 도전인 글쓰기에서 만큼은 예외였다. 너무 진지 모드였나 보다. 하지만 이내 정신을 차리는데 그리 오래 걸리지 않았다. 나의 하루하루가 또 선물을 준비해놓고 있었다. 글을 쓰며 잘 쓰이지 않을 때 내 앞에 앉혀두고 이야기 하 듯 글을 쓰게 했던 상상속의 친구들이 찾아오기도 했고, 오늘처럼 어이없는 약속 취소가 글을 쓸 시간과 영감을 함께 세트로 묶어 준비하고 있었다.

이렇게 나의 하루는 매일이 선물이다. 난 그저 눈 크게 뜨고 기쁜 맘으로 선물 받을 준비만 하고 있으면 된다. 모든 사람에게 똑같은 하루가 주어지 듯, 일상속의 선물은 누구에게나 주어진다. 다만 우리가 보지 못할 뿐이다. 선물은 각각의 방법으로 힌트를 가지고 있다. 놓치지 말고 꼭 움켜쥐어라. 매일의 선물이 지나가는 행인이 되도록 하지 말고 꼭 붙들어 내 것으로 만들 수 있길 바란다. 하나 둘 발견하는 재미를 알아가다 보면 더 큰 선물들을 반드시 만나게 될 것이다. 준비된 자에게 기회가 오듯 준비된 자에게 선물이 온다.

선물은 긍정적인 기운, 기쁜 마음, 행복한 마음 상태에서 더 잘 발견된다. 물한잔, 간식 하나, 단어 하나에도 나만의 행복을 부여해 일상을 행복으로 물들이자. 사소한 행복들이 차고 넘치면 내가 애쓰지 않아도 선물이 행복의 기운에 붙들려 나에게로 찾아 올 것이다.

▶ 작은 행복을 많이 만들어보세요. 유쾌한 하루들이 모여 튼튼한 '선물의 그물'이 됩니다.

오늘 행복하지 못하면
내일도 행복할 수 없다

사람은 누구나 태어나면 죽는다. 부와 명예, 지식, 미모, 학벌 그 무엇에 상관 없이 모든 인간에게 공평하게 적용되는 불변의 진리이다. 100년 이내의 짧은 삶을 사는 사람들이지만 평생을 살 것처럼 행동한다.

학창 시절은 대학을 결승지점이라 생각하고 달린다. 결승지점인 줄 알고 뛰어 들었던 대학은 이내 다시 출발점이 되어 돌아온다. 대학보다 더 큰 산, 바로 취업이 기다리고 있기 때문이다. 취업을 하고 나면 결혼이 기다리고 결혼을 하고 나면 육아가 기다리고 있다. 내 자녀를 통해 교육과 취업, 결혼, 육아의 사이클을 다시 경험하고 나면 우리의 삶은 결과 없는 엔딩을 향해 달려가고 있을 뿐이다.

산을 하나 넘으면 큰 산이 나타나고, 그 산을 넘으면 다시 태산이 기다리고 있는 것이 우리의 삶이다. 산을 오르는 행위 자체를 즐기지 못하면 산은 그저 노동이고 괴로움의 존재가 될 뿐이다.

'이 산 하나만 넘으면'이라며 산 뒤의 편안함과 안락함을 기대하며 빠른 속도로 전진만 하게 되면 이내 곧 큰 산을 만나게 되고 좌절하게 될 뿐이다. 산 뒤의 행복만을 기대하며 곧장 직진, 산을 넘는 것만을 목표로 죽을힘을 다해 산을 넘었는데 행복이 기다리기는커녕 더 큰 산이 두 팔 벌리고 기다리고 있다면 과연 다시 힘을 내어 산을 오를 수 있는 사람이 몇이나 될까? 큰 산 뒤의 더 큰 행복을 기대하며 발 내딛을 용기를 낼 수 있을까? 큰 행복을 기대하는 대신 큰 산 뒤의 더 큰 산을 상상하며, 더 큰 산에 대한 두려움으로 첫 발을 내딛기도 어려울 것이다.

산 뒤의 편안함과 행복만을 기대하며 한 눈 팔지 않고 오로지 전진만으로 산을 넘는 것은 우리의 행복을 내일로 미루고 사는 것과 다를 바 없다.

작은 산을 넘으며 우리는 산이 우리를 위해 준비한 것들을 찾고 발견할 수 있어야 한다. 아스팔트 아닌 흙이나 나뭇잎을 밟는 그 순간의 느낌, 걷는 걸음걸음마다 내 발걸음 곁에서 함께 하는 이름 모를 꽃과 풀, 나무들. 산길을 걸으며 앞에서, 뒤에서 거리를 두며 함께 걷는 타인들까지. 길 자체를 즐기며 땀 흘리고 산을 오를 때야 비로소 알 수 있는 물 한모금의 달콤함, 흘린 땀방울을 시원하게 닦아주는 상쾌한 바람. 산이 주는 사소한 것들의 큰 기쁨을 알 때야 비로소 산을 오르는 재미를 느낄 수 있다.

이처럼 작은 산은 그저 솟아 있는 것이 아니다. 그것을 오르는 누군가를 위해 늘 무언가를 준비하고 있다. 작은 선물을 산 속 이곳저곳에 숨겨두고 누군가 그 선물을 발견해주길 기다리고 있다. 산이 직접 선물을 꺼내 품에 안겨 주는 경우는 없다. 그저 모두가 선물을 가져가도 부족하지 않도록 넘치는 선물을 준비해 둘 뿐이다. 그 선물을 받을지의 여부는 산을 오르는 사람만이 선택할 수 있다. 산이 준비한 그 선물들을 기쁜 마음으로 받을 수 있을 때야 비로소 진짜 산의 아름다움을 볼 수 있고, 그 선물들을 사소히 여기지 않고 감사함으로 받을 준비가 된 자만이 산 뒤에 준비 된 더 큰 선물과 행복을 만끽할 수 있는 것이다. 그렇게 산이 준비한 선물과 행복을 충분히 발견하고 즐기는 순간 작은 산 뒤에 숨어있는 태산을 다시 만나게 된다. 하지만 다시 만난 태산은 더 이상 내 앞을 가로 막는 장애물이나 장벽이 아니다. 나를 위해 준비된 더 큰 선물임을 안다. 무엇을 준비하고 예비했을지 기대하고 설레게는 마음으로 태산을 향한 첫 발을 내딛을 수 있다. 태산임에도 산을 오르는 그 발걸음이 가볍고 씩씩할 수 있는 이유는 더 큰 즐거움과 행복이 기다리고 있다는 것을 알기 때문이다.

지금 행복할 수 없는 이유는 무엇일까?

사람들이 흔히들 말하는 지금 당장 행복할 수 없는 이유는 아마도 다음과 같지 않을까 추측해 본다.

성적이 좋지 않아서, 취업을 하지 못해서, 월급이 적어서, 대출이 남아서, 집이 없어서, 꿈을 아직 이루지 못해서, 원하지 않는 직장이지만 어쩔 수 없이 다녀야 해서, 아직 키워내야 할 아이가 있어서……

사람들이 지금 행복할 수 없는 이유는 이 종이 한 장을 채워도 모자랄 만큼 많다. 사실 방금 나열한 행복할 수 없는 이유는 예전부터 불과 몇 년 전까지 내가 행복할 수 없었던 이유들이다.

대학시절 나의 한 달 용돈은 20만원이었다. 지금은 일주일도 버티지 못할 것 같은 그 20만원으로 자취를 하며 한 달간의 대학 생활을 했고, 후배들 밥이나 간식을 사주기도 했다. 가끔 분위기 좋은 찻집에서 커피도 마셨고 대학 생활에선 빠질 수 없는 동아리나 다양한 모임들도 열심히 참석했으며 동아리 모임의

핵심, 뒷풀이는 필수였다. 밥도 먹고 차도 마시며 모임도 했고, 책도 사 읽고 가끔 남자친구에게 선물도 할 수 있었던 금액이기에 취업해서 월급만 받으면 원하는 것은 무엇이든 할 수 있을 것 같았다. 금세 부자가 될 것 같았다. 원하는 건 무엇이든 할 수 있고 부자가 될 수 있다는 것은 상상만으로 행복한 일이다. 4학년이 되고 교수님께서 강의 시간 중에 하셨던 말이 기억난다. '취업난이 심해지고 있으니 월급에 연연하지 말고 100만원이라도 일단 시작하고 경력을 쌓아라.' 취업률이 교수의 평가항목이 되어버린 그 때 교수들은 어떻게든 학생들을 취업 시켜야 했고, 학생들은 좋은 일자리를 기다리며 4학년 말, 교수들을 통해 들어오는 그저 그런 회사들의 '채용공고서'를 무시해버리고 있었다. '100만원이면 지금처럼 생활하면서도 엄청난 돈을 저금할 수 있고, 금세 부자가 될 것 같은데 왜 아이들은 이력서조차 내지 않는 거지? 생각만 했을 뿐 다른 친구들의 틈에 끼어 나도 이력서를 내지 못했다. 표현하지 못했지만 그때 나에겐 월급 100만원도 엄청나게 큰돈으로 느껴졌다. 취업난이 심해진다는 뉴스들이 쏟아지던 그때 난 졸업을 했고 걱정과 달리 첫 이력서로 덜컥 취직이 되었다. 나에겐 큰 돈, 100만원 보다 더 많은 급여를 받게 되었다. 취업만으로도 기뻐야하는데 급여도 내가 생각했던 것 보다 많았다. 그렇게 행복한 길로 들어선 줄 알았다. 기쁘고 좋은 것도 잠시 신입으로 들어간 회사에서 내 엄마보다 나이 많은 사람들 부리는 일이 여간 힘들지 않았다. 두달도 되기 전에 행복은 불행으로 변해가고 있었다. 일이 힘들다 생각하니 일하는 시간이나 노동 강도에 비해 급여가 작다는 생각까지 들기 시작했다. 그때부터 1년이 넘는 시간을 '버티기 하루'의 마음으로 회사를 다녔다.

몇몇 친구들이 다니던 큰 회사, 목에 걸린 사원증, 직장인답게 보이던 조금은 머리 아픈 회의들, 그 모든 것들이 부러워보였고 나도 그런 회사를 바라고 있었다.

한참이 지난 지금 돌이켜 생각해보면 가장 편한 '꿈의 직장'은 바로 첫 직장이었다. 여유 있는 출퇴근시간, 몇 시간에 끝낼 수 있었던 가벼운 업무 강도, 그에 비하면 급여도 나쁘지 않았던, 다시 돌아가면 신나고 즐겁게 일을 즐길 수 있을 것 같은 꿈의 직장. 뭐든 지나고 나야 그 가치를 안다. 난 그때 오로지 버틴다는 마음으로 회사를 다녔다.

그렇게 버티기를 1년 6개월. 직장 동료 덕에 알게 된 구직 사이트를 통해 나름 대기업이라는 곳에 두 번째 이력서를 넣었고 이내 면접 소식까지 접했다. 서울 본사로 면접을 보러 오라는 전화를 받고 나니 진짜 제대로 된 회사에 다닐 수 있다는 생각이 들었다. 상상속의 그 회사.

첫 직장에 입사할 때 그 회사의 매장 한 구석에서 사장님과 독대하며 면접을 봤었다. 이름은 면접이었지만 그냥 인사정도로 끝이 났고, 다음 주부터 출근하라는 이야기에 취업이 이렇게 쉬웠나 생각했었던 첫 면접과 달리 두 번 째 회사는 TV에서 보던 바로 그 면접장이었다. 수험표를 왼쪽가슴에 달고 중얼거리며 자기소개를 외우고 있던, 면접을 기다리는 수많은 사람들, 5명씩 불려 들어가니 누군지는 모르겠으나 왠지 높은 직급의 임원처럼 보이는 근엄한 표정의 5명의 면접관. 자개 소개, 질문, 답이 오가며 1시간 가까이 진행된 면접은 내가 상상했던 꿈의 직장의 모습이었다. 면접이 끝나고 나니 '면접비'라며 차비까지 주는 이런 회사에 다니고 싶다 생각했다. 그 곳에만 들어가면 남 부러울 것 없이 행복할 것 같았다. 첫 직장보다 급여도 훨씬 많은 '진짜 꿈의 직장'이었다. 일주일 후 합격 전화를 받고 그렇게 기쁠 수가 없었다. 그 전화 한통으로 나의 미래는 활짝 열렸고 난 그저 달리기만 하면 됐다. 서울 본사에서 교육을 받고, 부산 지사에서 또 교육을 받으며 '역시, 큰 회사는 달라.'라고 마음먹은 것도 잠시, 인턴을 떼어 내고 일을 맡는 순간 행복은 또 날아가 버렸다. 세상에 공짜는 없다.

이전 회사에서는 내 의지로 할 수 있는 일들이 많았다. 내가 책임 질 수 있으면 무엇이든 할 수 있었다. 하지만 이곳은 달랐다. 내 마음대로 할 수 있는 것이 하나도 없다. 모든 것이 시스템화 되어 있었다. 금세 숨이 막히고 답답했다. 급여는 올랐지만 근무 시간은 이전 회사의 딱 2배. 급여가 오른 것이 아니었다. 깨어있는 내 모든 시간을 회사에 쏟아 부어야 했다. 하지만 그만 둘 수 없었다. 내가 힘들고 지치는 것은 두 번째였다. 내 자리를 많은 다른 사람들이 원한다 생각하니 더 놓지 못했던 것 같다. 그렇게 회사의 명함과 급여로 버티기 모드에 돌입했다. 타고난 성격이라 해야 할까? 승부욕이 강한 편이었기에 곧잘 성과가 나곤 했다. 그러다 보니 진급도 하고 급여도 올라갔다. '2년만', '5년만' 하다 보니 어느새 13년째 그곳을 다니고 있는 나. 이제는 그냥 놓아버릴 수 없는 내 삶이 되어 버렸다.

'마흔을 앞둔 나이에, 아이까지 있는 아줌마가 여기를 박차고 나가서 더 나은 곳을 찾을 수 있을까?' 이렇게 생각하면 답은 뻔하다. 아파트 대출금도 있고 아이도 키워야 한다. 이미 내 한달 생활은 이곳의 급여에 맞춰져 있다. 당장의 생활비도 필요하다. 돈 많이 벌어 호강시켜주고 싶은 엄마도 딸이 이름대면 알만한 곳에 다닌다며 은근 좋아하셨다. 이렇게 생각하면 답이 없다. 그냥 다녀야 했다.

나의 꿈을 이야기 하면 '꿈은 꾸라고 있는 거다.'라는 답이 돌아 올 뿐이었다.

첫 직장에선 두 번째 직장만 가면 행복할 줄 알았고, 직장을 다니면서 나름의 행복을 찾았다 생각했다. 매년 해외여행도 다녔고, 입고 싶은 것, 갖고 싶은 것들을 살 수 있을 정도의 능력, 적당히 즐길 수 있는 취미 생활들, 두 번째 회사로 옮기며 가능해진 일이었다. 누군가는 행복이라 말했다.

　결혼을 했고 집을 샀다. 대출금으로 아직 거실과 안방만 내 집이라고 말하며 다녀도 내 집이라 마음 편했다. 하지만 이내 매달 돌아오는 대출금이 내 마음을 불편하게 했고, 대출금만 없으면 살 것 같았다.

　아이를 낳았다. 눈에 넣어도 아프지 않을 것 같은 아이지만 나도 모르던 나를 깨웠다. 그렇게 어렵던 회사일 보다 육아가 훨씬 어려웠다. 엄마가 되는 순간 내가 감당해야 할 일이 너무나 많아졌다. 내 평생에 가장 어려운 일이 바로 '엄마'였다. '잠만 좀 자면 좋겠다. 아이가 젖병만 떼면 더 이상 바랄 게 없겠다' 싶었다. 부족한 엄마라서 일까? 아이가 내 걱정을 덜어주 듯 통잠을 자기 시작했고 젖병도 돌이 지나자마자 바로 떼어 주었다. 너무 고마웠다. 좋았다. 그러나 이내 또 걱정이 생겨났다. 공갈젖꼭지 없이는 절대 잠들지 않는 아이를 보며 불안감이 찾아왔다. 공갈젖꼭지만 떼 준다면 더 이상 내 아이에게 아무것도 바라지 않겠다 생각했다. 약간의 고비가 있긴 했지만 한달여간의 사투 끝에 공갈젖꼭지를 뗐다. 딱 하나만 더. '기저귀만…….' 난 또 그렇게 바라고 있었다.

　'이것만 하면, 저것만 되면…….'이라며 난 그렇게 자꾸 내 행복을 미루고 있었다. 행복한 척 했지만 진짜 행복한 것이 무엇인지 몰랐다. 그땐 그것을 모른다는 사실 조차 몰랐다. 이 또한 시간이 흐르고 진짜 행복을 찾았을 때야 비로소 '행복에도 질이 있다'는 것을 알게 되었다.

　산을 넘고 또 넘으면 결국 끝판왕 에베레스트를 만날 뿐이다.

　오늘의 난제 앞에 행복을 내일로 미루면 더 큰 난제가 기다리고 있을 뿐이다. 똑같은 에베레스트라도 누군가에게는 '미친 짓'이라 불리고, 또 누군가에게는 '꿈의 산'으로 불린다. 하지만 우리는 그 에베레스트를 넘어야 한다. 아무것도 준비되지 하지 않은 채 에베레스트를 마주 한다면 '미친 짓'이 분명하다. 내 생명을 담보로 '미친 짓'에 도전해야 한다. 말도 안 되는 일이고 장벽이며 굴복 해야 하는 일이 된다.

행복 또한 마찬가지다. 내게 주어진 숙제를 모두 마친 뒤 행복을 찾아보리라 생각 한다면 그 행복은 만날 수 없다. 설사 만난다 하더라도 그저 에베레스트 같은 존재가 될 뿐이다. 작은 산을 넘으며 꾸준히 행복 통장에 저금 하듯 차곡 차곡 행복을 쌓아야 더 큰 행복이 들어올 길이 만들어 진다.

인생의 숙제를 모두 마치는 시간도 없겠지만 혹여 그런 시간이 찾아와 '이제 나의 행복을 찾겠다' 생각한다고 행복이 찾아지지 않는다. 내가 무엇을 통해 행복을 얻는지, 무엇을 하고 싶은지 알기에 너무 많은 시간이 흐른 뒤이다. 그 때 나를 찾기에는 너무 늦었을지도 모른다.

사람은 죽음이 비켜가는 불멸의 존재가 아니다. 평생을 사는 것처럼 행동하 지 말자.

큰 행복을 원한다면 지금 당장 행복할 수 있어야 한다. 더 나은 미래, 더 나은 내일을 위해 오늘을 담보로 잡아서는 안 된다. 오늘 만나지 못한 행복은 내일 도 결코 만날 수 없다.

▶ 에베레스트 같은 큰 행복을 만나고 싶다면 지금 행복하세요.

행복바이러스는 감염력 최고

세상을 사는 많은 사람들의 삶의 목표는 비슷하다. 꿈, 돈, 지식 등 어떠한 목표를 두고 그것을 좇는 사람들도 최종의 이유는 비슷하다. 많은 사람들의 인생 목표는 '행복'이라는 곳을 향하고 있다. 누군가는 행복을 위해 돈이 필요하다 생각하고, 누군가는 행복을 위해 끊임없는 '지식탐구'를 멈추지 않는다. 저마다의 다른 기준으로 각자의 행복을 위해 스스로가 생각하는 가장 최선의 길을 향해 가고 있는 것이다. 각자의 수단과 방법은 다르지만 최종 목적지는 '행복'이라는 공통점을 가진 경우가 많다. 더 나은 행복을 위해 더 많은 무언가를 갈구하고 희망하는 것이다. 내가 행복하기 위해 필요한 조건들이 무엇일까? 행복하기를 원한다면 스스로가 어떤 상황에서 행복을 느끼는지 알아야 한다.

아이러니 한 점은 자신이 원하는 궁극적인 행복을 자신만의 생각으로 정의를 내리다 보면 행복을 위해 많은 제반 조건들이 필요치 않다는 것을 알아차릴 수 있다.

　어느 부자가 말했다. 행복하기 위해 성공해야 한다고. 그래서 열심히 일하고 돈을 벌었다고.

　꽤나 많은 시간이 흐른 후 세상의 눈으로 소위 말하는 '부자'의 길에 올랐을 때 많은 사람들이 그의 성공을 축하하고 부러워했다. 하지만 그 부자는 고백했다. 자신은 성공하지 않았다고. 성공을 위해 가족과의 시간을 소홀히 했고 돈만 많은 지금 가족들과 대화하는 방법을 잊었다고.

　그 부자에게 최고의 성공은 '가족과 시간을 보내며 대화하고 하루를 마무리하는 것' 이었다고 한다. 부자의 성공한 삶, 즉 그가 행복하기 위해서는 가족과 보낼 약간의 시간이 필요할 뿐이었다. 하지만 부자는 안정적인 삶이 그 시간을 보장해 줄 거라 믿으며 일을 했다고 한다. 잠자는 시간을 제외하고는 일에만 매달리며 부를 축적해 나갔다. 힘들 때 마다 가족을 위한 일이고, 가족이 행복해지는 방법이라며 스스로를 위로했다. 그렇게 평생을 일하며 원하던 '부'의 목표를 달성 했을 때 세상 사람들은 '성공'이라 말하며 축하했지만, 그는 웃을 수 없었다. 그가 가족과 시간을 보내려 했을 땐 이미 가족들과 그는 멀어진 상태였다. 목표했던 부를 축적하고 가족에게 다가서려 했지만 그때는 가족들이 그를 멀리했다. 그와 가족들은 함께 대화하는 방법을 잊어버린 것이다. 그의 성공은 가족과 맞바꾼 성공이었다. '돈을 벌어 여유롭게 보낼 저녁시간을 갖겠다. 가족과 보낼 시간을 위해 돈을 벌겠다.' 생각한 순간부터 그는 등 뒤에 행복을 놓고 달린 것이다. 행복하기를 포기하고 스스로 외쳤던 성공을 포기해버린 것이다.

　이처럼 진짜 행복을 위해 내가 당장 해야 할 것은 무엇인지, 무엇을 우선순위에 두어야 하는지 잘 판단하기 바란다. 행복을 위해 오늘을 포기하고, 행복을 위해 준비하는 삶만을 살다보면 준비하는 그 삶이 자신의 삶이 된다. 행복을 위해 준비만 하다 보니 어느새 주객이 전도되어 준비하는 삶을 통해 마음을 안정을 찾는 아이러니한 삶을 살지 않기를 바란다. 그렇게 평생을 준비만 하다 한 생을 마무리 한다면 이처럼 아까운 일이 또 어디에 있겠는가. '아끼다 똥 된다'의 완결판이 바로 행복을 위해 일생을 준비만 하는 삶을 사는 것이다.

세상을 살며 만난 많은 사람들이 이렇게 행복을 위한 준비기간으로 일생을 보내는 것을 많이 본다. 행복을 위한 완벽한 준비를 위해 일생의 대부분의 시간을 보내버린다. 완벽한 준비가 되었다 생각했을 때, 그것을 누리고 써보지 못한 사람은 행복한 삶을 살기가 어렵다. 앞서 말했듯 행복과 함께 하는 삶보다 행복을 준비하는 삶을 통해 마음의 편안을 얻는 상태가 되어버리는 것이다. 행복한 삶이 아닌 준비하는 삶이 그 사람의 삶을 삼켜버리고 만다. 이제는 행복을 찾겠노라 돈을 쓰고 시간을 쓴다고 해서 행복한 삶이 살아지는 것이 아니다. 순간순간, 당장의 행복을 찾을 수 있는 사람만이 준비하는 삶 속에서도 행복을 찾을 수 있다.

끼리끼리 만난다고 했던가. 주위에 열심히, 최선을 다해 살아가는 많은 사람들이 있다. 내가 배워야 할 것들이 너무나 많은, 삶 위에서 만난 인생의 스승들. 그렇게 하루하루를 열심히 사는 사람들조차도 행복에 관한 이야기에 고개 끄덕이지만 습관적으로 행복을 미루는 모습을 종종 보게 된다. 입으로는 '오늘, 당장 행복해야 한다' 말하지만 열심히, 최선을 다하며 사는 것이 일상이 되고, 습관이 되어버린 것 같다. 이런 부류의 사람들은 한 시간을 그냥 보내지 않고, 하루를 허투루 보내지 않는다. 새벽부터 밤늦은 시간까지 전력질주 모드이다. 그럼에도 그들이 대단하고 존경스러운 것은 그런 삶에 큰 불평이 없다. 쉼 없는 삶을 살면서도 긍정적인 마인드로 삶을 살아가고자 끊임없이 노력한다. 더 열심히, 더 잘 살기 위해 또 준비하고 달려간다. 그런 그들에게는 내가 가지지 못한 것들이 많다. 그래서 그들을 만나고 대화하며 많은 것들을 배운다. 그들의 삶을 닮으려 나 또한 노력한다. 다만 그들과의 대화에서 아쉬운 한 가지가 있다면 더 나은 내일을 위해 행복을 미루는 모습을 볼 때이다. 잠시 쉬어가도 좋을 것 같은데, 괜찮다며 애써 웃고 전력질주모드에 기름까지 부어버린다. '행복을 미루지 말자'고 그렇게 외쳐대던 나도 그들 틈에 껴 생활하다보면 '내가 너무 게으른가?' 하며 스스로를 반성하곤 한다. 내가 오늘의 행복을 추구하며 소중한 내 삶을 허비하는 느낌에 스스로를 자책하게 될 때도 있다. 죽을힘을 다해 살아야만 행복한 것은 아니라고 그렇게 외쳐대면서도 경기장에 들어선 경주마처럼 내 생각, 내 의지는 잠시 '로그 아웃' 해둔 채 옆 사람의 속도에 맞춰 전력 질주하는 나를 발견하곤 한다. 그들의 '미친 노력'에 금세 전염되는 것이다. 부정적인 말을 하는 사람 곁에서 부정적인 생각을 하게 되고, 열정 넘치는 사람 곁에서 열정을 배우듯 가까운 사이 일수록 감정의 전염은 쉽고 빠르다. 그 중 가장 기분 좋은 전염은 바로 '행복'일 것이다.

지난주 고등학교 친구들과 20년 만에 해외여행을 떠났다. 대학을 졸업하고 돈을 벌기 시작하며 늘 계획했던 해외여행이었지만 연이은 결혼과 출산, 육아 앞에서 번번이 실패할 수밖에 없는 해외여행이었다. 모두 아이가 태어나면서 말조차 꺼낼 수 없었던 여행이 '여행 계금' 만기라는 거부할 수 없는 이유로 다시 계획되었다.

수 없는 계획 변경과 시행착오 끝에 결국은 가이드가 되어 줄 친구가 있는 중국 상해로 결정되었다.

체감기온 40도를 웃도는 상해에 어른 5명과 아이 5명이 함께 하는 자유여행
이라.

20개월부터 초등 4학년까지의 아이들을 이끌고 무사히 다녀온 상해 여행은
벌써 추억의 한 장이 되었지만 다시 생각해도 미친 여행이었다. 혼자 할 여행
이었다면 시작도 하지 않았을 여행이다. 이미 내어 놓은 돈도 있고, 빠진 친구
없이 모두 간다하니 혼자 빠질 수 없어 반강제적으로 참여하게 된 이번 여행은
아이들를 데리고 집을 나서는 그 순간부터 힘겨운 여행의 시작이었다. 딸 둘을
데리고 출발한 친구는 새벽 택시를 타고 공항리무진을 타는 곳까지 이동했다.
그곳에서 공항버스를 타고 김해공항에 도착해서 우리를 만났다. 서둘렀지만
아이들이 함께 하는 여행은 변수가 많아진다. 공항에서 인사할 여유가 없었다.
겨우 출발 기념사진 한 장만을 남기고 허둥지둥 마지막 탑승객으로 비행기에
올랐다.

20개월 아기를 안은 친구 옆에 앉았다. 중국 도착하기도 전에 벌써 땀이 흥
건하다. 간식을 먹이고 달래가며 잠이 들려는 찰나 비행기는 중국에 도착했다.
비행기에서 내려서부터 우리의 도보 여행은 시작되었다. 모두들 비슷한 모양
새였다. 한쪽 손에는 아이 손을, 다른 한쪽 손에는 캐리어를, 등과 어깨에는 각
자의 가방을...

그렇게 이고 지고 끌며 자기부상열차를 타기 위해 이동했다. 공항과 붙어 있
어 도보로 이동 가능했다. 차라리 택시로 이동하는 거리였으면 좋았겠다 싶었
다. 물어물어 역까지 도착했다. 역 입구에 설치된 검색대. 중국에서는 지하철
과 열차를 탈 때마다 모두 검색대를 통과 해야만 했다. 짐을 '올렸다 내렸다'를
반복하고 겨우 열차에 올랐고 이내 종착역에 도착했다. 다시 지하철 행. 다시

짐을 오르고 내리며 검색대 통과해서 지하철을 탔고 환승까지 해서 어렵게 호텔에 도착 했다. 집을 나서 호텔에 도착하기까지 택시, 버스, 비행기, 열차, 지하철, 지상 위에서 탈 수 있는 것은 모두 탄 것만 같았다. 호텔에 도착해서 중국에 잠시 살고 있는 친구를 만날 수 있었다. 그 친구의 딸도 함께 였다. 우리의 반가움과 피곤한 마음도 잠시, 체크인이 되지 않는다는 이야기에 짐을 맡겨두고 상해의 여행을 시작했다. 2박 3일의 짧은 여행에 체크인을 위해 2시간을 로비에서 허비할 순 없었다. 호텔 문을 나서는 순간 '헉' 뜨거운 공기가 코로 들어왔다. '오늘도 체감기온 40도를 넘어서는 구나.' 생각하며 다시 지하철을 향했다. 땀 한바가지를 흘리고야 지하철에 탑승 할 수 있었고 상해임시정부에 도착해서부터 신천지까지 또 다시 걷는 여행이 시작되었다. 새로운 곳에 대한 감탄도 잠시, 이내 시원한 커피숍을 향해 뛰어들었고 잠시 숨을 골랐다. 호텔로 돌아갈 것이냐 다른 곳을 향할 것이냐 고민했지만 인민광장까지만 가보자는 말에 또 다시 지하철 탑승을 강행했다. 우리는 인민광장에 도착해서야 '인민광장까지'라는 말에 난징동루와 와이탄까지의 걷기 일정이 포함된 말이라는 것을 알았다. 길게 이어진 길이었기에 인민광장에서 시작된 땀과 걷기와의 싸움은 난징동루에 이어 와이탄까지 계속되었다. 해가 져서야 우리는 와이탄에 도착했다. 야경이 아름답기로 소문난 와이탄은 이미 우리 눈 밖에 있었다. 체력 좋은 나에게도 버티기 힘든 더위였고, 무리한 걷기였다. 기절할 만큼 아름다운 와이탄의 야경을 앞에 두고 아이들이 하나, 둘 지쳐 쓰러지기 시작했다. 우리도, 아이들도 하루 동안 걸어 낼 수 있는 최대 거리를 넘어 선 날이었다. 바닥에 주저앉아 물과 간식으로 허기를 채우고 호텔 갈 일을 의논했다. 지하철을 타자니 걸어 온 거리의 절반을 다시 돌아가야 했다. 택시를 타려 시도했으나 너무 많은 인파에 빈 택시를 볼 수도 없었다. 버스를 타고 그 곳을 벗어나보려 했지만 버스 정류장까지의 거리도 멀었고 방향도 정확하지 않았다. 버스정류장과 택시 정류장을 오가며 2~30분을 허비했다. 더 이상 선택의 여지가 없었다. 지친 아이들을 붙들고 지하철역까지 걸어야만 했다. 걸어야 했지만 걸을 수 있을지 장담할 수 없었다.

6살 한 남자 아이는 이미 내 친구의 등에 업혀 있었다. 이렇게 해선 호텔까지 갈 수 없을 것 같았다. 난 곧 한 아이의 손을 붙들었다. 노래를 부르고 소리를 지르며 달리기 시작했다.

"야호, 신난다. 빵빵. 비켜주세요. 오예, 완전 재밌다."

나의 큰 소리에 이상한 듯 쳐다보던 아이가 웃으며 즐거워하는 내 모습이 재미있어 보였는지 이내 따라 하기 시작했다. 가만히 있어도 비 오듯 땀이 쏟아지던 그 날 우리는 뛰었다. 소리 지르며 달렸다. 우리의 미친 짓이 다른 아이들에게도 이내 재미로 느껴졌던 모양이다. 한 아이가 뛰어왔다. 같이 하고 싶다고. 양손에 아이를 붙들고 더 큰소리로 소리치며 뛰었다. 지나가던 온 세상의 수많은 사람들이 쳐다보았다. 그들의 눈을 부끄러워하면 아이들도 이내 부끄러워 입을 다물 것을 알았다. 더 큰소리로 노래를 부르고 우리를 쳐다보는 눈들을 향해 '하이', '헬로우'를 날리기 시작했다. 엄마 손에 이끌려 뒤처서 걷던 아이들도 이내 엄마 손을 뿌리치고 '야호', '하이'를 외치며 달리기 시작했다. 얼굴은 터질 듯 새빨갛게 달아올랐고 옷은 흠뻑 젖었다. 숨이 턱까지 찼지만 모두 신이 나 있었다. 서로 1등을 하겠다며 앞서 달려 나가기 시작했고, 그럴수록 소리는 점점 더 커지고 있었다.

"와, 신난다."

"완전 재밌다. 야호!'

그렇게 우리는 지하철역까지 신나는 전력질주를 했고, 환승이나 거리와 상관없이 소리 질러가며 호텔까지 뛰어 도착했다. 서로 1,2등을 외치며 호텔입구에 들어섰고, 그곳에 도착해선 이내 등을 돌려 뒤에서 달려오는 아이들을 향해 손을 뻗고 있었다. 뒤이어 도착한 친구, 동생을 향해 손바닥을 내밀고 있었던 것이다. 뒤이어 들어오는 아이들이 그 손을 향해 손바닥을 내밀어 부딪히며 깔깔거리고 웃으며 신나했다. 서로 하이파이브를 하며 너무 재미있다고 말하고 있었다.

아이들은 신나서 즐거워했지만 나에겐 그렇게 다시 걸어 호텔로 돌아온 것이 기적처럼 느껴졌다. 6명의 아이들과 함께 작은 사막을 횡단한 것만 같은 기분이었다.

친구들도 예민해지기 시작하고, 우리도 아이들도 더 이상 걸을 수 없을 것만 같을 때 내가 할 수 있는 것은 그저 미친 듯 웃는 것뿐 이었다. 아무 생각 없이 마구 웃고 뛰다보니 정말 신이 났다. 길거리에서 들리는 음악에 춤도 췄다. 외국이라 타인의 시선에 덜 부담을 느꼈는지도 모른다. 어찌됐든 나의 계획된 미친 웃음은 금세 아이들에게로 전염되었고 다시 걸어서 돌아오지 못할 것 같은 그 곳을 우리는 뛰어 돌아왔다.

웃음과 행복은 이렇듯 우리에게 엄청난 에너지를 준다. 아무것도 할 수 없을 것 같은 순간에도 무엇이든 해 볼 수 있는 힘을 만들어 준다. 그리고 웃음과 행복은 나 혼자만을 향하지 않는다. 곁에 누군가가 큰소리로 미친 듯이 웃으면 이유를 몰라도 한 번쯤은 따라 웃게 되듯, 내가 웃으면 내 곁에 있는 사람에게 좋은 기운을 전염시킨다.

즐거운 일, 기분 좋은 일이 있을 때는 당연히 신명나게 웃어보면 될 것이고, 앞이 보이지 않는 깜깜한 길에서도 가끔은 미친 듯이 웃어보자. 깜깜한 길에 작은 빛이 되어 줄 수 있다.

캄캄한 길 앞에서 어떻게 웃어야 할지 모르겠다면, 웃는 법을 잊은 사람이라면 신나게 웃는 사람들을 곁에서 그들을 따라 실없는 웃음이라도 만들어보자. 그렇게 곁에서 이유 없는 웃음이라도 계속하다보면 나도 모르는 사이 행복에 감염되어 있을 것이다. 그렇게 내 얼굴에, 내 삶에 웃음이 생기고, 그것이 넘치면 그 웃음이 어느새 나를 행복한 삶으로 이끌고 있을 것이다.

웃음은 행복을 만들고, 행복은 즐거운 세상을 만든다. 큰 소리로 웃어보자. 누군가를 기다리지 말고 나를 통해 전염력 강한 행복바이러스를 세상에 전파시켜 보자.

▶ 행복을 만나고 싶으신가요? 행복을 기다리시나요? 그렇다면 지금, 큰소리로 웃어보세요.

내 마음은 내 마음대로

　꿈에 빠르고 늦음은 없다. 꿈에 옳고 그름도 없다. 이른 봄 벚꽃은 수많은 꽃들을 한 번에 피워내지만 사계절의 기나긴 기다림 끝에 겨울이 되어 홀로 피어나는 꽃들도 있다. 일찍 피었다고 더 아름답고, 늦게 피었다고 해서 부족한 꽃이 아니다. 다들 각자의 계절에 맞추어 각자의 속도대로 아름다움을 뽐내고 있는 것이다. 우리는 가을에 피어야할 코스모스나 국화가 봄에 피었다고 해서 더 아름답다 말하지 않는다.

　지구 온난화 등으로 겨울이 따뜻할 때면 간혹 찬바람 부는 겨울에 노란 개나리가 불쑥 피어나곤 한다. 우리는 이 개나리가 계절을 앞질러 일찍 피었다고 해서 더 대단하다거나 더 아름답다 말하지 않는다. 따뜻한 봄바람과 함께 피어나야 할 개나리가 계절을 앞질러 추운 겨울에 피면 우리는 그 개나리를 '미친 개나리'라 부른다. 각자의 피어야 할 그 계절에 자기만의 속도에 맞춰 피어 날 때야 말로 그 꽃의 진짜 아름다움을 만날 수 있다. 개나리가 핀 것만으로도 아름답지만 거기에 따뜻한 바람이 불어오고, 초록 새싹들이 돋아나고 새들의 지저귐이 함께 할 때 개나리는 더 아름다울 수 있다.

꽃도 이렇듯 여러 계절을 준비하여 자기의 속도에 맞게 꽃망울을 터뜨린다. 꿈 또한 속도나 크기를 강요해서는 안 된다. 가야할 곳을 위해 헤매며 찾을 시간이 필요하다. 그렇게 내가 가야할 곳을 알았다면 그것에 감사하고 그곳을 향해 내가 즐거울 수 있는 나만의 방법으로, 내 스타일대로 도착해 보자.

길을 헤매며 잘못된 길로 들어서길 반복하며 아닌 길을 차례로 지워나가는 과정이 있어야만 확실한 나만의 길을 찾을 수 있다. 하지만 우리는 기대했던 길이 아닌 길로 들어설 때 이것을 '실패'라고 부른다. 하지만 실패는 도전해야 할 기회의 상실이 아니다. 여러 가지 길을 지워가며 내가 가야 길을 찾아가는 길이기에 실패는 성공을 향해 한발 더 가까워 진 것과 같다고 볼 수 있다. 하지만 우리는 이 '실패 경험'을 꺼려한다. 한 번의 실패가 패배자로 낙인찍히는 이 세상에서 실패를 기쁘게 받아들이기 힘든 것은 사실이다. 하지만 그 낙인은 타인이 아닌 자신이 스스로에게 찍는 것이다. 실패를 실패로 인정할 때 내가 나에게 찍는 낙인이 바로 '패배자'이다. 실패를 패배로 받아들이느냐, 성공을 향한 한 걸음으로 받아들이느냐는 세상의 몫이 아닌 나의 선택임을 명심해야 한다. 세상의 잣대에 휘둘려 스스로를 패배자로 낙인찍지 말고, 성공을 향한 첫 걸음으로 귀하게 써 보길 바란다.

실패의 경험이 없다는 것은 도전해보지 않았다는 말과 같다. 즉, 실패하지 않겠다는 말은 성공하지 않겠다는 말과 같다. 실패를 두려워하고 피하기보다 그것을 차곡차곡 쌓아, 딛고 올라설 수 있는 커다란 디딤돌로 만드는 것 또한 나의 마음이다.

요즘 학생들과 새로운 수업을 하며 실패를 향한 두려움 보다 더 큰 문제를 발견했다. 실패의 두려움 보다 더 큰 문제는 바로 자신의 마음을 모르고, 생각하기를 거부한다는 점이다. 자신의 주장을 내세우지 않고 '당신의 의견에 따르겠습니다, 대세에 따르겠습니다.'라는 착한 학생들이 점점 많아지고 있다. 배려할 줄 아는 착한 학생들이라 말할지 모르지만, 문제는 이런 선택의 양보가 격렬한 싸움 속에서 일어나는 것이 아니라는 점이다. 그리고 한 발 떨어져 다시 보니 비단 학생들만의 문제가 아니었다. 사람들은 점점 사소한 것부터 큰 문제에 이르기까지 스스로 결정하기를 꺼려한다. 친구를 만나 밥을 먹고 차를 마시는 간단한 일 조차 서로 결정을 미루곤 한다. 식사 메뉴를 위해 한참을 이야기 하고도 쉽사리 결정하지 못하고 누군가의 선택으로 어렵사리 밥을 먹었더라도 이내 차를 마시기 위해 들어선 커피숍에서 다시 주춤거린다. '아메리카노'와 '라떼' 사이에서 갈등하고 따뜻한 것을 마실지, 차가운 것을 마실지를 두고 다시 한 번 고민 한다.

가끔 친구나 동료들이 진심 섞인 농담을 하곤 한다.

"4차 산업, 4차 산업 하는데 앞으로의 세상은 뭐든 다 만들 수 있는 거 아냐? 이젠 결정해주는 로봇이 나왔으면 좋겠어."

내가 무슨 말이냐고 되물었다.

"사소한 일도 결정하기 힘들고, 메뉴 하나 고르는 일, 티셔츠 색깔하나 고르는 일도 머리가 아파. 이런 사소한 일부터 머리써야하는 복잡한 일들까지 내가 가진 경우의 수를 계산해서 실패확률이 가장 적은 방법으로 의사결정을 대신해주는 로봇이 나왔으면 좋겠어."

점이나 무당은 너무 비과학적인 것 같으니 좀 더 과학적인 방법으로 계산해서 단순한 일부터 중요한 일까지 선택하고 결정해줬으면 좋겠다고 말하는 것이다. 듣는 순간 발명되면 대박 히트 칠 상품이라는 생각이 먼저 들었다. 나 역시 딸아이 바지 색깔, 신발 모양을 고르지 못해 동생에서 사진을 찍어 보내면서 어떤 것이 더 예쁘냐고 묻곤 했다. 기발한 아이디어라는 생각도 잠시 이내 마음 한쪽이 무거워지는 것은 어쩔 수 없었다. 인간이 동물과 다른 점이 있다면 생각하고 말하는 것인데 그것을 귀찮고 번거로운 일로 여기는 세상으로 변해가고 있음이 느껴졌다. 며칠 전 강의를 통해 강사님이 하셨던 말이 불현 듯 떠올랐다.

'생각 없이 말할 수 없다. 말이 생각을 부른다. 생각이 생각을 부른다.'

갑작스러운 반응에 무의식적으로 입을 통해 나오는 것들을 우리는 말이라 부르지 않는다. 기쁨의 소리, 놀람의 소리, 감탄의 소리, 헛소리 등 우리는 이러한 무의식적 반응을 소리라고 표현한다. 인간은 생각하고 말을 하며 살아야 하는 존재이다. 그것이 동물과 구별되는 가장 큰 차이점이다. 극단적인 표현이지만 생각하지 않겠다는 것은 인간이기를 포기하겠다는 말과 같다. 그런데 이런 '생각하기'를 귀찮아하며 포기하는 사람들이 점점 늘어나는 것 같다. 머리 아프다고도 말하고, 생각하는 것 자체가 어렵다고 말하기도 한다. 이래도 저래도 결과는 같을 거라며, 생각하고 판단하고 결정하는 시간 자체가 무의미하다고 말하는 사람들도 있다. 자기 인생의 주도권을 자꾸만 누군가에게 넘겨주고 싶어 하는 사람들이 갈수록 많아지고 있는 것이다. 문제는 이런 사람이 소수의 성인들만이 아니라는 점이다.

'동화작가지도사'라는 또 하나의 직업을 가지면서 얼마 전부터 학생들과 그림책 만들기 수업을 시작했다. 수업 첫 날 30분 전 강의실에 미리 도착해 수업 준비를 하고 있었다. 한참 일찍 도착했다고 생각했는데 곧이어 강의실 문을 열며 들어서는 한 무리의 아이들이 있었다. 그 중 한 여학생이 눈에 들어왔다. 예뻔 외모에 깔끔하게 묶은 머리, 단정하게 차려입은 옷이 누가 봐도 '모범생'이었다. 그 학생은 내 앞까지 와서 고개를 숙여 인사하고는 자리에 앉아 책을 보며 수업시간을 기다리고 있었다. 예의까지 갖춘, 그야말로 요즘 보기 드문 '타의 모범'이 되는 학생인 것 같았다. 일찍 강의실을 찾은 몇 몇 아이들과 인사하며 가볍게 대화를 시작했다. 말을 섞어보니 더 매력 넘치는 학생인 것 같았다. 간단한 신상파악을 위한 질문부터 최근 읽었던 책과 경험담, 꿈 이야기까지, 그림책의 소재를 찾고자 물었던 여러 가지 질문들에 망설임 없이 답을 했다. 순간 내 딸도 이렇게 똑 소리 나게 크면 좋겠다 싶었다.

이내 아이들이 몰려들고 강의실이 시끄러워지기 시작했다. 시계를 보니 수업 시간까지 5분이 남아 있었다. 아이들에게 빈 백지를 하나씩 내밀며 아무 그림이나 그려보라고 했다. 5분을 기다리며 흥분되어 있는 아이들을 진정시킬 수 있고 아이들의 그림 실력이나 현재 관심사를 볼 수 있겠다 싶어 시간 때우기 용으로 내밀었던 백지였다.

그림 그리기를 시작하면서 꽤나 시끄러운 아이들도 다른 친구들이 그림 그리기에 몰두하자 이내 연필을 들고는 그림을 그리기 시작했다. 이내 조용해진 강의실에서 출석부를 펼쳐 아직 도착하지 않은 학생들이 몇 명인지 세어보고 있었다. 잠잠해진 강의실도 잠시 이내 다른 아이들의 그림을 흘깃거리며 킥킥거리기 시작했다. 출석부를 덮고 아이들에게로 향했다. 공주, 공룡, 동물, 각종 캐릭터 등 아이들의 재미있는 그림들을 보며 하나 둘 지나치다 빈 백지를 발견했다. 다름 아닌 가장먼저 도착했던 바로 그 '모범생'이었다. 왜 그림을 그리지 않았냐고 물었다.

"뭘 그려야 돼요?"

그리고 싶은 것 아무거나 그려보라고 했지만 연필을 들지 못했다. 30분 전의 기억을 더듬어 그 친구가 최근에 재미있게 읽었다던 동화책의 주인공들을 말해주었더니 이내 연필을 들고 그림을 그리기 시작했다. 무언가를 그리기를 시작하는 모습을 보고 남은 친구들의 그림을 보기 위해 다른 학생들에게로 향했다. 몇 학생의 그림을 더 둘러보고서 다시 '모범생'의 그림을 보러 갔더니 그림이 완성되어 가고 있었다. 짧은 시간 안에 그렸다고 믿기지 않을 만큼, 멋진 그림 실력을 뽐내며 화려한 공주님 한 명을 그려놓고 있었다. 속으로 생각했다. '동화책 주인공과 비슷한 걸. 그림도 잘 그리네.'

이내 수업이 시작되었고 그림책에 쓰고 싶은 내용이 있는 학생들이 있는지 확인했다. 20여명의 학생들 중 단 한명도 손을 들지 않았다. 역시 엄마들의 권유에 아무생각 없이 온 아이들인지라 책속의 줄거리 등을 생각할 틈이 없었다. 일단 '시놉'이 있어야 했다. 다시 빈 종이를 주고 각자 좋아하는 것들이나 관심 있는 것, 되고 싶은 것, 가고 싶은 것 등 아무거나 마구잡이로 써보게 했다. 약간의 시간이 필요한 타이밍이었다. 그 시간을 이용해 출석 체크를 하고 아이들의 이름표를 만들었다. 10여분이나 흘렀을까? 나는 곧 다시 아이들에게로 향했다. 역시 아이들이다 싶을 만큼 많은 단어와 그림들이 빼곡히 채워져 있었다. 아이스크림이나 연필 등 아주 사소한 것들부터 자동차, 여행, 우주, 공룡 등 현재의 관심사들도 확인할 수 있었다. 그리고 한의사, 요리사 등 각자의 꿈도 종이 가득 채워놓고 있었다. 종이 한 장을 볼 때마다 나만의 특징이라 할 수 있는 넘치는 리액션이 쏟아지고 있었다. 나의 격한 칭찬에 아이들 모두 어깨에 힘이 가득 들어갔다. 기다리는 아이들도 각자의 종이를 들고 뿌듯한 표정으로 나의 칭찬을 기다리고 있었다. 첫날부터 학생들의 개성 넘치는 그림책이 기대되는 즐거운 시간이었다. 그렇게 학생 한명 한명의 글들을 읽어주며 아이들과 즐거운 시간을 보내고 있었다. '모범생'으로 보였던 그 아이의 종이에는 '의사, 책읽기' 단 두 단어만 쓰여 있었다. 크게 호응하고 넘기며 다른 친구들의 생각들을 엿보았다. 그렇게 함께 박수치고 소리 지르며 시간을 보내고 그 단어들을 엮어 글을 써보게 했다. 난 곧장 그 학생에게로 갔다. 의사가 되기 위해 해야 스스로가 해야 할 일을 잘 써내려 가고 있었다. 하지만 뭔가 마음이 편치 않았다. 잠시 글쓰기를 멈추게 하고 이야기를 나눴다. 이야기를 하며 알았다. 질문에 대한 답이나 내가 요구하는 것에 대해 아주 잘 해내곤 하지만 그 속에 진짜 그 아이는 없다. 반듯한 집에서 바르게 크기를 강요당한 전형적인 한국형 모범생이었다. 잘 쓰고 잘 그려내지만, 그 시간이 즐겁지 않은 그 아이의 표정이 자꾸 마음에 걸렸다. 좋아하는 친구나 동생 이야기를 써보자고 해도 어찌할 바를 몰라 했다. 이미 그 아이는 스스로가 무엇을 했을 때 행복한지 잘 모르는 것 같았다. 구체적인 상황이나 인물을 던져주어야만 편안함을 느끼는 그 아이를 보며 비단 그 아이 하나만의 모습이 아님을 알았다. 나의 모습이고 우리의 모습이었다.

사람이라면 최소 무엇을 했을 때 내 심장이 뛰고 행복하고 즐거운지 알아야 한다. 어떤 일을 했을 때 시간가는 줄 모르고 집중하며 신나하는지 알아야 한다. 하지만 그 아이도 나도 그런 기회를 박탈당하며 살아왔다. 그저 세상에서 만들어놓은 길 위에서 앞서 걷기만을 강요당하며 살아왔다.

누가 나를 잡아 끌지 않았고, 누가 나에게 '그렇게 살아야 한다.' 소리 지르지 않았다. 하지만 세상이 그렇게 흘러가고 있었고 그것이 당연했기에 나 또한 그렇게 살아내야만 하는 줄 알았다. 이제 나는 내 마음의 소리에 귀 기울이고 내 마음대로 해보려고 노력 중이다. 이런 것도 끊임없는 연습이 필요하다는 사실이 안타까울 뿐이지만 너무 오랫동안 내 마음이 아닌 세상의 눈이 내 마음인 것처럼 살아왔기에 내 마음대로 살다가도 무엇에 끌리듯 다시 세상의 잣대 속으로 향하곤 한다. 끊임없이 생각하고 내 마음을 향해 귀를 열어야 한다. 내 마음을 세상 속에 내어놓지 말고 온전히 내 마음대로 할 수 있어야 한다. 그래야만 무엇을 해도 지치지 않고 달릴 수 있고, 즐거울 수 있고 행복할 수 있다. 이렇게 온전히 내 마음의 소리만을 쫓아 나의 기쁨을 발견할 수 있을 때, 그때가 되어야 즐거움을 함께 할 수 있고 행복을 나눌 수 있는 것이다.

매일 웃으며 신나는 삶을 살아 보고 싶다면, 진짜 행복을 찾고 그것을 나눔으로 실천하고 싶다면 사회 안에서 울려대는 똑같은 알람은 잠시 꺼두고 나만의 알람을 만들어보라. 내 마음을 내 마음대로 할 수 있을 때야 비로소 유쾌하고 행복한 삶을 살 수 있다.

▶ 내 마음은 내 마음대로. 내 마음에 귀 기울여 나만의 행복 시계를 디자인하세요.

기적을 만드는 나

감사하는 마음이 더 큰 감사를 불러온다는 사실을 아는 나는 지금 기적 속에서 살고 있다. 내 마음의 소리를 들을 줄 알고, 무엇을 할 때 즐겁고 행복한지 아는 나는 지금 기적 속에서 살고 있다. 행복을 위해 부의 축적만을 쫓지 않고 더불어 사는 즐거움을 아는 나는 지금 기적 속에서 살고 있다. 작은 일에도 크게 웃고 행복해 하면 웃을 일이 더 많아지고, 작은 행복을 기쁘게 받아들이면 그 뒤에 숨은 더 큰 행복을 발견할 수 있다는 사실을 아는 나는 지금 기적 속에서 살고 있다.

사람들과의 관계 속에서 시기보다 배움과 성장의 기회를 발견하는 나는 지금 기적 속에서 살고 있다. 인생에서 실패란 없음을, 그것은 나에게 의미 있는 가르침을 주기위에 생겨난 '나를 위한 열린 항구'라는 것을 아는 나는 지금 기적 속에서 살고 있다.

꿈꾸는 능력만 있으면 꿈을 이룰 수 있음을 아는 나는 지금 기적 속에서 살고 있다. 계획하고 머리로 생각하기보다 몸을 쓰고 행동하며 방법을 찾는 나는 지금 기적 속에서 살고 있다. 신나는 일과 즐거운 일의 반복으로 좋거나 매우 좋은 매일을 사는 나는 지금 기적 속에서 살고 있다.

창밖이 밝기도 전에 핸드폰 알람이 울린다. 습관적으로 알람을 끄고 핸드폰을 가슴위에 올려놓는다. 이내 다시 잠이 든다. 알람을 꺼놓고 졸다 소스라치게 놀라 핸드폰을 열어보니 고작 3분이 지났다. 안심하며 다시 졸기 시작한다. 그리고 다시 시간 확인. 이렇게 졸고 시간 확인하기를 수차례 반복하며 30분 이상을 의미 없이 보내버린다. 그렇게 시간을 보내다 '더 누워 있다가는 지각할 것 같다.'라는 생각이 드는 출근하기에 빠듯한 시간이 되어서야 몸을 일으킨다.

욕실로 뛰어 들어가면서부터 긴장모드다. 여차하다가는 지각이다. 머리도 제대로 말리지 못하고 화장품은 가방 속에 던져놓고 손에 잡히는 옷을 걸쳐 입고 뛰어나간다.

차에 올라타 가방 속에 던져 넣었던 화장품들을 무릎위에 쏟아낸다. 집에서부터 회사까지 곡예 운전이 시작된다. 신호가 걸리거나 차가 밀릴 때마다 틈틈이 화장을 한다. 운전을 하고 화장을 하며 계속 시계를 흘끔 거린다. 사무실 도착까지 빠듯한 시간. 정체 구간을 지나자 레이서 모드로 변신하여 1분이라도 시간을 줄여보고자 엑셀레이터를 밟는다. 지하 주차장에 차를 주차하고 뛰듯이 내려서는 엘리베이터에 올라탄다. 엘리베이터에 타서는 층수를 누르기도 전 '문닫힘' 버튼을 계속해서 눌러댄다. 6층을 눌러놓고 거울을 본다. 삐뚤어진 눈썹. 서둘러 가방에서 펜슬을 꺼내보지만 수습 불가. 어쩔 수 없다.

사무실로 들어가며 아침 인사를 하곤 후다닥 자리에 앉는다. 컴퓨터를 켜고

서야 한숨을 돌린다.

'아침이 이렇게 바쁘지 않았는데...' 언제부턴가 매일 아침이 똑같다. 아침을 계획하고 준비할 시간 없이 무언가에 쫓기듯 그렇게 하루를 시작하고 있다. '뭐가 잘못 된 거지? 깊이 생각할 틈도 없이 내 손과 눈은 켜진 컴퓨터를 향해 있다. 메일을 확인하니 처리해야 할 일이 산더미다. 분명 어젯밤 늦게까지 야근을 하며 메일을 지웠다. 여기저기에서 요청한 각종 자료들을 정리해서 보냈고, 관리해야 할 서류들을 수정하여 다시 만들었으며 회의 자료까지 끝내 메일함을 비워두었는데 출근해서 다시 열어본 메일함은 처리해야 할 서류들로 가득 차 있다. 부지런히 처리해서 오늘은 정시 퇴근 하리라는 생각도 잠시, '아, 오늘도 야근을 해야겠구나.' 라는 생각이 들고 나니 에너지 가득해야 할 아침에 힘이 쭉 빠져버린다. 서둘러 일을 해도 제 시간에 마치지 못할 일, '어차피 해야 할 야근이라면 마음이라도 편해야지. 그냥 천천히 해야 겠다'라고 생각이 드는 순간 모든 일은 슬로우 모션이다.

에너지가 바닥으로 꺼져버리고, 버티듯 오전을 보냈다. 직장인의 유일한 행복, 점심시간이다. 그나마 회사에서 에너지 많은 사람과 밥을 먹고 커피마시며 폭풍 수다를 떨고 나니 정신이 드는 것 같다. 멍했던 머리가 깨어나고 몸도 풀리는 것 같다. 꺼져버린 에너지가 다시 채워지는 기분이다. 보통 사람에게는 가장 나른한 오후 시간이 폭풍 수다로 각성 효과를 불러일으키며 나에게는 최고의 근무 시간이 된다. 커피를 한잔 준비하여 컴퓨터 옆에 두고 다시 메일을 열어본다. 짧은 시간으로 끝낼 수 있는 만만한 일부터 차례로 처리하며 다시 메일을 지워나간다. 그렇게 메일을 계속해서 지워나가는데 누군가 어깨를 두드린다.

"뭘 하길래 소리를 못 들어요? 전화 왔어요."

수화기를 들었다 학교였다. 짧은 상담 전화를 마치고 시계를 보니 4시가 넘어가고 있었다. 메일이 몇 개 남지 않았다. 남은 메일들은 만만치 않다. 하지만 못 할 일도 아니다 싶다. 이렇게 메일을 지우고 나니 오전에 그냥 흘려보낸 시간이 아쉽기만 하다.

'오전을 오후처럼 일했으면 정시퇴근 했을 것 같은데...'

아쉬운 마음도 잠시, 다시 폭풍 업무 모두로 집중했다. 또 그렇게 시간이 흘렀나보다. 먼저 퇴근한다며 하나 둘 자리에서 일어난다. 퇴근시간이 되고 나니 다시 정신이 흐트러지는 것 같다. 결국 야근이다 생각하니 다시 몸이 나른해지고 머리가 멍해지는 것 같다. 컴퓨터를 쳐다보고는 있지만 현저히 속도가 떨어진다. 어찌됐든 오늘 안에 처리해야 할 일이다. 천천히, 꾸역꾸역 일을 처리하고 나니 10시가 넘었다. 얼른 집에 가야겠다는 생각에 서둘러 자리를 정리하고 사무실을 나섰다. 차에 올라서야 피곤함을 느낀다. 집에 빨리 가고 싶은 마음에 다시 레이서 모드다. 급하게 차를 몰아 집에 도착했지만 아이는 이미 잠들어 있다. 퇴근하고 집에 들어왔을 때, 아이가 깨어 있으면 5분의 기쁨도 잠시 금세 피곤해지는 나이다. 그럼에도 잠들어 있는 아이를 보면 왠지 모를 서글픔이 솟구치고 억울한 마음까지 들기도 한다. 잠시 아이 옆에 앉아 머리부터 발끝까지 만져보고는 뽀뽀세례를 퍼붓고 서야 욕실로 들어가 샤워를 한다. 씻고 나오니 개운하다. 몸은 피곤하지만 일을 마치고 아이가 잠든 지금부터가 나만의 시간이다. 책을 펼쳤지만 글이 눈에 들어오지 않는다. 지겨운 마음에 한 장도 채 읽지 못하고 덮어버린다.

TV를 켰다. 보고 싶은 프로그램이 너무나 많다. 하나에 집중하지 못하고 이리저리 채널을 옮겨가며 여러 프로그램을 한 번에 보고 있다. 한 때 애써 보지 않으려 노력했던 TV지만 지금은 너무 재미있다. 아무 생각 없이 웃을 수 있어서 좋다. 그렇게 TV를 보다 늦은 시간 잠이 든다.

　잠시 눈을 감았다 싶었는데 이내 알람이 울린다. 너무 피곤하다. '피곤하다면서 왜 밤늦게까지 TV를 봤을까?' 후회가 밀려온다. 피곤하면 일찍 자면 될 것을 항상 같은 후회를 반복한다. 그렇게 또 핸드폰을 가슴위에 올려놓고 졸며 시간 확인하기를 반복한다.

　불과 1년 전 나의 이야기이다. 아주 가끔 나만을 위한 특별한 날이 있기도 하지만 직장을 다니는 나에게 특별한 날은 연중행사 일 뿐이다. 매일이 'ctrl C+ctrl V' 된 것처럼 똑같은 날의 반복이었고 피곤과 후회를 당연한 듯 살고 있었다.

　대한민국 속에서 여자 나이가 편견이 되어 나 스스로를 붙들어 앉혔고, 여자이자 아줌마라는 사실이 다른 삶 살기를 거부했으며, 지금 가진 것을 다시 얻지 못할까 두려웠다.

　'원하는 것을 미루지 말고 하고 싶은 건 지금 하고 살자. 시간은 기다려주지 않는다.'며 타인의 시선을 의식하지 말고 스스로가 행복한 삶을 지금 살라고, 지인들에게, 주위사람들에게 그렇게 말하면서도 정작 나는 그런 삶을 살지 못했다. 더 나은 내일을 위해 오늘의 희생은 당연하다 생각하며 살았다. 강한 척 했지만 겁 많았던, 지극히 평범했던 내가 지금은 '꿈 부자'가 되어 매일이 행복한 삶을 사는데 채 1년이 걸리지 않았다. 아직 가시적인 성과를 만들어 낸 것은 아니지만 진짜 내 꿈을 꾸는 것만으로도 내겐 성공이다. 꿈을 향하는 길이 즐겁고 행복하다는 것을 아는 것만으로도 내겐 성공이다. 기쁨으로 꿈을 향해 가는 길에 속도가 중요치 않다는 사실과 멈추지만 않으면 꿈에 도달할 수 있다는 진리를 믿는 내가 바로 기적이다. 과정이 즐겁고 결과 또한 기대되는 내 꿈이 멀지 않았음을 알기에 난 하루하루를 기적 속에서 살고 있다.

매일이 '좋거나 매우 좋거나'로 표현되며 어떤 일에도 마냥 즐겁기만 한 요즘이 바로 기적이다. 도전을 두려워하지 않고 새로운 사람, 새로운 일을 만나는 것에 기쁨을 느끼고 에너지를 얻는 내가 기적이다.

많은 사람들이 무언가를 얻기 위해 열심히 걷다 마지막 한걸음을 남겨두고 멈추곤 한다. 나 또한 그랬다. 물은 100도가 되어야 끓기 시작한다. 99도까지 열심히 열을 가해도 결국 마지막 1도가 더해져 100도에 도달하는 그 순간 끓어오른다. 우리는 99도까지만 달려본 것은 아닐까?

'나는 열심히 했다, 최선을 다했다.' 말하며 99도 앞에서 멈춰 선 것은 아닐까? 우리의 노력은 언제나 마지막 1도를 앞에 두고 멈췄을지도 모른다. 내 꿈에, 내 목표에 단 한 발이 남았다는 사실을 안다면 그 한 발이 아무리 힘겹고 어렵더라도 멈추지 않을 것이다. 마지막 1도를 향해 남은 에너지를 모두 쏟아 부을 것이다. 꿈을 향한 마지막 1도. 우리는 그것이면 충분하다. 될 때까지 해보자. 자신이 가진 에너지와 온 마음을 던져 그 꿈을 향해 나아가보자. 기적은 전지전능한 신이 만들어 내는 것이 아니다.

'하면 된다.'라고 외치며 될 때까지 하면 된다고 믿는 그 단순함이 바로 기적을 만들어 낸다. 꿈이 있으면 될 때까지 하면 그 꿈은 이루어진다. 그렇게 기적을 만들어 보라.

불가능, 그것은 도전할 수 있는 가능성을 의미한다.

▶ 내가 기적을 만들었다면 어떤 누구도 기적을 만들 수 있습니다. 당신도 기적을 만들 수 있습니다.

마치는 글

한 생명이 태어나 일어서고 뛰기까지는 엄청난 노력이 그 뒤에 숨어있다.

부모나 가족들의 숨은 보살핌과 노력은 물론 태어난 아이 스스로가 포기하지 않고 끊임없이 노력해야만 달리는 것이 가능하다. 무릎이 닳도록 기어 다니며 일어서고 싶은 욕망을 가져야 하고 끊임없이 넘어지고 일어서기를 반복해야 겨우 설 수 있다.

또 누군가의 손에 의지해 한 발, 두 발 내딛다가 다시 넘어짐의 무한 반복을 통해 스스로 걸을 수 있게 된다. 이렇게 수없이 걸어야만 달리는 시늉이라도 할 수 있게 된다.

한 사람이 태어나 달리기까지 기고 서고 걸으며 엄청난 땀을 흘린다. 태어난 아이들마다 약간의 속도 차이가 있기는 하지만 뛰기 위해 흘려야 하는 절대 땀의 양은 크게 다르지 않을 것이다.

특별한 생명이 존재하지도 않지만 혹여 세상이 말하는 대단한 생명이 태어났다고 하여 태어남과 동시에 바로 걷거나 뛸 수는 없다. 사람이면 누구나 태어나서 기고 서고 걷는 과정을 거쳐야만 한다. 그래야 달릴 수 있다.

사람이 걷고 달리는 것은 너무나 당연한 일이다. 그리고 달리기 위해 노력했던 엄청난 시간 또한 당연하다고 생각한다. 하지만 이런 당연한 결과 뒤에 숨어 있는 대단한 노력을 우리는 종종 잊어 살아간다. 우리가 살면서 만나게 되는 대부분의 일도 이런 성장의 과정과 크게 다르지 않다.

달리고 싶다면 열심히 기고 넘어지며 일어서야 한다. 하지만 사람들은 이런 과정을 생략하고 그냥 뛰고 싶어 한다. 기고 걷기 위한 시간이 충분하지 않다면 넘어지는 것이 당연하다.

기고 서고 걷는 시간을 충분히 보내며 달리기를 준비하든지, 계속해서 넘어지고 일어서기를 반복하며 달리는 방법을 터득할 것인지 선택하는 것은 자신의 몫이다. 다만 달리기 위해 어떠한 방법으로든 노력하는 시간이 필요하다는 것이다.

아이들이 달릴 때까지 수 천, 수 만 번을 넘어질 수 있는 이유는 달리고자 하는 강한 욕구가 있기 때문이다. 그것을 당연하게 생각하고 놀이처럼 즐길 수 있기 때문에 셀 수 없을 만큼 넘어지면서도 웃으며 다시 일어설 수 있는 것이다.

멋지게 달리고 싶다면 열심히 기고 계속해서 넘어져 보자. 기고 넘어지는 것이 인생을 실패로 만드는 것이 아니라 뛰기 위한 당연한 과정임을 알고 그 과정을 즐겨보자. 뛰는 것이 당연하다 생각한다면 기고 넘어지는 것도 기쁘게 받아들일 수 있을 것이다.

내가 회사에 육아휴직서를 던져놓고, 그 기간이 끝나지도 않은, 채 1년도 되지 않는 시간 동안 여러 가지의 직업을 준비하고, 책까지 준비한다고 말하면 사람들이 말한다.

"부럽다. 나도 그렇게 살고 싶은데, 그렇게 할 수 있는 건 너라서 그런 거야."

스스로를 병풍 같은 인생이라 말하고, 인생의 대부분을 지극히 평범하게 살았다 말하던 내가 이제 '나라서 가능하다'라는 말을 듣기 시작했다.

그리고 그들은 내가 뭔가를 해보겠다 말하면 너는 해낼 것 같다고 말한다.

스스로 나에 대한 믿음이 생긴 것은 물론이고, 주위 많은 사람들의 강한 믿음은 나를 '꿈꾸면 해내는 사람'으로 만들어 놓았다.

사실 나도 제 2의 인생, 새로운 삶을 꿈꾸기만 했다. 생각을 행동으로 옮기기까지 10년이 넘는 시간이 걸렸다. 그럴듯한 핑계로 '말로만 뱉어내는 새로운 삶'을 자꾸만 미뤄놓고 있었다.

긴 시간 습관적으로 꿈을 미루다 보니 매년 세우는 계획은 그저 보이기 위한 계획일 뿐이었다. 계획을 위한 계획을 세워놓으며 '적어도 나는 계획은 세운다.'며 스스로를 위로했다. 다른 사람들과는 다른 미룰만한 정당한 이유가 있다고 스스로를 합리화 시켰던 것이다.

생각을 행동으로 옮기기까지 왜 그렇게 오랜 시간이 걸렸을까? 돌이켜 생각해보니 난 열심히 기고 넘어지기를 완강히 거부하고 있었다. 이제 세상에 서서 열심히 달리고 있는데 그 모든 것을 내려놓고 다시 기어 다닐 용기가 없었던 것이다. 열심히 달리고 있는 그 길이 나의 길이 아님을 알면서도 더 열심히 달릴 수밖에 없었던 것은 나의 길을 가기 위해 다시 기고 넘어져야 하는 과정이 두려웠기 때문이다. 세상을 살아가는 당연한 진리를 외면한 채 그저 달리고만 싶었다.

꿈을 이뤄 결승점에 골인하는 그 순간은 무엇과도 바꿀 수 없을 만큼 값진 행복을 경험하는 순간일 것이다. 하지만 그 순간에만 행복이 존재하는 것은 아니다. 그 과정이 즐겁고 행복하지 않다면 그 결과 또한 온전한 행복으로 남을 수 없다. 꿈을 위해, 행복을 위해 나아가는 길이라면 그 과정 또한 신나는 길 위에 있어야 한다.

결과 뿐 아니라 과정 또한 즐거울 수 있음을 알게 되었을 때, 세상을 살아가는 당연한 진리를 받아들이고 이해한 지금에서야 난 새로운 삶을 위한 한 발 내 딛을 수 있었다.

누군가는 성공의 직전이라고 말하기도 하고, 누군가는 나이기에 가능하다 말하지만 지금의 난 뛰기는커녕 무릎이 닳도록 열심히 기고 있다. 열심히 기어 일어 설 것이고 달릴 것이다.

신나게 달릴 나의 내일을 믿기에 기고 넘어지는 오늘도 행복할 수 있다.

뛰고 싶다면 기고, 서고 걸어야 한다. 즐거운 마음으로 계속해서 넘어질 수 있어야 한다.

가끔은 나도 이런 사실을 잊곤 한다. 하지만 이내 신나게 뛰는 내 모습을 상상하며 웃을 수 있다.

걷기 위해 한 걸음을 떼어야 하고, 그 걸음, 걸음이 모일 때까지 다시 수없는 반복이 필요하다. 한 걸음 한 걸음이 모여 탄탄해졌을 때야 비로소 달릴 수 있다. 우리의 일상인 걷기와 달리기를 위해 우리는 수도 없이 기어야 하고 넘어져야 하는 당연한 이치를 자꾸만 잊어버린다.

난 이제야 나를 위해 무릎을 꿇고 기어다녀 보기로 마음먹었다. 두 발을 땅에 딛고 서기 위해서 그리고 걷기 위해서 열심히 기고, 열심히 넘어질 것이다.

수 없는 넘어짐 뒤에 두 발로 땅을 딛고 서는 어느 날 나는 신명나게 달릴 것이다. 내가 할 수 있다면 당신도 할 수 있다. 신명나게 달리기 위해 기어 다니기를 두려워하지 말자.

당신이라서 할 수 있고, 당신이니까 할 수 있다!